新中国往事

XIN ZHONG GUO WANG SHI

策划、主编：刘未鸣　张剑荆

超级工程

中国文史出版社

图书在版编目（CIP）数据

超级工程 / 刘未鸣，张剑荆主编 . -- 北京：中国
文史出版社，2018.5
（新中国往事）
ISBN 978-7-5205-1114-8

Ⅰ.①超… Ⅱ.①刘… ②张… Ⅲ.①重大建设项目
—介绍—中国—现代 Ⅳ.① F282

中国版本图书馆 CIP 数据核字（2019）第 097551 号

执行主编：詹红旗
责任编辑：程　凤

出版发行 **中国文史出版社**

社　　　址：北京市海淀区西八里庄 69 号院　　　邮编：100142
电　　　话：010—81136606　81136602　81136603（发行部）
传　　　真：010—81136655
印　　　装：北京朝阳印刷厂有限责任公司
经　　　销：全国新华书店
开　　　本：787×1092　1/16
印　　　张：20.25
字　　　数：280 千字
版　　　次：2019 年 8 月北京第 1 版
印　　　次：2019 年 8 月第 1 次印刷
定　　　价：57.00 元

出版说明

1949年新中国成立，开辟了中国历史新纪元。70年，于历史长河只是一瞬，但这一瞬，却是"数风流人物还看今朝"的一瞬，却是"当惊世界殊"的一瞬，却是书写着中华民族从"站起来"到"富起来"到"强起来"、书写着中华民族伟大复兴壮丽诗篇的一瞬。也因此，这一瞬，注定永恒。

这套"新中国往事"丛书，主要通过亲历者口述形式，讲述新中国成立70年以来政治、经济、文化、科技、民生、基础设施、考古等领域一些标志性事件的决策、建设或发现的过程，旨在回顾新中国走过的曲折历程，反映70年的发展变化和巨大成就，展望中华民族伟大复兴的美好前景，而亲历、亲见、亲闻，以及较大的时间跨度、较广的内容涵盖，恰是这套丛书的价值所在。

本书在编辑出版过程中，借鉴使用了诸多公开出版的文史资料，在此，对相关文章作者致以诚挚敬意。与此同时，疏漏之处亦敬请读者批评指正。

中国文史出版社

2019 年 7 月

超级工程

目录

"世界屋脊"的第一条公路——川康藏公路

穰明德

出任康藏公路修建司令部政委

1949年，新中国刚刚从战火纷飞的硝烟中诞生，我第二野战军在刘邓首长的指挥下，长驱直入，挺进大西南。1951年西藏和平解放。为了巩固新生的人民共和国，为了建设繁荣、进步的新西藏，毛主席高瞻远瞩，发出了"为了帮助各兄弟民族，不怕困难，努力筑路"的伟大号召，中央人民政府决定修筑川康藏公路。中共中央西南局、西南军政委员会和西南军区根据中央和毛主席的指示，以两个多军的兵力和数万民工迅速投入了修建工程，并且成立了康藏公路修建司令部，任命陈明义同志为司令员，我任政治委员。周总理又电示西南局："决定穰明德同志为党中央、毛主席派到西藏负责修路的全权代表。"面对这庄严而神圣的使命，我深感责任重大，下定决心，决不辜负党和人民的重托，坚决完成党中央、毛主席交给的光荣任务。

选择最佳线路，用事实否定"麦克马洪线"

接受任务后，我们要做的第一件事是选择最佳线路。康藏高原地理

环境复杂，自然条件恶劣，沿途雪山高耸，空气稀薄，积雪终年不化，大渡河、金沙江、澜沧江、怒江等江河激流湍急，更有冰川、流沙、塌方和泥沼地、地震区、森林带。1930年出版的《西藏始末纪要》曾这样记述："乱石纵横，人马路绝，艰险万状，不可名态。"当时，我们连一份详尽的地图都没有，更没有水文地质等资料。外国一些权威人士预言，中国人要在西藏高原上修路，是注定要失败的。但我们却不畏天险，决心把公路修到"世界屋脊"。

为了找到一条最佳路线，我们先后派出由600多名工程技术人员组成的十几个勘测队。大家忍饥饿、冒严寒走遍了康藏高原的雪山草原和悬崖峡谷，提出了7条比较线路。1952年冬，我和十多名专家又对人迹罕至的南线做了实地踏勘。经过反复论证，结果表明南线虽比北线、小北线等其他线路悬崖峭壁多，但海拔较低，沿线人口较多，更重要的是能将英帝国主义划定的所谓中印边境线——麦克马洪线囊括进来，以事实否定这条非法国界，具有重要的经济和战略意义。我主持召开了东久会议，研究了各个方案，多数同志赞同走南线。我立即赶回重庆，向领导机关汇报，征得刘伯承、贺龙同志的批准，将方案报请国务院审批。1952年除夕夜，我到达北京，顾不上旅途的劳累，直奔交通部长王首道同志家，汇报后又随王首道同志来到彭德怀同志的住处。我们说明了情况，彭老总高兴地说："我举双手赞成走南线，修这条国防公路。"给邓小平副总理打电话，他也当即表示赞同，事后在会议上说："康藏公路修通了，西藏才真正是中国的。"

第二天农历大年初一，彭老总和王首道同志参加中央在中南海怀仁堂举行的春节团拜会，向毛主席作了汇报。毛主席认真听取和阅读了走南线的方案后，问道："现在这个方案是根据什么？"彭总回答道："穰明德同志亲自进行了实地踏勘和调查。"毛主席笑着说："这叫亲自品尝了梨子的滋味，好！这是有国防观念的表现，知道怎样否定麦克马洪线。"接着挥笔在报告上写下"同意新方案"五个大字，并说："就照你们的意见办。"党中央、毛主席的亲切关怀，更加坚定了我们修路的信心和决心。

创造世界公路史上的奇迹

康藏公路工程的巨大和艰险，是世界公路修建史上前所未有的。它横贯"世界屋脊"，翻越14座大山，穿过10多条湍急的河流，跨过无数的流沙、冰川、森林、地震区和沼泽地，平均海拔3000米以上。广大解放军战士、各民族民工、干部和工程技术人员，凭双手，用钢钎、铁锤、铁镐和炸药在被称为人类的"禁区"上开拓出一条长达2250公里的公路来，谱写了一曲曲雄壮动人的颂歌。解放军某师的筑路英雄们说："康藏公路每前进一步，都是我们的光荣和幸福。""让高山低头，叫河水让路"，这是筑路大军艰苦创业的真实写照。

至今，我还清晰地记得，战士们凭着坚毅和勇敢，硬是在山羊都不能立足的绝壁上凿岩开路。3年多当中，他们冒着摄氏零下30多度的严寒，奋战在海拔4300多米的雀儿山，从几十里以外运来木柴，烘烧冻土；在高达数十米乃至数百米的绝壁上，开出桥头和路基；在数百里的雪线上与高原历史上少见的山洪冰川拼搏，任何困难都阻挡不住筑路大军劈山开路的步伐。在二郎山、雀儿山、加皮拉、达马拉，到色霁拉山等14座海拔四五千米的山峰上，英雄们用生命和汗水写下了壮丽的诗篇。在汹涌澎湃的澜沧江、怒江、大渡河上，勇士们战胜了每秒6至8米的激流，在自古传为不可逾越的深山峡谷间架起了230多座桥梁，修建涵洞2860多个。结束了西藏千百年来只靠牛皮船摆渡、靠藤索、竹索过河的落后历史，让天堑变成了通途。

筑路大军的生活是极其艰苦的。这期间，他们一直没有住过房子，白天在冰雪泥浆中劳动，晚上住在寒冷潮湿的简易帐篷中。初到高原，由于空气稀薄，严重缺氧，有时连饭都煮不熟，新鲜蔬菜更是长期吃不上。可是战士们没有叫苦，他们唱歌，讲故事，开联欢会，读小说，乐观而自信地劳动和生活着。在康藏公路修建的日日夜夜中，先后涌现出

6000多名各类人民功臣和模范工作者，200多个先进集体，他们中有8次立功的模范班长邓子修，有创造"山"字形挖土法的二级模范、特等功臣、某部副连长方福印，有怒江探险英雄崔锡明和强渡怒江的勇士李文炎等一大批英雄模范人物。还有不少同志为修路献出了自己最宝贵的生命，如筑路英雄、模范共产党员张福林，技术员陈荣竣等。他们的英名将永远镌刻在人们的心碑上。

勤劳勇敢的各族民工除了直接参加筑路外，还组织了庞大的牦牛运输队，日夜不停地翻山越岭，给筑路工地运送各种物资达60万驮。藏族民工队长扎西多吉，女民工曲美巴贞、央尼、白珠等，都是当时为人们传颂的先进人物和劳动模范。时隔多年，不少人的名字我记不准了，但他们的事迹却永远不会被遗忘。可以说，正是这些中华民族的优秀儿女创造了我国公路乃至世界公路史上的奇迹。

不要忘记他们

在修路工程中，我们坚持实事求是，尊重科学，充分发挥广大工程技术人员的作用。当时参加修路的工程技术人员，大多数是从旧社会过来的知识分子，不少人还是从国民党的各种机构中留用的。我们通过开展各种形式的学习和教育活动，帮助他们提高政治思想觉悟。工作上大胆使用，注意发挥他们的技术专长，除重大技术问题经党委、司令部集体讨论决定外，一般性的问题，他们可视情况自行处理。遇到技术难题，党委一面鼓励他们克服保守思想，敢于创新，一面组织专家集体攻关。政治上信任、业务上依靠、生活上关心，极大地调动了广大工程技术人员的积极性。他们自觉把自己看成是这个集体中的一分子，全身心地投入到修路中去，攻克了一道道技术难关，加快了工程进度。施工中，海拔和纵坡与汽车马力消耗的矛盾是一个重大技术难题，当时国内外既没有资料，又没有成功的先例。大家根据西藏高原的实际情况，吸收借鉴国外先进技术，废寝忘食，反复设计、试验，终于攻克了难关，使整个公路的坡度都较缓和。这一重大科技成果，至今为世界公路界所瞩目。我们先后在澜沧江上架起了一座木质结构的丁板梁，在怒江上架起了一座桥墩为木质结构、桥身为钢铁结构的大型桥梁，这些广大工程技术人员汗水和智慧的结晶，是世界公路史上的首创。火热的斗争、艰苦的生活磨炼了广大工程技术人员的意志。他们当中也涌现出许许多多先进模范人物，如工程师李昌源、齐树椿、张天翔、李鲁卿、余炯、姚庄、张北荫等，都是当时深为广大干部、战士、工人所喜爱尊敬的优秀知识分子代表。现在他们遍布全国各地，成为我国公路工程方面的权威，虽然都已离休了，但仍然为发展我国的公路交通事业做着承前启后的工作，发挥着自己的余热。

还值得提到的，就是康藏公路的修建得到了苏联专家的热情支持和无私帮助。如苏联专家别路·包罗多夫工程师，以高度的国际主义精神于1952年跋山涉水来到西藏高原，同我们真诚合作，不辞劳苦，耐心细致地传授改进铺筑路面的先进方法。并在帮助确定最佳路线、建议干砌土墙挡住流沙等方面，发挥了重要的作用。

屹立在"世界屋脊"的丰碑

经过筑路大军历时4年的努力奋斗，康藏公路于1954年11月底全线通车。同年12月25日在拉萨举行了隆重的康藏、青藏公路胜利通车典礼。毛主席亲笔为公路通车题词："庆贺康藏、青藏两公路的通车，巩固各民族人民的团结，建设祖国"，并授予康藏、青藏公路筑路人员两面锦旗，朱总司令也题了词。贺龙副总理、中央人民政府驻西藏代表张经武、交通部长章伯钧等专门写了庆贺文章。西藏上层人士班禅额尔德尼·确吉坚赞和达赖喇嘛也从北京发来贺电，祝贺两路通车，赞扬毛主席和中国共产党为西藏人民带来了幸福。《人民日报》发表了《在"世界屋脊"上创造幸福生活》的社论。这一切都使我们每一个参加修路的同志感到无比激动和自豪。

　　康藏公路通车，加快了西藏社会主义建设的进程，促进了经济、文化的繁荣和发展。公路沿线昔日荒凉的山坡上和峡谷中出现了新的集镇，新建了机关、工矿企业、百货公司、邮局、银行、医院、学校和电影院等政治、经济、文化设施。在荒芜的草原上，藏民新开垦的处女地里奔驰着拖拉机。在川藏公路线出现了昌都、雅安、八一（林芝）等三个新兴工业城市。这里大量的矿产品、木材、土特产品源源不断地运往内地，西藏人民所需的各种物资日日夜夜地运往高原各地。孙中山先生在《建国大纲》中提出的"货畅其流"在刚刚解放的康藏高原变成了现实。康藏公路的通车，对于加强国防建设也发挥了重要作用，不仅在事实上否定了麦克马洪线，而且在1959年人民解放军平息西藏反革命叛乱，1962年中印边界自卫反击作战中，保障了人员、物资供应，为夺取胜利赢得了时间，使中外反动分子妄图分裂我国的阴谋化为泡影。

（选自《新中国往事·"第一"解读》，
中国文史出版社 2011 年 1 月版）

修筑青藏公路纪实

张炳武

1951年5月，中央人民政府和西藏地方政府关于和平解放西藏的协议签订后，中国人民解放军第一野战军派联络部部长范明同志任西北进藏部队司令员，天兰铁路政治部主任（原一野民运部部长）慕生忠同志任政委。进藏部队组成后，于同年7月份由兰州出发。出发前，一野政治部主任甘泗淇同志指出："你们应当从柴达木东部的香日德经曲麻莱向黑河方向前进，但要注意了解地图上的这条红线。据说这条红线，是唐代文成公主进藏的路线。因此，这条路线对今后发展青藏高原的交通事业，建设西藏和巩固西南边防，都有着极其重要的政治意义和战略意义。"

青藏公路，起于青海省西宁市，经日月山、青海湖，进入柴达木盆地，向号称世界屋脊的青藏高原上的爱己沟、昆仑山蜿蜒南去；再经长江三大源流的楚马尔河、沱沱河、通天河，直向唐古拉山、黑河、羊八井峡谷，到达西藏首府拉萨市为止。全线共长2034公里。

这条公路是1954年5月9日在柴达木盆地的格尔木开始修筑的。当时参加施工的，有干部22人，工人1220人；8月1日，增加干部、医生5人；10月29日，又增加工兵指战员840人（不包括汽车团指战员），共计2087人。于同年12月20日胜利修筑到拉萨市，历时7个月零10天，完成了格尔木至拉萨公路1227公里。① 峡格线，是1954年8月20日由甘肃河西走廊峡东火车站开始施工的。参加人员有干部2人，工人40人。于12月19日胜利通车格尔木，历时整4个月，完成峡东至格尔木公路702公里。

以上两线参加的员工和军工共计2129人，汽车61辆，支出经费250万，完成公路1929公里。

我们以少数的人力和财力，用7个月零10天的时间，创造性地修通了青藏公路。我们在百公里宽的察尔汗盐湖上，修建成百公里长的盐桥，这是史无前例的。我们在渺无人迹的世界屋脊上，战胜严寒和缺氧，终于修通了青藏公路，从而填补了西北和西南边疆交通的空白，为建设西藏和巩固西南边防，奠定了坚实的基础；同时也为青海开发柴达木盆地，提供了有利的条件。

踏勘全线　准备施工

1951年"八一"建军节，西北进藏部队，由柴达木盆地的香日德分批出发。当时我在先遣部队担任参谋兼向导组组长，负责侦察、设站、插路标、制图等工作。对沿途的地形、路线、水草、牛粪（当燃料）等情况，每天都作记录报告和绘制图纸。我们从香日德前进两站，有个地名蒙古托拉卡的地方，突然死亡了百十峰骆驼。经解剖发现肠内所粘叶片，是"醉马草"（毒草），骡马吃了，会醉卧或狂欢；牛羊吃了，会醉倒；骆驼吃了，就要死亡。

从蒙古托拉卡前进五站，过黄河源，又前进22天，过曲麻莱，就到达通天河北岸。这段路多是沼泽地带，当时我们把它叫水盆地带，因为大部分地带，像圆形的水盆。盆与盆之间，有历年生长的草梗，二三十厘米宽；水盆大小不等，一般直径为30至50厘米，个别还有1米左右

---

① 青藏公路在修筑时格尔木到拉萨是1227公里，1957年整修改道，设立养护道班，测定为1117公里。

的；盆内都有20厘米左右深的水，浅水盆底还长有"地软"。人畜行走时，必须踏在盆沿的草梗上，遇到大水盆，要绕着走，稍一不慎，就会掉下去，特别是骆驼，掉下去就起不来，死亡的很多。像这样的地带，直到西藏聂荣宗以南10公里处，才渐渐的绝迹了。

通天河，水深流急，人畜无法徒涉。唐古拉山，谷深峡窄，常有雪封之阻；谷中怪石林立，崎岖难行。

1953年3月，慕生忠同志为西藏工委组织部部长兼西藏运输总队政委。他到达香日德总队后，从地图上看到红线西南折南处，盆地边沿有个"嘎尔穆"的地名，经过研究，决定先去试探。他带着干部工人6名和吉普车、十轮大卡车各一辆，并装上冰块，走了4天，通过诺木洪一带的红柳沙墩，才到达目的地。这里荒草遍野，渺无人迹，但土层较深，有基建条件。经与地图上的红线对正后，就在河边的土坎上停下车，搭起帐篷宿营。第二天，便竖立一块木牌，上面写着"格尔木"三个大字，还把这条河叫做"格尔木河"。

从此，支援西藏的陕、甘、青三省的车队，可以直达格尔木，减少了骆驼行程220公里。这一试探成功后，驼队就由第一站（格尔木）转运到第二站（可可西里），再经第三站（三道梁）到终点站（聂荣宗），全程900多公里。骆驼往返两次，甚至不到两次，就损失了很多峰，那种艰难的情况就可想而知了。

慕生忠将以上情况及时地向党中央和政务院作了汇报，并对修路提出如下建议：

一、青藏高原，地势平缓，施工比较容易；

二、地图上的红线，在黄河源以上，也在长江三大源流的上部，河水较浅，易于徒涉；

三、高寒风大，无大雪封山之忧；

四、冰冻层厚，无塌方和翻浆之患；

五、气候寒冷无雪崩，也无冰川流动和泥石流等情况。

上述五条建议，恐有不当之处，拟以马拉大车做一次试探。后经周

总理和彭总同意，并指示："最好以胶轮大车再试探一次。"当时，西北局拨款3万元，作为试探费用。慕生忠返回运输总队后，立即备好胶轮大车和骡马，由副政委任启明同志带着干部工人3人，从格尔木出发，途经37天，到达西藏的黑河（即那曲）。在向国务院和彭总作了汇报后，中央拨款30万元，并指示："试修格尔木通往可可西里地段。"慕生忠当即代表全体员工向彭总保证，在"八一"前坚决完成任务。

编组组师　整队待发

1954年5月9日，慕生忠政委和任启明副政委，在格尔木集中修路员工，进行编组整队，随即动员出发。

宋剑伯、张兆祥和我负责修路工程；何畏、杨景震（共产党员）、张震寰和拉骆驼的工人20名组成测路队，由何畏同志负责；朱飞、张启华、阎文仪负责供给，并兼财务会计，由朱飞同志负责；王德民同志负责医疗工作。

第一工程队队长席上珍，指导员马珍；第二工程队队长王延杰，指导员赵建忠；第三工程队队长尤忠，指导员李秀成；第四工程队队长王德明，指导员王仕禄；第五工程队队长包林，指导员贺高明；第六工程队队长韩庆，指导员王志明。

修路员工共计1220人，除测路员工20人外，尚有1200人，编成6个队。每个队有200人，帐篷21顶，骆驼42峰，铁锹200把，十字镐20把，以及灶具等，都做了充分的准备。上述编组的22个干部在党的教育下，在各自的岗位上，都流了汗，出了力，做出了出色的贡献，是应当加以表扬的。

编组整队工作完毕后，慕生忠政委作动员报告。他说："青藏公路是青海、西藏的生命线，它对建设青海、建设西藏和巩固我国西南边防，将起重大的作用。修建青藏公路，虽然任务紧迫，工程艰巨，但我们在伟大的中国共产党的领导下，没有克服不了的困难，没有完不成的任务。同志们！不平凡的事业，是由不平凡的人们干出来的。我们应该有决心，有信心，一定要在'八一'前完成试修的任务。"接着任启明副政委作了补充讲话。他说，所谓青藏高原，就是远望是山，近看是川，再走成原。我们不怕任何艰难险阻，为了社会主义事业，为了青海和西藏各族人民的幸福，决心在"八一"前完成试修的光荣任务。

突破险阻　首战告捷

1954年5月10日，第一、二两个工程队开始分段由格尔木向爱己沟口节节修筑。这段30公里的路基，虽是不毛戈壁，修筑容易，但实际上由于格尔木河历年不断的冲刷，因而沟渠遍野，路基工程量还是很大的。这两个队修筑路基的工程，每天以6华里的速度前进。5天后，两个队同时完成了任务。第一工程队在宋剑伯同志带领下前进到210公里处的不冻泉，向楚马尔修筑。第二工程队前进到73公里天涯桥南500米处，向纳赤台修筑。第三工程队前进到32公里处的爱己沟口，向57公里处的干沟北坡修筑，限7天完成，完成后即前进94公里的纳赤台向不冻泉修筑。第四工程队前进到67公里的雪水河南岸；第五工程队前进到雪水河北岸。两岸工程限25天完成。指挥部随从第四、五工程队到雪水河专门督导两岸工程进度。第六工程队接第三工程队干沟北坡，向雪水河北岸修筑，限3天完成后即参加雪水河工程。

爱己沟是慕生忠为了做格尔木的第一代人而以音译命名的。爱己沟口是柴达木盆地进入青藏高原的起点，海拔为3150米[①]，两旁山峰纵横，均在4000米以上。中间是格尔木河，傍河两岸为河水冲刷成的悬崖绝壁，深度为50至79米上下，傍山的路基上也是山洪冲刷的横断干沟，一般深度为10至20米上下。

雪水河，水流湍急，往下50多米汇流于格尔木河。河的两岸为

---

① 沿线海拔，是在整修中由五设计局测定的。如格尔木为3018米，现在是2808米。本文中沿线海拔都是根据五局测定的。

二三十米高的悬崖绝壁，其坚硬度相当大。经过实际测验，用十字镐掘挖十几下，只能挖下8厘米的一个坑子，四周没有裂痕。我们的工具很简陋，每队只有20把十字镐，又没有任何爆破设施，要在期限内完成试修任务，年终通车拉萨，确实是一件不容易的事。指挥部曾充分发动群众动脑筋，想办法，并经过3天的施工试验，才能达到定额的85%。为此，指挥部充分发动全体员工，开展劳动竞赛，规定评比标准和等级，发给奖金和一些物品。在竞赛过程中，人人干劲冲天，个个突破指标，劳动号子响彻云霄，惊天动地，形成了一幅轰轰烈烈的战斗场面，是值得大书特书而载入史册的。

在竞赛中，涌现出不少劳动模范和先进人物。有些员工超额几倍完成了评比指标；有的手打起了泡，流血化脓，仍然坚持劳动，不下工地；有的不怕缺氧头晕，不怕高山反应，战胜恶劣的自然条件，出色地完成了任务。十字镐挖秃了，他们就用牛粪烧红，放在石头上砸尖使用。这种不怕艰苦、不怕流血的苦干精神，很快就形成了一股攻无不克、战无不胜的强大洪流，任何艰难险阻也挡不住、压不倒。这就是青藏高原、世界屋脊上开路先锋的英雄形象。

这项工程提前7天完成了任务。在总结大会上，慕政委根据评比结果，给有关班、组和个人分别授予"标兵班""突击队""劳动模范""先进个人"等光荣称号，并颁发了红旗和奖金，有力地鼓舞了全体员工，为完成下一段工程打下了良好的基础。

各段工程试修的情况是这样的：

一、天涯桥：离格尔木73公里，有一道石峡，宽4.5米，深34米，长1000多米。如果沿着人畜行走的羊肠石道来修筑，其工程量是很大的。因此在雪水河施工中，我们先派去员工20人修好路基和桥基，并在兰州做好桥架和面板，提前运来，在桥基处进行安装，保证了试修段的通车。当时慕生忠就命名它为天涯桥。

二、纳赤台：距格尔木94公里，传说是文成公主进藏的路线，在当时由于运输困难，将所带的一尊铜佛存放此处，故名纳赤台。台下有一泉，供人畜饮水，慕政委就命名为昆仑泉。此后，公路养护段、兵站、运输站均设在此处。

从纳赤台到昆仑山口一段，在路线设置上，路基全部沿格尔木河道内弯曲修筑，由于夏季冰雪融化，随时有被冲毁的危险，并经常发生阻车事故。因而工程既复杂，又艰巨，大部分都要改线：这段80多公里的工程，留第三工程队返修，直到拉萨通车时，才完成了任务。

三、楚马尔河：距格尔木234公里，是长江三大源流的北支，发源于昆仑山的可可西里山，源头距此路线跨河处，约102公里。这里河宽为80米，水深60厘米上下，流速2米/秒。我们在这里就地取石填铺成160米的水底路基，使河水平均在30厘米上下。完工后，为了保证顺利通行，我和第一工程队在此继续进行加固，第二工程队由楚马尔河南岸向可可西里整修。

四、五道梁：是由楚马尔河至可可西里一段，有60多公里长，中间接连五道山梁。梁上很平坦，车辆可以随便通行。但在两梁之间，都有一条夏秋为河，冬春干涸成路的地段。正当夏季，车辆无法通行，就要铺成过水路面或涵洞。当地没有石料，我们就组织人力和驼队，到6公里以外去驮运；我们用麻袋背土，千方百计，完成了路基任务。

7月27日，陕、甘、青三省代表团迎接西藏工委副书记范明同志和班禅额尔德尼·确吉坚赞的车队也到达了，员工们就地迎接和欢送。又继续加修两日，到7月31日，全体员工集中在可可西里。"八一"建军节这天举行庆祝大会，热烈庆贺试修任务胜利完工。慕政委作了总结报告，鼓励全体员工再接再厉，乘胜前进，决心争取在年终前通车拉萨，胜利完成党交给的光荣任务。

奋战在沱沱河上

河西走廊的峡东火车站到格尔木一段，在试修前，当时彭总在地图上划了一下说："这就是半壁河山的空白！"这一指示，深深地铭刻在

每个人的心上。慕生忠根据彭总的指示，在试修中，派贾志朴和哈萨克族向导斯依买恩进行了踏勘。在给我们下达具体任务时，决定原运输第二站站长齐天然带干部1人、工人40人、卡车1辆，前往峡东火车站向格尔木修筑；宋剑伯、张兆祥两同志带领三个半工程队，轮流向前修筑；我带领一个半工程队随后整修。

部署完毕，慕生忠赶往北京向国务院和彭总汇报。彭总指示，由军费内拨款200万元、工兵1000人、汽车100辆进行支援。他返回后，对我重新下达了任务。工兵预计在10月下旬进入工地，命我在9月3日前赶修到沱沱河，一定要完成任务。我以任务紧迫，而将北麓河整修工程交给席上珍的半个工程队，我即带第四工程队按时到达沱沱河。

北麓河，在风火山的南山脚下，是通天河的一条支流，河宽只有3米，水深20厘米，河床宽约300米，全是泥沙，深度为30多厘米，再下为永冻层。根据这种情况，我们铲去泥沙，垫铺石片，有效地防止了翻浆。

沱沱河，即穆兰乌伦河，是长江三大源流的主流，发源于祖尔肯乌拉山之北。此处河床宽约1060米，河槽宽283米，最深处为1.4米，流速4.8米/秒，河底全为流沙。

9月4日，我队20名班长和各班有经验的工人，集体想办法，提措施，确定分流地点，测定路线，标出路基平面，研究制订出整个踏勘计划。当时由我带领100名工人，在1200米处进行分流；王仕禄带100名工人，捡石料和铺路基；周宗汉、王鹏专门负责拉运。分流工程进行了5天，河床内普遍有水，主流最深水位下降到1米，流速减到3.1米/秒，达到了我们预定的计划。

9月15日，席上珍的半个工程队，也到达了沱沱河，在南岸就近取石，并用骆驼从7公里以外的山沟里驮石，两边加铺，很快进展到河槽以内。后来又用大小麻袋，两边在水中装沙填铺，至28日就开始合龙。龙口宽32米，水深约3米，流速5.2米/秒，两边投进的沙袋无影无踪，效果不大。后来利用羊皮筏子，在上流处装沙袋，两边用大绳拉住，每筏装上6个沙袋，将筏子放到龙口，拉绳人把筏子固定后，另外两个人把前面的小绳用力一拉，筏子就翻倒下去。拉绳人来往移动，使筏子在龙口处来往翻倒，就这样300名工人分成3班，昼夜不停，两岸工程很快合龙。在合龙期间，曾遇到多次大风雨雪，但员工们始终坚持战斗，不下水线，到10月3日下午5时正式合龙。当时气温，在晚间已下降到摄氏零下五六度，缓流处普遍结冰，又得改变施工方法。10月10日"过水路面"工程全部完工，又在宽5米，长400米的过水路面上，两边每隔两米砸一根驼杆，再用麻绳连接沙袋或石片，交叉网着，使其不易被水冲走。10月13日上午进行了试车，达到安全通行。下午召开庆祝大会，晚上又举行会餐和晚会，300多名员工决心再接再厉，继续前进。

苦战大小唐古拉山

通天河，即穆鲁乌苏河，是长江三大源流的南支，发源于唐古拉山北麓。此河也有三道支流，都发源于唐古拉山。长江的大源流，即楚马尔河、沱沱河、通天河，三河东向120公里处汇成一流，统名叫通天河，再下就是金沙江、长江了。

小唐古拉山，北距通天河43公里，南距温泉76公里，山高坡陡，常年无积雪，北坡约3公里处，有一个大盘旋到山顶。公路在山顶平行1公里多，即转南下约5公里，6个盘旋即到山脚。傍山东向18公里，折南傍通天河东支（布曲）到温泉。沿线通过十多道水沟，河底都是砾沙。此山山陡坡急，挖填方较大，但全是沙土方和个别石块，工程难度不大。3个工程队16天就顺利地完成了任务。

我们奋战在小唐古拉山时，马珍带的半个工程队，由此山东向18公里折南处，开始施工，在进展到温泉以南的草滩上，因送粮的驼队没有按时赶上，粮断两天，加重了困难。但员工们忍饥挨饿，仍然坚持劳动。与此同时，各班抽派员工打野羊、打狗熊。此地原是野羊、狗熊成群的地方，后被人和骆驼惊跑了，半天没有打到1只。马珍即叫抓旱

獭，挖地老鼠，解决了暂时断粮的困难。员工们把野味合煮一锅，还感到肥美可口，别有风味。

唐古拉山口，是青海和西藏的分界岭，也是青藏公路的最高点，海拔在5000米以上，常年多雪少雨，时有6级以上的大风，气温最高摄氏6度左右，最低摄氏零下四十二三度，有时夜间下降到摄氏零下50度。气候虽然寒冷，但无高山反应。对此情此景，副政委任启明曾吟诗一首：

> 唐古拉山只等闲，
> 山中雪积不知年；
> 风大乌鸦难展翅，
> 跳跃跨过乐火天。

山口两边，有6000米以上的冰雪峰。东峰北坡5000米处，有一椭圆形的、约3公里长的死水湖，是历年来冰雪融化积存而成的，其深度不详。湖内有大量的黑斑无鳞鱼，经化验，无毒可食，与雅鲁藏布江的鱼同类。员工们用麻袋一捞，就有三四十条，50多斤。记得当时有人赋诗：

> 内地十月似春天，
> 高原唯独此处寒；
> 枯湖斑鱼能生长，
> 屋脊象征近太阳。

唐古拉山的这段工程，北坡长为23公里，除山脚有1公里的盘旋道外，其余傍西山弯曲到山口，坡度一般为12%左右，路基为砾沙土结合，还有个别石块；南坡长约16公里，傍东山直达山脚小河（即黑河源头），路基多为土方，还有少数沙土方，坡度一般为15%。

在气候多变的情况下，施工有相当大的困难。南北两坡约40公里的填方上，没有碾压、夯打的工具，路基全部要放在挖方上；气候变化剧烈，风雪无测，有时只能劳动半天；工人没有雨具和必要的劳保用品，风大、雪大，就要收工或原地停工。但是，我们的员工为了按时完成任务，动脑筋，想办法，克服了各种困难，既没有影响工程进度，又没有发生任何事故，按原定计划提前4天完成了通车任务。此时汽车正在奔驰，大风仍在吼叫，慕生忠同志和员工们吟诗一首：

> 唐古拉山风云，
> 汽车轮儿漫滚；
> 今日锹镐在手，
> 铲平世界屋顶。

会师在桃儿九山

10月29日，我们5个工程队的全体员工乘胜进展到唐古拉山以南的起伏地带。我英雄的工兵部队浩浩荡荡地来了，我们在原地鼓掌欢呼，出现激动人心的会师场面。10月31日，全体员工在英雄的工兵部队鼓舞下，完成了唐古拉山到桃儿九山60公里的路基工程，前进到桃儿九山南坡脚下工地，轮流向安多麦马修筑。

格尔木至桃儿九山段，传说是千里迢迢，渺无人迹。但我们修筑到距格尔木约400公里的风火山①南坡，突然发现帐篷灶台和畜圈遗迹。这些遗迹，断续蔓延到桃儿九山以北。经向安多麦马部落了解，唐古拉山以北地区，解放前从来没有人在这里放过牧，现在放牧的这个部落，是1951年下半年，由安多多马半个部落移过去的（安多多马部落在安多麦马部落南30公里），证明，过去传说的格尔木到桃儿九山绝无人迹的情况是属实的。

---

① 风火山在沱沱河以北50公里，北麓河紧靠南坡脚下。

格尔木到桃儿九山，虽然是一段绝无人迹的高原地区，但却是野牲成群的地方。我们从纳赤台到楚马尔河，看见过成百上千的野牛；汽车在夜间行驶到西大滩时，就发现野牛、野驴与汽车灯光赛跑；如汽车发生了故障，就看见野牛用头角抵触汽车的车厢。从五道梁到唐古拉山，野驴、野羊成群结队。狼群也不怕人，使人望而生畏；狗熊、猞猁、马鹿，时隐时现，层出不穷；雪鸡遍山，旱獭遍野；鸿雁、仙鹤，翱翔不已，引人触发唐古拉山别有天地之感。此外，由纳赤台到桃儿九山，沿线还有丰盛的野葱、野白菜、野红萝卜……又是一番风味。尤其是昆仑山的灵芝，大小唐古拉山的雪鸡、雪莲，更是驰名中外，还有延年益寿的作用。

桃儿九山这段路基，在英勇善战的工兵部队支援下，冒风雨，顶严寒，日夜奋战，只花3天多的时间，就全部完成了任务。

安多拉山，海拔3000米，沿着人畜小道走，约5公里就到达山顶。这段工程挖方多，全是砾沙土方，有两处石方，工程量不大，在我工兵部队的奋战下，更为容易。我们5个工程队，登上安多拉山山顶后，也展开激战，轮流向前修筑。路线是沿山岭平行1公里，缓下80公里，入川道翻浆地带约50公里，就到达藏北的重镇——黑河。

我们工程队全体员工和工兵部队在桃儿九山会师后，互相支援，互相鼓励，无形中展开了竞赛。在工兵部队英勇顽强、不畏艰苦的战斗精神鼓舞下，我们很快完成了任务。

通车黑河　直抵拉萨

10月11日我们正式通车黑河。黑河，是藏北政治、经济、文化、交通的中心，商业比较发达，有印度、尼泊尔、青海等地的商店，房屋连成一片，但没有正式街道。黑河发源于唐古拉山南麓，在公路东侧2公里处的沟道里，经桃儿九山西侧，通过安多麦马到黑河，折东流向昌都嘉玉桥，南下为怒江，再上为萨尔温江，入印度洋。此处河宽37米，水深40厘米，河底全为砾沙，人畜都容易徒涉。

距黑河西南40公里，为念青唐古拉山山系的尕勤拉山，再前进20多公里为拉陇尕木山，工程较大，但都是沙土方，修筑比较容易，当雄大川的路线多次通过当雄河，工程量虽大，但能就地取材。羊八井峡谷，是当雄河和羊八井湖汇流后冲刷而成的一道石峡。峡谷长约10公里，出了峡谷就进入堆龙德庆农业区，地势平坦工程比较容易。但距拉萨市10公里的东尕村村东石嘴，工程量和难度就比较大。

我11月16日到达拉萨，20日在军区礼堂作汇报。西藏工委、军区和政府共同协商，于21日成立了青藏公路筹备处，并决定下列各项：

1. 全体筑路员工和部队，严格遵守民族地区的风俗习惯；

2. 修筑公路，不准占用寺院、佛塔等建筑物；

3. 由地方代表、当地头人和青藏公路筹备处，共同协商设立供应站；

4. 购买牛粪、草料或其他物品，必须在双方自愿原则下进行，不准抬高市价或抢购；

5. 修筑公路，如要占用耕地，须经有关方面协商，按议价付给价款。

我们在勘测定线和设立供应站的过程中，得到堆龙德庆宗宗本（即县长）的大力支持和热情帮助，进展很顺利。对占用的部分耕地，我们按协商价付款，但地权人坚决不收。后请示西藏工委和军区，决定以价款购买青稞、茯茶、糖点、烟酒、哈达等实物，并将我们自己食用的大米，按每户10斤，由头人带领，挨户分送。当地头人和群众多次表示："修路是我们自己的事，占地也是应当的，你们又受苦，又送礼，这是我们从来没听说过的事，共产党、解放军真好！"

我们全体员工于12月9日进入西藏农业区后，将60多公里的便道路基和10公里的市郊路基，由5个工程队分段修筑，5天时间就到达市区布达拉宫前面的广场上。工兵部队于11月27日进入羊八井峡谷后，只用了13天的时间，就完成峡谷的全部工程。12月10日就前进到东尕村石嘴。12月20日，我们全体员工和英雄的工兵部队，胜利完成了通车拉萨的光荣任务。

与此同时，峡—格线的全体员工，也于12月19日胜利地完成了任务，通车格尔木。

12月25日，在拉萨隆重举行了青藏公路和康藏公路的通车典礼。这是我国在世界屋脊青藏高原上的伟大创举，也是我国公路史上的光辉典范，是值得大书而特书的。

（选自《新中国往事·科教实录》，中国文史出版社2011年1月版）

沈大高速公路，当之无愧的
"神州第一路"

高清源

1985年，我大学毕业分配到大连市公路管理处工作。从此，我就与大连市的公路建设结下不解之缘，特别是参与沈大高速公路建设的那段经历，让我永远铭记在心，不会忘记。

沈（阳）大（连）高速公路北起沈阳，南至大连，途经辽阳、鞍山、营口、大连四大工业城市，沟通大连港、营口港、鲅鱼圈港三大港口和鞍钢、辽化、辽河油田等许多特大型企业，是东北地区的一条主要公路干线。全长375公里，路面宽26米，分四车道上下分向行驶，全封闭、全立交，设计时速为100—120公里，是中国大陆兴建最早的高速公路之一。

沈大高速公路1984年6月27日开工兴建，到1986年底，全线路基基本形成，1987年大连段开始路面施工。按照省交通厅的要求，1987年初组建大连市沈大公路路面施工指挥部，负责沈大高速公路大连境内大连至海湾大桥段的路面施工。我有幸成为其中的一员，参与沈大高速公路路面施工管理。

路面施工指挥部是以大连市公路管理处1986年成立的大连市第二疏港路（朱棋路）指挥部为班底组建的。大家从不同的工作岗位，聚集在一起，听从组织安排，不计任何代价。

　　1984年，沈大高速公路建设之初，中国没有高速公路建设标准，特别是路面工程，自行设计、自行施工，并采用国产材料。当时，路面半刚性基层、沥青混凝土面层，在我市公路建设史上是首次应用，根本没有经验可鉴。指挥部成员与省交通厅总指挥部一道，研究施工工艺、机械设备、材料配合比等，从德国引进了第一台沥青混凝土摊铺机，从日本引进了沥青混凝土拌和机，开展路面试验段施工。

　　担任大连段路面施工的队伍是当时的大连公路工程一队和大连公路工程二队（现大连公路工程集团）。根据当时两支施工队伍的长处和特点，指挥部研究决定，路面垫层与基层由大连工程二队施工，路面面层由大连公路工程一队施工。

　　经过4个月的紧张筹备，1987年4月，沈大高速公路后盐至金州段12.5公里路面工程正式开始施工。在施工过程中，指挥部全体人员，与施工单位一起，风餐露宿、加班加点，没有节假日。为确保工程建设质量，指挥部一周一次调度会，对发现的问题研究解决措施。大家以对工作高度负责的精神保证了高质量的工程建设。

　　1987年，后盐至金州段建成，全程12.5公里；1988年，大连周水子至后盐段建成，全程10公里；1989年，金州至三十里堡段建成，全程22公里；1990年，三十里堡至海湾大桥段建成，全程15公里。沈大高速公路大连段的路面工程质量，得到了省交通厅的高度评价。

　　1990年8月20日，经过六年多的努力，沈大高速公路全线建成并开放试通车。当日新华社即向全国播发了消息。消息说，它的建设成功表明，中国有能力建设一流的高速公路。中国的公路建设已跨入高速公路时代。

　　8月21日，《人民日报》和《光明日报》在一版头条赞誉"神州第一路"的建成。其他中央级报纸都在显著版面报道这个喜讯。1990年9月1日在海湾大桥南举行了隆重的全线通车典礼。沈大高速公路以先行者的身份拉开了我国建设高速公路的序幕，为中国交通史册掀开了现代化的一页。

　　鲜为人知的历史内幕是：当时从全省到国家，对这一"七五"重点建设项目的一致提法均为高等级汽车公路。高速公路概念被人为地模糊处理。这和当时一系列的改革举措相类似，"摸索""试验"与"改变"的决策进程在一种"不得不"的客观现实面前充满着"勇气"与"智慧"色彩。与冒险成正比的是，沈大高速公路建设之初的"省级行为"最终被演化为"国家行为"，从而开启了整个中国高速公路网的建设序幕。

　　今天，我们再次把视角投向这条"神州第一路"，以回眸的历史责任感从中解析大时代变革中的决策艺术，考量生产力解放的有效路径，回答"一条路与一个时代"的历史性话题。正如中国近现代史史料学会副会长、省委党校教授王建学所言："沈大高速公路的全方位探索在今天同样有着决策启示价值！"

　　沈大高速公路经过十几年的通车运行后，当年建成的四车道高速公路已经不能适应日益繁重的交通需要。2002年5月28日，沈大高速公路进行改扩建，将双向四车道的沈大高速公路改扩建成双向八车道。我再次成为幸运儿，参与沈大高速公路改扩建工程后盐立交桥的工程建设。

　　后盐立交桥是沈大高速公路进出我市的咽喉要道，连接着201、202国道，东北快速路、振兴路。大连市交通局成立了后盐立交桥项目管理办公室。该项目从立项、设计到施工，全部由我市自己组织。

　　在市委、市政府的高度重视，省交通厅的指导下，经过两年的建设，克服地质条件复杂、动迁难度大等困难，于2004年8月29日，与沈大高速公路改扩建工程同步竣工通车，后盐立交桥也成为我市城市建设的一个标志性建筑。

　　沈大高速公路改扩建工程，技术上又有很大改进和发展，创造了多项"中国第一"：第一条大面积使用当今世界最先进的SMA路面施工工艺和SBS改性沥青混凝土施工材料进行路面施工的高速公路、第一条告别高温车辙的高速公路、第一条八车道高速公路……

　　沈大高速为东部经济发达地区双向四车道高速公路的改扩建提供了

23

成功的示范，它所采用的一些新技术和新工艺已在沪宁和沪杭高速公路改扩建工程中得到了应用。

（选自《大潮·口述：城市的故事》，
中国文史出版社 2018 年 7 月版）

成渝铁路：共和国建设史上的第一个奇迹

杨耀健

四十年的夙愿

富饶的四川素称"天府之国"，从19世纪下半叶就为西方列强所垂涎，但由于它地处中国内陆、交通不便，列强不能畅通无阻地倾销商品和输出资本。因此早在1863年，英国人就拟定了一个以汉口为中心的铁路建筑网，线路之一就是"西行经过四川、云南等省直达印度"。1879年，英国人更提出"任何铁道设计之最终目的"，必须到达"物产丰富、人口稠密之四川省"。同年，法国驻印度支那总督也提出修一条"展筑至人口稠密的四川省会成都、达扬子江上游重庆"的铁路，日本、俄国、美国、德国也想染指四川铁路的修筑特权。

消息传出，四川民众奔走相告，纷纷请愿示威，要求自办铁路。在此舆论压力下，四川总督锡良和湖北总督张之洞，于1903年联名上奏折，请求准许官商集资开办川汉铁路。清廷准其奏议，次年在成都设立"川汉铁路公司"，考虑到投资和能力，决定先修成铁路，1904年至1911年间，各界人士共筹集股银1890万两。

1911年5月，清廷突然宣布铁路收归国有，股金概不退还，并派邮传部大臣盛宣怀与英、德、美、法四国银行签订《粤汉、川汉铁路借款

合同》，借款600万英镑，将川汉、粤汉铁路置于帝国主义控制之下。四川民众闻讯，"函电纷驰，争议嚣然"，保路运动风起云涌。当年9月，新任川督赵尔丰在成都枪杀游行请愿民众，一时群情激奋，省城骚然，义士汹汹。清廷急调端方率重兵自鄂入川镇压，革命党乘机在武昌起义，辛亥革命大局乃定。

民国二年，北洋政府交通部复宣布川汉铁路改为"国营"，跃跃欲试，唯因当时军阀杨森、刘湘等割据四川，战乱不休，筑铁路之事搁置多年。1932年，前四川督军周道刚又倡议修筑成渝铁路，并聘请工程技术人员勘测线路、筹资施工，不料刘湘、刘文辉为争夺"四川王"宝座大动干戈，铁路施工未能实施。

1933年，南京政府授意宋子文组建"川黔铁路公司"，将成渝路作为川黔铁路的北段，于1936年6月部分开工，又因"七七"事变中断。抗战结束后马歇尔将军来华，曾打算从援助欧洲的物资中拨出一部分来修筑成渝铁路，因国共和谈破裂未果。1946年，国民党政府因军事需要再度复工，零敲碎打地修了几个桥墩和一小段支线，遂因垮台告终。

就这样，成渝铁路修修停停，40多年来始终是一场梦。四川民众翘首以待，血也流过泪也流过，见到的只有地图上的一条虚线。

规划蓝图

1949年6月和7月，邓小平在上海市市长陈毅家中，两次见到了陈毅的堂兄陈修和，也两次与他谈到修筑成渝铁路的事。二野即将挺进大西南，邓小平一直在思考怎样使四川老乡多年的愿望变成现实。

学有专长的陈修和是曾留学法国的兵工专家，为完整保护沈阳兵工厂做出过贡献，他向邓小平介绍了抗战时期迁渝的大渡口钢铁厂的情况，说该厂至今仍然有着完好的设备和技术力量，可以年产4万多吨钢轨和钢梁，正好用于修铁路。

邓小平对陈修和说，将来西南、四川解放后接管、安置和恢复生产的任务很重，很需要技术人才，欢迎他回去参加接收和建设。但因陈修和已应邀出席即将召开的新政协会议，故只承担了撰写关于修建成渝铁路的意见书的任务，并向邓小平推荐了几十位兵工技术专家，其中有不少人是留法留德的高才生。

1949年11月，人民解放军占领重庆，中共中央西南局、西南军政委员会随后设立于此，邓小平任西南局第一书记、西南军政委员会副主席。

面对雄伟却又暮气沉沉的山城，邓小平心潮难平。1919年9月，年方15岁的他来到这里，考入重庆留法勤工俭学预备学校，然后又从这里冲出夔门，前往法国。30年后他作为胜利者回到了这里，但他并不轻松，他心里很清楚，西南局和军政委员会肩负着怎样的重担：60万名人民解放军、90万名国民党军起义投诚和俘虏人员，加上重庆原有的10万名公教人员、10万名旧企业职工、数十万名私营企业员工，包括居民在内，起码有上百万人等着吃饭，合起来该是多大一张嘴？

沿海被国民党军舰封锁，原料、器材和零配件进不来，工厂只得暂时停工。水电厂、煤矿曾遭军统特务破坏，供给生产还谈不上。由于经济停滞，重庆的物价好似断线的风筝，一个劲往上涨。薪水发不出，全市的学校也在无形中停了课。

当务之急是要发展生产，西南军政委员会主席刘伯承也是这样想的，他说："要建设人民的新重庆。"只有让工厂的烟囱冒烟，这座大城市才会充满活力。

经刘伯承、邓小平提议，西南军政委员会作出的第一项重大决策，就是"以修建成渝铁路为先行，带动百业发展、帮助四川恢复经济"。中共中央同意西南局的报告，其批复为："依靠地方，群策群力，就地取材，修好铁路。"

1950年4月，第一批工程人员分赴工地沿线，开始实地勘测。6月，铁道部在重庆组建了西南铁路工程局。这时，有些从旧社会过来的人表示怀疑说："共产党是不是真要修路，他们能不能修好这条路，现在下

结论还为时尚早。"他们还担心共产党又要来挨家挨户集资募捐，而祖辈留下的大清国、民国发行的铁路股票至今尚未兑现。

这些人的怀疑当然有他们的道理，但是时代已经根本性地改变了。

6月15日一早，重庆菜园坝锣鼓喧天，彩旗飘扬，上万名群众在此隆重集会，举行成渝铁路的开工典礼。西南军政委员会的领导都出席了典礼，身着军装的邓小平到会致辞，高音喇叭里传出他爽朗的声音：

"同志们：我们进军西南时就下决心要把西南建设好，并从建设人民的交通事业开始做起。我们今天建设成渝铁路，是在经济与设备困难的条件下开始的，我们调出一部分部队参加建筑，也是为着替人民少花一些钱，把铁路修起来。我们今天订出修路计划，开始动工，并不等于问题解决了，真正的困难是在开工之后才能发现。所以今天不能盲目乐观，许多的困难必须要以为人民服务的精神，逐步地求得解决，求得克服，并防止官僚主义的倾向发生。"

没有强迫集资募捐，更没有拉差派款，首批开赴工地的是4000多名解放军官兵。以后，西南军区又抽调了3万多人，组成了5个军工筑路队，与铁路沿线的7万名民工并肩劳动。

在大渡口钢铁厂，高炉内刮着火焰的风，流着驭风的火，黑色的金属和灰色的焦炭，都在烈火中分解升华亲和，高唱着创造之歌。在天府煤矿，煤车滚滚轧碎了昨夜的噩梦，满载着希望飞出了十里窑洞。8月1日，中国民航首批开航5条航线，其中有4条通往重庆。9月12日，民生轮船公司的"沅江"号登陆艇，装载首批供应成渝铁路的蒸汽机车、货车车厢等物资43件，驶抵重庆九龙坡码头，随即投入支线使用。

大重庆复苏了。

筑路歌

成渝铁路东端是丘陵区，西端是平原，地形地貌并不复杂，但以往修铁路都有洋人作顾问，这次全靠自己，能行吗？

邓小平说："干得成，我们也有专家。"他提出要大胆使用旧工程技术人员，让他们有职有权，并相应提高他们的工资待遇。他说，中国的知识分子是爱国的。

选线专家蓝田就是被起用的旧工程技术人员，解放前他长期担任成渝铁路工程局工务处长和副总工程师，他曾目睹一个个计划化为泡影，心灰意懒，只得以诗画篆刻自娱，并从佛学中寻求精神寄托。共产党的尊重和信任，使他充满了信心和希望，他虽已年逾花甲，仍然朝气蓬勃地接受了重任。

选线是铁路设计的先决课题。线路的走向、里程的长短，直接关系到工程造价，更与施工组织、劳动力调配、工期完成息息相关。为了节省每一个铜板，62岁的蓝田带领勘测队，在沿线各地做了一次次精确的勘测。

成渝铁路西端成都至乱石滩的原定路线，是从成都北门起，经金堂赵家渡、淮州到乱石滩，全长72公里。此线路必须经过淮州凉水井一带，那里地质不良，又是一个大塌方区，对今后的行车安全有很大影响。蓝田反复实测，多方搜集资料，与几种方案仔细比较，力排众议，提出经洪安乡越过柏树坳、沿石板河至沱江边与乱石滩相接的改线方案。新线不仅避开了塌方区，还缩短线路23.8公里，从长远看，每年可为国家节省大量的营运费。这个方案经铁道部审查后，被采纳实施。

筑路专家刘建熙早年留学美国康乃尔大学，曾受聘于美国波阿铁路公司，他参加设计的一座跨度长426英尺的花钢梁大桥，受到桥梁总工程师和公司总经理的赞赏，欲以重金挽留。但刘建熙却毅然归国，想以所学之技报效祖国，先后参加过湘鄂、平汉、粤汉线的设计和施工。他在旧中国的铁路部门整整干了16年，虽然参与过不少新建路段和旧线的修复工作，但没有修筑过一条大干线，中国的铁路交通还是那样落后。用他自己的话说："这16年我没少费心血，但成果甚微，只是疲于奔命。"

新中国的成立为刘建熙施展才能开辟了广阔天地，他把自己的精力和才智全部用在西南铁路的建设中。作为西南铁路工程局的技术负责人，他总是事必躬亲，哪里出现难题，他就乘着吉普车赶到哪里去"会诊"。就在简陋的帐篷里，他不知度过了多少不眠之夜。面对器材短缺、施工机具落后的状况，他团结依靠广大技术人员和工人群众，进行了多项技改，克服了一道又一道难关。

施工进展到西端时，刘建熙因地制宜，提出将拟架设在资阳以西的几座由重庆生产的厂制水泥梁，改为就地依照厂制尺寸灌注，为保证成渝铁路按时铺轨起到积极作用。

当领导表扬刘建熙时，他说了一段发自肺腑的话："准确地讲，我是靠庚子赔款留学的，那是列强向清政府勒索的四万万五千万两银子，每个中国人头上就要摊一两。这么多的银子别说铸造我这样一个人，就是铺一条纯银的成渝铁路也够了，花这么多钱学到的知识，能不用在建设祖国上吗？"

朝鲜战争爆发后，部队组成的军工筑路队全部调走，成渝铁路的施工主要由民工承担，他们满怀翻身做主人的豪情，意气风发，干劲冲天。

当年曾参加筑路的华荣、凌云柱回忆道："民工们都拥挤在路边的茅草棚里，睡的是木板上下铺，生活和卫生条件很差。那时抗美援朝，别人捐飞机大炮，我们没钱，只有加快施工，劳动报国。大家约定下班后义务加班半小时，届时班头吼一声'捐献飞机大炮的时候到了'，我们就不仅不休息，反而干得更卖力，那半小时就像现在的自动传送带似的，工效比正常上班提高两倍。"

从沿线招募的临时工，干的多是平整路基的力气活，生活条件更差，但他们照样兢兢业业，准勤满勤。老民工冯德金回忆道："我们都是从附近农村临时抽调来的，刚开始工地上没有伙食团，大家就自带干粮，或是叫老婆孩子送饭。我们不懂什么大道理，只晓得修好成渝铁路可以造福乡梓，过上好日子，也可以气气洋鬼子，所以一天到晚脸朝黄土背朝天，干得挺欢。"

也正是带着这种朴素的感情，铁路沿线的老百姓都自觉自愿、竭尽全力支援筑路。铺轨需要大量枕木，他们二话不说，砍掉了老祖宗留下的烧柴林；铺路需要大量道砟，他们从不讨价还价，一锤一锤地砸碎了如山的鹅卵石；线路要穿过祖坟祖宅，他们说服亲友，忍痛搬迁；部队要盖木板房，无须动员，老人们就抬来了珍藏已久的寿板寿材。

当年在筑路时开机车运送过轨梁的孙振华说："新铺的路轨限速，每小时大约只有五公里，不时有老乡跑过来送吃的给我们。看到民工们热火朝天的劳动场面，司机司炉都感动不已。当时我27岁，就与同事们相约，成渝铁路不通车，决不结婚。"他真是这样做的。

人心齐，泰山移。当人们为了实现祖祖辈辈的梦想，并在共同追求的事业中形成一股合力时，奇迹就会发生。

清王朝、国民党政府闹腾了几十年没办到的事，在共产党的领导下，眨眼工夫就变成了现实。

成渝铁路从1950年6月15日自重庆方向开工，当年底铺轨到江津，1951年7月通车到永川，1952年6月13日到成都，全长505公里，仅用了两年时间即告竣工。这是中国人独立设计、自行修筑的一条大干线，采用的全部都是国产器材，每公里成本为人民币31万元，系新中国成立后在丘陵地区完工最快、最省的铁路，共节约投资737万元。

圆　梦

历史会记住这一天：1952年7月1日。

在重庆菜园坝火车站、成都北门火车站，成渝铁路通车典礼同时隆重举行，铁道部长滕代远、西南军区司令员贺龙分别在两地剪彩。

是日上午8点钟，重庆各界群众3万余人参加了通车典礼大会，西南军政委员会及重庆市党政军领导到场祝贺，在渝的四川耆宿熊克武、但懋辛、刘文辉等应邀出席。

会上宣读了由刘伯承主席签署的西南军政委员会命令，嘉奖西南工业部及其所属101厂（即大渡口钢铁厂）、重庆水泥公司、昆明电工厂等单位职工，嘉奖长江航务管理局重庆分局职工，嘉奖西南铁路工程局职工。邓小平副主席则当场挥毫题词："庆祝成渝铁路全线通车。"

上午10点整，两列披红挂彩的火车从成渝两地同时相向开出。从重庆发车的专列由3859号机车牵引，一共挂了八节车厢，上面坐满了各界代表、劳动模范和少先队员，还有一些担任警戒的解放军战士。火车头前悬挂着毛泽东主席的巨幅画像，车厢两侧贴满了标语口号，打扮得如同盛装而出的新娘。沿线的老百姓扶老携幼，天还没亮就早早赶到铁路边，为的是亲眼看看"自己会跑的洋房子"。专列开到内江站，与成都驶来的列车相交，站台上的鞭炮纸屑厚积盈尺。晚间23时许，专列抵达成都，只见灯光照耀如同白昼，迎候的群众将列车围得水泄不通，车上的代表连门都出不去。

蜀道之难，名不虚传，过去不仅入川出川重重险阻，就连省内的商贸交往也颇为不易。昔日自重庆沿东大路官道至成都，需经巴县、永川、内江、简阳等11个县境，每天乘轿或步行以80华里计，差不多要13天时间。民国时期虽然修建了成渝公路，但汽车跑完单程至少也要两天。铁路通车，只需12小时即可到达。更重要的是，以成渝铁路为起点，此后又不断拓展铁路网，北修宝成线、南筑川黔线、西通成昆线、东衔湘渝线，沟通了整个大西南，为发展西部地区的经济做出了卓越贡献。

成渝铁路通车，受到中央和全国人民的祝贺。毛泽东主席为西南铁路工程局题写了"庆贺成渝铁路通车，继续努力修筑天成路"的大幅锦旗，各地报纸刊载了朱德、周恩来、刘伯承、邓小平、贺龙、张澜和郭沫若等的题词和贺信。西南地区及重庆市各民主党派负责人也纷纷撰文，给予高度评价。

广大人民群众欣欣鼓舞，持怀疑论者也心服口服，唯有国民党战犯矢口否认，认为那不过是一种宣传，把读过的报纸扔到一边。

有一天，重庆战犯管理所租来一辆大客车，拉上多疑的国民党战犯，开往菜园坝火车站。王陵基、曾扩情、宋希濂、徐远举、周养浩、沈醉、钟彬、刘进等下车一看，全都惊得呆了。只见宽阔的广场尽头，一排整洁的候车室拔地而起，气势恢宏，与粤汉线、沪宁线的大客站相差无几，"重庆站"三个大字龙飞凤舞，耀眼夺目。票房前人声鼎沸，熙熙攘攘，电瓶车开来开去，卸下一地的货物。

王陵基还是半信半疑，或许，这只是局部通车，顶多修了百多里。他记得，当初为了糊弄来华考察的美国人，他在江西省主席任上也搞过假把戏：临时布置一两处街区，装饰得花团锦簇，美国佬跑来一看，果然是太平盛世，回去后吹得神乎其神，猛加投资。这套把戏他王陵基会搞，共产党就不会搞吗？

他走出队列暗暗打量。不一会儿，月台上出现了刚下车的旅客，他瞅准一个老实巴交的，冷不防走过去询问："老乡，你是从哪里来的？"

"小地方，资中。"

"坐的哪趟车？"

"当然是昨晚从成都发的那趟车。怎么，您老没坐过火车？我跟您说，稳当得很，晚上还可以打瞌睡哩。"那老乡说着，消失在人流里。

王陵基回到队列去说："真有这码事。"战犯们听了沉默不语。他们所熟悉的旧社会已经崩溃，而在这刚刚诞生的新社会里，出现了那么多始料不及的变化，动摇了他们固有观念的堤坝，使他们深受震动，开始认真考虑自己的前途。

成渝铁路的兴建，不仅将四川省会成都与西南重镇重庆紧密联系在一起，沿线还形成了以电子、机械、建材、轻纺为主的成都工业区，以兵工、冶金、机械、化工、仪表为主的重庆综合工业区，以制糖、轻纺为主的内江轻工业区。与此同时，沿线的县区也发展成为全省重要的粮棉油和生猪生产基地。

　　成渝铁路是新中国第一个大型基本建设项目，它为1953年起步的第一个五年计划揭开了序幕。它的建成，提高了党和人民政府的威望。它在人民铁路史上，在中华人民共和国历史上，将永远留下光辉的篇章。

（原载于《纵横》1997 年第 4 期）

筹建广深铁路复线和广深高速公路

梁灵光

交通运输是广东国民经济的薄弱环节之一。广东坚持"两条腿走路"的方针，水陆空结合，国家、集体、个人一齐上。

修筑广深铁路复线

广（州）深（圳）铁路全长147公里，在深圳罗湖与香港九龙铁路相连接，是我国重要的对外贸易铁路运输线，随着深圳市的建立和我们扩大对外开放，进口货物和旅客大量增加，单线难以满足运输需要。因此，国家决定修筑广深铁路复线。这本来是属于国家投资兴建的大型项目，但由于铁道部资金紧张，不再投资。我们与广州铁路局研究决定引进外资，由广州铁路局牵头，省市合起来修广深复线。

1984年经过申请，国务院批准成立广深铁路公司，负责对全线进行经营管理和建设复线的工作。

建设复线需解决资金和征地两大问题。在资金方面，向外商贷款，等铁路建成后提高运价还贷。征地方面，就较复杂难办。大家扯来扯去，拖延时日。

在广深复线开工典礼大会上，我宣布说："为了保证广深复线的顺利建成，所有用地先征后购，即先征用了再讲价钱，希望沿途有关干部大家合作，发动群众共同解决我们的交通运输问题，加快广深复线的建

设。"杨其华等人按这个办法，多方洽谈，终于解决了沿线征地问题。

广深铁路公司打破传统的管理体制，在全国铁路范围内，首先实行"自主经营、自负盈亏、自我改造、自我发展"的全面经济承包责任制，实施"以路养路、以路建路"的政策。他们利用国家给予"按现行运价提高一半和只按照固定比例递增上缴利润"的优惠政策，投入复线建设。结果，广深复线仅用两年时间便建成投入使用。广深铁路公司还引进和改建了65辆客车，基本实现空调化。广深复线建设成功，为我国利用外资和地方修筑铁路提供了经验。

广深高速公路通车

20世纪70年代，广东公路质量差、等级低，加上珠江三角洲河网纵横，汽车渡口很多，交通堵塞非常严重，有时要等几个小时才能通过一个渡口，回乡探亲的港澳同胞和各地旅客对此反映十分强烈。

我来广东之后，主要抓广（州）珠（海）、广（州）深（圳）公路大桥等工程建设和以广州为中心的干线公路改造。

广东酝酿建高速公路在国内是最早的。1978年底，港商胡应湘就向广州市工商联主委梁尚立提出，想投资修建一条联结香港、广州、澳门的高速公路。梁尚立把胡应湘的这一愿望和构想转告省交通厅，但拖了一年没有回音。

1980年冬，刘田夫访问澳大利亚，回国时路经香港，胡应湘向他详细讲了修筑省港澳高速公路的构想。不久，胡应湘应我们邀请，到达广州，向任仲夷、刘田夫和我详细谈修建省港澳高速公路的必要性和具体构想，呈上线路走向的草图。我们考虑到珠江三角洲的飞跃发展，深感修筑高速公路很有必要，因此，赞成胡应湘的提议。但胡应湘第一次与省交通厅谈判不欢而散。

1981年5月5日，梁尚立写信向我以及刘田夫、任仲夷汇报会谈情况。5月8日，我在信上批道："仲夷、田夫、全国同志：胡应湘对广州及深圳经济合作方面的态度比较积极，是应当争取的对象。他建议在两个月内进行'货比三家'，确定对象后再投资进行勘察调查，进行可行性研究，请交通厅加以考虑，抓紧进行，否则很可能长期拖下去。"

任仲夷、刘田夫、李建安都同意我的意见。6月27日，改派省经委副主任魏震东，原省交通厅厅长李牧再次与胡应湘会谈，双方签订了合作意向书。

1982年4月12日，省长办公会议决定高速公路上马。4月30日，正式成立广深高速公路领导小组，组长李建安，副组长曾定石、刘俊杰。同时，成立了以李牧为组长、胡应湘为副组长的广深珠高速公路联合委员会，立即组织可行性研究工作。

我接任省长后，认为要加快筹建高速公路，于是去找任仲夷，对他说："日本的铁路主要是运客的，货物运输主要靠高速公路，用汽车直接从厂里运到码头，十分方便。外国人计算过，500公里的半径范围内，公路运输要比铁路运输上算，所以，我主张尽快搞高速公路。"他表示同意。

1983年7月，广深珠高速公路的可行性研究报告搞出来了。9月29日上午，我主持召开省长办公会议，讨论这一报告。参加的有李建安、王焕、赖竹岩以及有关部门的负责同志。会议认为，解决广东的交通问题，光靠铁路、水运还不够。随着广东经济的发展，收回香港和南海石油的开发，有必要修建一条联结广州、香港和澳门的高速公路。这对促进珠江三角洲的经济发展将起很大作用。因此，我省对修高速公路应该采取积极态度。会议责成省计委按讨论意见代省府拟文上报国家计委审批。次年5月5日，国务院批复广东省政府，原则同意利用外商贷款修筑广深珠高速公路。

1984年10月3日，经我们同意，省交通厅和胡应湘签订正式协议书。但省外经委的一位处长竟因是"合作"还是"合资"一字之差，拖了7个月还未批。我查明真相，严厉批评了有关部门的官僚主义行为，并于1985年7月3日，亲自主持召开省政府常务会议，正式批准了《协议书》。

1986年3月，胡应湘赴京参加全国政协会议，拜会相关领导人，向其汇报沙角火电厂B厂及广深高速公路施工及筹备工作进展情况，提议成立高速公路领导小组，由我任组长，李建安任副组长，全权负责领导工作，得到相关领导人的赞同。

同年4月21日，他写信给叶选平省长抄送给我，正式向省政府提出这个问题。信中写道："由于梁灵光顾问曾担任广州市市长和广东省省长多年，具有丰富的领导经验，在全国各级干部中享有威望。本公司在广东省参与的各项投资，多年来亦获得梁顾问支持协助，如1984年沙角火电厂B厂项目仍在磋商合同细节期间，当时的梁省长深明该70万千瓦电厂对广东省经济发展具有重要意义，故毅然采取边谈边建的灵活措施，一方面向中央上报，一方面批准土建，先行动工，从而节省不少宝贵时间，同人对梁灵光先生的远见深表钦佩。"

我和李建安交换意见后，5月27日，写信给林若、叶选平等同志，提出"省对高速公路筹建工作及组织领导确需加强，但这个工作牵涉面广，实际工作十分繁重，我已退居二线，不适宜再兼任这个职务，而应由省委、省政府指定一位书记或副省长负责并抓紧开展工作，以期早点动工，早点投产，以适应整个珠江三角洲发展的需要"。

后来，省委、省政府确定由匡吉副省长负责这项巨大工作。这条高速公路我只参与了前半段工作就没有参加了。我和任仲夷都对胡应湘提出过，希望这条路成为中国第一条高速公路，后来听说，中间扯皮的事情很多，时间拖得很长，投资也大大增加，耗资近百亿元。

1994年5月，广深高速公路终于胜利通车，在通车典礼之前，匡吉和胡应湘特地邀请任仲夷老书记和刘田夫、梁灵光、叶选平、朱森林等历届省长一起先在这条新铺的黄金通道上畅跑一趟。

（选自《大潮·口述：城市的故事》，
中国文史出版社2018年7月版）

金温铁路筹建始末

王 芳

2000年的春天，我再次到温州。在温州市领导的陪同下参观了温州火车站。

驱车来到温州火车站。看上去规模不算小，车站前面，人流拥着车流，显得十分热闹和繁忙。

1997年8月8日，经历5年时间建设的金温铁路全线铺通，标志着浙西南数千万人民近一个世纪的梦想，终于成为现实。这也是改革开放给温州带来的最大变化之一。

金温铁路是华东地区内地通往沿海、沟通浙西南的一条交通大动脉，起点站为金华东孝，终点站为温州龙湾，全长251.5公里，线路建设标准为地方一级，总投资28.25亿元。由于浙西南多山，金温铁路的桥梁隧道长度占线路总长的1/5，施工难度可以和成昆线相比。

金温铁路的建成为浙西南地区的发展开辟了一条新的运输大通道，有力推动了浙西南地区资源开发，形成一条新的经济增长带。从感情上讲，也了却我的一份夙愿。

陪同我的温州市负责人说，金温铁路开通3年来，客运、货运每年都以翻倍的速度递增，温州站已经大大超过原来设计容量。刚通车的第一年，没有货运，客运少得可怜，只有杭州—温州一趟客车。铁路要赔本，不少人说金温铁路是政治铁路，装装门面，没有效益。想不到第二年就变了，这是始料不及的。过去我们只希望铁路早日建成，但谁也想

不到今天发展得这么快。如今温州与北京、上海以及全国各主要城市绝大多数都通了车，客货流量仍在逐年增加。到莫斯科的国际货运列车今年也要开通了。

那天参观温州火车站回来后，勾起了我在中共浙江省委工作期间为筹建金温铁路奔波的往事。

1984年，按照浙江省经济发展总体规划，金温铁路筹建工作摆上了中共浙江省委重要议事日程，并抽调得力人员，建立专门班子，正式展开工作。

从1985年1月11日至20日，我带领中共浙江省委常委、组织部长沈桂芳，省计经委顾问丁世祥，省计委经委副主任王代华，铁道部第四勘测设计院副院长陈应先等同志，连续考察了金华、永康、武义、缙云、丽水、青田、温溪、永嘉、温州等地，一路与当地党政负责同志、工程技术人员座谈，为金温铁路的建设做了大量推动工作。

到了金华后，我们一行乘坐面包车沿着原设计的金温铁路线行进。车子有时走在公路上，有时走在机耕路上，有时下车步行。这是值得的，否则如何看得清真面目，得到第一手资料。

两三天下来，同行的好几位同志累坏了，因为从金华到温州的公路路况实在太差，坑坑洼洼，养路工刚用沙子把一个坑填上，几辆车子一碾过，坑很快又出来了，而且变大了。

车子在公路上剧烈地颠簸着，人在车子里不停地摇晃着，头晕目眩。我说，我们对这里的交通不仅做了实地考察，还有了亲身体验，想一想这里的交通状况这么差，经济怎么能发展得起来？

不一会儿，车子又堵住了，原来这里堵车几十分钟是平常事，堵上几个小时也不奇怪。这几年过往车辆迅速增加，而公路基本上没有变。我叫驾驶员把车子往路旁靠一下，下车走到离公路数百米远的原来设计的金温铁路路基上。这条路基是1958年"大跃进"时开始动工的，由于众所周知的原因不久就停建了。

站在路基上，我们看到由于多年的雨水冲刷和开挖种植，当年的路基已变成长满杂树和荆棘的荒土坡了。在这里劳动和路过的农民，听说我们是来勘察铁路的，都异常兴奋地围过来。

我问他们，你们想不想把铁路修起来？

"做梦也想！"大家几乎异口同声地说。

一路上这样的场景我们遇到过多次。当地的群众和干部渴望修建铁路的热情令人感动。他们非常明白，这里山区贫穷落后的主要原因是交通不便，信息不灵，修路已成为他们梦寐以求的愿望。

为了理清山区经济发展的思路，我曾先后两次深入丽水地区乡镇。每天车子沿着狭小曲折的沙子路行进，在山坡上上下下来回盘旋着，车子不停地变换着挡位和油门，又慢又吃力地一山又一山。从丽水到庆元，差不多要走一天。平日身体很棒的年轻人，也累得吃不下饭。也许是战争年代行军作战，长期锻炼的结果，我虽65岁了，但感觉还好，晚饭照吃不误，为第二天赶路程，晚上还要听汇报，开座谈会，找当地领导班子主要成员谈话。

我外出工作的行程，都是按计划进行的，没有特殊情况，从不随意更改。随行的同志病了，就地治病休息，能跟上的随后跟上，跟不上的自行设法回家。这也是我战争年代养成的工作和生活习惯。

丽水留给我的印象是十分深刻的，那是一块充满生机和富有魅力的地方。只是由于它地处浙、赣、闽三省边缘，属典型的丘陵山区地带，历史上一直处于闭塞状态，没有得到应有开发。

党的十一届三中全会以来，致力发展城市和农村经济，提高人民生活水平。这是丽水地区发展自己，改变贫穷落后面貌千载难逢的历史机遇。作为中共浙江省委的主要领导，坚定地贯彻实行改革开放政策，从浙江实际出发，理清思路，及时正确地引导和帮助他们找准发展路子，利用当地资源优势，尽快发展具有地域特色的农、工、贸、商各个行业，是我们面临的重要课题和历史责任。

据我当时调查所知，丽水土地辽阔、气候湿润，是我省资源最丰富的地区。有蕴藏量相当大的地下矿藏，但国家和地方政府不愿去投资；

有大量的农业土特产品，但没有营销渠道；有得天独厚的旅游资源，但养在深闺人未识；有宝贵的森林资源，但老百姓只能拿来当柴烧；有就地取材的各种加工工业产品，但卖不出去。

丽水的资源是全省最丰富的，但丽水的老百姓是全省最穷的。丰富的资源优势不能成为商品优势、经济优势，一个突出的也是关键的制约因素，就是地处偏僻，交通不便。毫无疑问，要发展丽水，开发山区，当务之急，是解决交通问题。这点，山区的干部群众比我们更加清楚，他们的愿望也比我们更加迫切。

我们考察小组一行，不仅在行车时随意议论，就是与当地干部座谈，我也鼓励大家自由发言。这当中有长期从事经济工作的老同志，有具有丰富专业知识的工程技术人员，有熟悉当地地理环境和经济发展情况的地方干部。大家议论的主要问题是工程技术问题、资金来源问题、铁路建成后的管理问题和效益问题。我仔细地听取他们发表的各种意见和看法，深感在工作考察中，不亲自迈开双腿，流点汗水，不去亲身体验一下实际情况，是很难做出正确判断和决策的。那种车轮滚滚、热热闹闹，只是坐在会议室里听汇报、做指示的所谓调查研究，只能是劳民伤财。

但是认识不一致的问题是经常发生的。一路上，不论是在行车的路上，还是晚上在住地，或者在与当地干部的座谈会上，大家都热烈地议论着，发表各自的看法。集中起来不外是：金温铁路是迟早要建的，问题是早一点上还是迟一点上，早上的条件是否成熟了，还会遇到什么困难和障碍。对这个问题，中共浙江省委曾作过认真的讨论和分析。我也一直在思考这个问题。

早在1921年，孙中山先生在他的《建国方略》中，就提出要修建金温铁路。在那个时代，温州、丽水乃至整个中国经济十分落后，在人民群众生活非常贫困的情况下，他就把修建金温铁路作为中华人民共和国成立后要办的大事明确提出来。但由于军阀混战，他过早去世，此事就耽搁下来。

后来，蒋介石统治下的旧中国，内外交困，民生凋敝，打内战都忙不过来，哪有可能修建铁路。

新中国刚成立时，留给我们的是一个百废待兴的烂摊子。在共产党的领导下，全国人民意气风发，大干社会主义，国民经济很快得到恢复和发展。

1958年经国务院批准，金温铁路列入我国第二个五年计划，浙江省委郑重地做出修建金温铁路的决定，完成了勘察设计和路基修建大量基础工作，并开始动工建设。

由于遇到三年国民经济困难时期，1959年4月，金温铁路修建工作被迫停了下来。接着是搞"文化大革命"，十年内乱，国民经济遭受严重破坏。直到"文化大革命"结束后，具有划时代意义的党的十一届三中全会胜利召开，我们党实行改革开放政策，人民群众中蕴藏已久的生产积极性才得到充分发挥，经济建设以空前速度和效益顺利发展。浙江和全国一样，而且发展速度更快一些。

20世纪80年代头几年，不少群众很快富起来，银行存款迅速增加，马路两边的农家洋房雨后春笋般建造起来，国家和地方财政状况逐年改善，基本建设投资力度不断加大。此时浙江省委审时度势，及时提出尽早修建金温铁路的意见时机是成熟的，也是十分谨慎和负责任的。金温铁路及早建成，对加快金华、丽水、温州以至整个浙江省经济发展将会起到不可估量的重要作用。

在丽水沿线各地，我对当地干部反复强调：浙江经济发展，浙东北的杭嘉湖、宁波、绍兴较好，落后的是浙西南，主要是丽水，包括金华的一部分。为什么落后？主要是交通不便、人才缺乏、信息闭塞。从世界经济发展史看，经济发达与否，都与交通有直接的关系。

金温铁路从1957年开始酝酿，当时没有兴建，原因不少，一是当时要建新安江水电站；二是遇到三年困难；接着又搞"文化大革命"，事情就拖下来了。

现在情况变了，是抓紧兴建金温铁路的时候了。首先，这是温州对

外开放的需要。适应开放形势，就必须解决交通问题。其次，是开发浙西南的需要，中共浙江省委对今后十年全省经济发展的战略部署是：提高浙东北，开发浙西南。丽水地区物资十分丰富，要把资源优势尽快变成商品优势、经济优势，就必须抓紧解决交通问题。

（选自《大潮·口述：城市的故事》，
中国文史出版社 2018 年 7 月版）

磁浮列车，见证中国速度

吴祥明

2000年10月，我被任命为上海市磁浮快速列车工程指挥部总指挥。这是一个吸引全球目光的工程——德国和日本各有一条磁浮专线，但都只是实验用途。而我们的目标，是投入商业运营的磁浮快速列车。

碰到的问题当然很多，一本300多页的磁浮工程可行性报告，我折了200多个角，每个角都有至少一个必须弄明白的问题。但有问题是必然的，并不可怕，可怕的是找不到问题，我坚信以科技创新为核心的技术管理是确保项目成功的关键之一。

上海磁浮项目采用德国高速常导磁浮技术，技术系统大体分为车辆、控制、驱动和轨道梁及土建工程，其中轨道梁在德方技术转让的基础上由中方设计、制造，土建及设备安装由中方负责。当时遇到最大的一道"槛"，就是轨道梁。它既是列车的承重结构，又是驱动列车直线电机定子的附着体。建造精度高，允许偏差仅0.3—0.4毫米，是以机电产品的要求来实施的土木工程。在线路转向地段，轨道的三个功能面都是扭曲面。

为满足线路高精度的空间要求，按照德国方面的输出技术的要求，必须用6轴（x、y、z、α、β、γ）数控机床对整根梁的功能区进行空间曲面加工。但限于条件，我们当时只能找到5轴数控机床，而从国外进口一台这样的机床，至少需要两年周期。我们召集国内各路专家商讨解决方案，达成共识并最终提出了以直拟曲的三级拟合和用两台5轴数

控机床联动的加工方法，在确保技术要求的前提下保证了工程进度。

磁浮轨道梁的结构，德方根据系统要求，提出采用双跨连接梁形式，以减少轨道梁的结构变形。但是这样设计出的轨道梁长50米、重350吨，且为外部超静定结构，运输和吊装都非常困难，我们的项目组研究开发了一种"先简支，后连续""静载简支，活载连续""侧向简支，竖向连续"的准连续梁结构，同样在确保技术要求的前提下大大简化了加工、运输、安装工艺。

特别值得一提的是，我们在磁浮快速列车工程建设中引入了"安全评估"制度，确保项目质量。

安全评估是指由政府主管机构认可的第三方评估机构，对项目的系统、子系统、设备是否符合规定的安全要求以及对项目预定的用途是否安全进行分析、评估。这一对保证项目的质量极为重要的程序在欧美国家已经普遍实行，但我国目前还没有建立相应的法律制度。

我们在高速磁浮项目上引用，取得非常好的效果——一批独立的第三方机构和技术人员在设计、制造、安装调试、试生产的全过程中进行独立的监督检查，在测试过程中，甚至要检查软件的源代码。在评估工作的基础上再由政府主管部门的技术人员对评估报告综合分析，消除所有发现的影响安全的缺陷后，代表政府批准评估报告、允许投入运行。

磁浮工程总投资为100亿元，我们这个管理团队坚持的还是那句话："首先，剥夺每一个人的特权！"在浦东国际机场建设中行之有效的"无底标招标"，再次被成功地运用到磁浮项目建设中。工程的各类项目设计、施工、监理招投标一律不设底标，相关单位自行计算工程量、材料数量、工程总价。评标人员根据各投标企业的平均报价，得出商务标基准分，再综合商务标和技术得分，选择得分高的优胜企业。这样一来，原先找关系打听底标值的人无处"下手"了。

我们指挥部上上下下总共160人，50人负责科研、60人负责建设、50人负责运营，平均年龄32岁。我们坚持"借外脑"，通过社会化、专业化的分工，动用社会力量进行工程管理。

2002年12月31日上午10时，朱镕基总理和德国总理施罗德为上海磁浮列车通车剪彩——世界上第一条投入商业化运营的磁浮列车示范线路在上海通车。此时，距2001年3月1日上海磁浮工程打下第一根桩只有22个月。从龙阳路到浦东国际机场30公里的路程，磁浮列车运行的时间不到8分钟。

2012年5月24日，我接受"上海工程师继续教育公益讲座"主办方邀请，与晚辈工程师分享了"重大工程的组织实施与管理"的一些心得。

我提醒大家，公共投资项目，是中级政府为实现其辖区范围内经济和社会发展，使用公共财政（或其变相形式）投资建设的市政、交通、文化、教育、体育、环境等工程。项目的效果影响较大，也受到公众的格外关注，大多属于重大工程。

此类投资项目的总投资，少则十几亿元、几十亿元，大一点的项目，上百亿元，以至数百亿元，数额巨大，且来之不易。每个项目管理人员责任重大、务必小心谨慎、认真负责地管理好所承担的项目。

归根结底，事是人执行的，"人是第一重要的"。组织实施和管理重大工程，就是要充分利用可能获得的资源，正确处理费用、时间和质量（包括功能）三大目标之间的对立统一，必须恪守法律和道德的底线，严格遵守程序，注重细节、敢于创新，科学合理地组织工程建设。

（选自《大潮·口述：城市的故事》，
中国文史出版社2018年7月版）

中国高速铁路成功之路

孙永福　口述

高　芳　整理

　　中国铁路自20世纪90年代开始，在借鉴世界高速铁路经验基础上，通过原始创新、集成创新和引进消化吸收再创新，实现全面自主创新，建立了高速铁路技术体系，取得了高速铁路设计、施工、运营一系列重要成果，走出了一条发展高速铁路的成功之路。

　　什么是高速铁路？

　　先介绍两个概念。关于什么是高速铁路，国际上并没有统一定论，但有一点共识，就是主要以速度来决定。改革开放以前我国铁路最高速度是120千米/小时，属于中低速。日本把铁路列车在主要区间以200千米/小时以上速度运行的干线铁道（新干线）称为高速铁路。联合国欧洲经济委员会规定（1985年5月），客运专线300千米/小时以上、客货共线250千米/小时称为高速铁路。国际铁路联盟（UIC）规定，新建铁路运营速度达到250千米/小时以上、既有线运营速度达到200千米/小时及以上均为高速铁路。我国铁路专家比较倾向UIC标准，后来结合中国实际情况作出新的定义。2013年1月铁道部令第034号《铁路主要技术政策》将高速铁路界定为：新建设计开行250千米/小时（含预留）及以上动车组列车、初期运营速度不小于200千米/小时的客运专线铁路。现在公布的我国高速铁路里程都是新建铁路。

　　有人认为，动车组就是高速铁路，其实不然。动车组是由动力车和拖车组成（或全部为动力车）长期固定地连接在一起的列车。有高速动车组，也有普速动车组，有电力动车组，也有内燃动车组。按照动力分布来看，动车组分为动力集中型和动力分散型两种。所谓动力集中型，是指动力设备和电器设备集中装在位于动车组两端的动力车上，只有动力车的轮对是受电机驱动的动力轮对。也就是说，两端各有一节车头，车头上只装设备不载客，后面车辆没有动力，是拖车，只有拖车载客。动力分散型则不同，电机驱动的动力轮对分散布置在全部动车组或大部分动力车上，电机等挂在车轴下面。动力分散型动车组全部车辆（动力车和拖车）均可载客。动力分散型动车组可以根据速度需要配备动力，这就使动力配备更加灵活、更经济合理。现在，我国高速铁路运行的是动力分散型动车组。但是高速动车组也可以下线运行在普速线路上。有的铁路也有动车组运行，但不是高速动车组，如北京八达岭线（S2）是动力集中型内燃动车组。

发展高速铁路是必然趋势

我国为什么要发展高速铁路？很多人都问过这个问题。我认为，最大动力是需求牵引加创新驱动。

随着我国经济持续快速增长，全社会客货运输需求旺盛。发展高速铁路，形成大能力客运通道，可从根本上解决旅客购票难问题，为人民群众提供安全、快捷、经济、舒适的服务。同时，也可使既有线货运能力得到释放，缓解货运紧张状况。这是完善全国铁路网、实现铁路现代化的重要举措。我国铁路运能一向紧张，旅客买票很难，节假日更是难上加难。虽然把单线改造成复线，再加上电气化，可使运能有一定提高，但不能从根本上解决运输紧张问题。客车货车要求不同：货物列车不要求跑太快，但希望拉得多；旅客列车希望跑得快，能早点到达。这就给曲线轨道超高设置带来困难，因为曲线轨道欠超高会影响旅客列车的舒适度。客货列车速差增大，也会影响线路的通过能力。解决旅客运

输的根本出路还是要加快铁路网建设，在繁忙干线上实现客货分流。

从可持续发展的要求来看，高速铁路在节能减排方面具有明显优势，是发展绿色低碳交通运输的必然选择。欧洲很重视这方面的研究，他们对航空、公路、铁路三种交通工具进行比较，认为铁路的能源利用效率是最高的。1995年对欧洲17国交通运输业外部成本进行统计，外部成本总额为5300亿欧元（不含交通阻塞），其中包括应对大气污染和气候变化的费用（占48.3%）、处理交通事故（占29.4%）、应对自然景观和城市影响（占4.7%）、从源头上治理环境污染和交通事故（占10.7%）。各种运输方式外部成本所占比例分别为：铁路占1.94%，公路占91.51%，航空占6.1%，水运占0.45%。按单位周转量计算，铁路客运外部成本为最低。国家发改委能源研究所2005年对中国各种运输方式能源利用率比较结果表明，在旅客运输中人均能耗最低的是铁路，约合41.5千卡/人公里。营业性汽车约155千卡/人公里，是铁路的3.7倍。航空为481千卡/人公里，是铁路的11倍。小汽车能耗更高，约为950千卡/车公里。中国各种运输方式用地运输效率比较（2010年）显示，我国每公顷铁路用地客运周转量为164.8万人公里，每公顷公路用地客运周转量为29.13万人公里，铁路为公路的5.66倍；每公顷铁路用地货运周转量为518.92万吨公里，每公顷公路用地货运周转量为84.16万吨公里，铁路是公路的6倍。不论是客运或货运，铁路用地运输效率都比公路高很多。我国石油对外依存度很高，铁路可以使用电力，减少CO_2排放，减轻石油供应压力。

发展高速铁路还可以培育具有发展潜力的战略性新兴产业。高速铁路涉及材料、机械、电子、信息、环保等一系列高新技术领域，形成了一个庞大的高新技术研发制造产业链。现在全国有22个省的几百家企业在从事与高铁相关的生产，发展高速铁路可带动上下游产业的协同创新及产业集群的快速发展。

另外，高速铁路对经济社会发展能产生巨大的拉动效应。中国大陆人口众多，幅员辽阔，资源能源与产业布局不均衡。发展高速铁路，可以建立长距离、大运量、高速度、低成本的运输通道，充分发挥高速铁路对区域经济社会发展的拉动效应、集聚效应和扩散效应，有利于调整经济结构，转变经济发展方式，加快工业化、城镇化步伐，促进区域经济社会协调发展。2008年北京到天津的城铁开通后，同城效应凸显，改变了人们固有的时空观念，过去不可能办到的，现在变成了事实。

铁道部部长李森茂、韩杼滨、傅志寰等几届领导班子成员都一致认为，中国需要发展高速铁路。把高速铁路作为中国铁路发展战略的重要组成内容，作为中国铁路现代化的必由之路，坚持不懈地积极推进。20世纪90年代初，我们还没有来得及构想中国高速铁路网，先提出了建设京沪高速铁路这一个项目。京沪铁路连接环渤海和长江三角经济圈两个经济区域，全线纵贯京津沪三大直辖市、冀鲁皖苏四省，整个区域面积占国土面积6.5%，人口占全国26.7%，人口100万以上城市11个，国内生产总值占全国43.3%，是中国经济发展最活跃和最具活力的地区，也是中国客货运输最繁忙的地区。我们认为京沪高速铁路应该做首选建设项目。从1990年12月铁道部写了《京沪高速铁路线路方案构想报告》提交七届全国人大三次会议讨论，到2008年1月份京沪高速铁路正式开工，整整走过了18年。这个时间的确太长了，但这段时间没有白过，我们对高速铁路技术研究更深，为后来优质高效发展打下了坚实基础。就在2008年8月喜迎奥运会召开之际，我国第一条高速铁路——京津城际铁路开通，标志着中国进入了高铁时代。

高铁技术的研究历程

我把中国高铁技术研究分为三个大阶段。第一阶段就是工程技术研究阶段（1990—2002年）。这个时期主要是跟踪世界高速铁路技术，并开展高速铁路基础性研究。

铁道部刚一提出修建京沪高速铁路构想时，外界就有反应了，一些专家有不同看法。于是，1993年4月由国家科委、国家计委、经贸委、

体改委和铁道部（简称"四委一部"）联合开展了一个课题研究——《京沪高速铁路重大技术经济问题前期研究》。1994年12月以后，开展京沪高速铁路预可行性研究，一面研究高速铁路有关专项技术，一面进行京沪高速铁路勘测设计，组织出国考察、技术交流、科技攻关、科学试验，等等。1997年完成了京沪高速铁路预可行性研究，编制了《新建北京至上海高速铁路项目建议书》。报上去很长时间，国务院没有批复。对要不要建京沪高速铁路，仍有不同看法。1998年以后又提出了新问题：京沪高速铁路是采用轮轨技术，还是采用磁浮技术？争论也很激烈。1999年10月铁道部成立京沪高速铁路办公室，由我兼任办公室主任，加强京沪高速铁路前期工作，积极组织研讨、论证，推动高速铁路技术研究，优化京沪高铁设计。

由于存在不同意见，国务院没有作出决策。但是铁道部的高铁技术研究工作一直没有停止，组织各方面科研力量全面深化高铁技术研究。截至2003年，完成高速铁路科研项目353项，其中铁道建筑及设备115项，机车车辆及供电121项，通信信号54项，运输经济43项，新材料新工艺10项，综合技术10项。有些成果已应用于既有线路提速和客运专线建设。应该说，深化研究成效显著，使我们逐步掌握了高速铁路技术。

第二阶段是重大技术突破阶段（2003—2007年）。我们在提出《京沪高速铁路设计暂行规定》并完成京沪高速铁路初步设计之后，组织国内专家多次研讨修改，并请日、德、法等国高铁技术专家进行国际咨询。同时在既有线6000千米提速地段进行了提速试验，速度达到200千米/小时。高速铁路重大技术陆续取得突破。2007年8月国务院批准京沪高速铁路可行性研究报告。

从2008年至今，中国高速铁路进入了跨越式发展阶段，也即第三个阶段。这期间，成功建成了北京到天津的城际铁路及其他干线高速铁路，一批200—250千米/小时及300—350千米/小时的高速铁路陆续开通运营，表明我国高速铁路技术总体上已跨入世界先进行列。大规模修建高速铁路新高潮逐步形成。2010年10月26日沪杭线最高试验速度达到了

416.6千米/小时，2010年12月3日京沪线最高试验速度达到486.1千米/小时，高速铁路技术成果通过了实践检验。

争论一：要不要修建高速铁路？

有关高速铁路的争论很多，主要集中在三个问题上。第一个就是要不要修建高速铁路。对于铁道部提出的京沪高速铁路线路方案构想，有些专家不赞成。有的专家说既有京沪线技术改造潜力还很大，不需要新建铁路。这个看法不符合实际，20世纪90年代京沪线运输能力使用达到了98%，部分区段运输能力使用在98%以上，已经饱和甚至超饱和了。也有专家认为，高速铁路不符合中国国情。中国经济不发达，人均GDP远未到1000美元，消费水平低，老百姓坐不起。针对这些意见，1993年4月，"四委一部"联合课题组就京沪高速铁路重大技术经济问题开展项目前期研究，共有47个单位120余位专家参与。研究结果认为，中国不仅需要修建高速铁路，而且技术上是可行的，经济上是合理的，资金筹措是可能的。

1994年6月8日，江泽民总书记在中南海勤政殿主持召开中央财经领导小组会议。铁道部部长韩杼滨和我到会把"四委一部"的研究成果简要地作了汇报，同时也汇报了铁道部的态度，我们认为修建京沪高速铁路很有必要，也有技术和经济实力。最后江泽民总书记在讲话中指出，这份研究报告很有意义，中国应该发展高速铁路，修建京沪高速铁路是有必要的。同时也指出，这不是说马上就可以干，还有很多准备工作要做，需要开展预可行性研究。可以说，这是中央领导层首次就发展高速铁路明确表态。

1996年铁道部完成了"预可研报告"，1997年国家发改委又要求铁道部和中国国际工程咨询公司作了"补充报告"。在"预可研报告"和"补充报告"的基础上，形成了《新建北京—上海高速铁路工程项目建议书》，报送国务院。

1997年12月26日，朱镕基副总理视察京九铁路时，在专列上同我谈京沪高速铁路建设。朱镕基副总理强调，一定要充分论证，听取各部门

不同意见和不同方案，不能够仓促上马。要用世界先进技术，不能跟在别人后面跑。朱镕基副总理要我先搞一个机构，花三年时间开展准备工作。他语重心长地说，这是一个重大的战略决策，一个重大的历史事件，将载入史册。

争论二：磁浮还是轮轨？

1998年，中科院有院士致函朱镕基总理，建议京沪高速铁路不要采用传统的轮轨技术，而应采用速度更快的磁浮技术。对于磁浮技术，我知道一些情况。20世纪90年代以后，我曾率团考察日本、法国、德国、意大利、西班牙等国高速铁路，也考察过德国常导磁浮（EMS）和日本超导磁浮（EDS）铁路。当时我国研究磁浮技术的主要有四个单位——铁道科学研究院、西南交通大学、国防科技大学和中国科学院电工所。我同这四个单位的专家教授多次进行交流，共同探讨这个问题，并带领由这四个单位专家教授组成的考察组再次赴德国考察。2000年我们获悉，德国政府原计划修建的柏林至汉堡磁浮线（292千米），虽经多年准备，终因旅客流量少、投资增加多而宣布取消。后又提出3条连接火车站和机场的短线，至今一条也没有修建。2002年10月我参加在西班牙举行的第四届世界高速铁路大会后，再次对磁浮技术进行过调研。

国际上最有代表性的是德国的常导磁浮和日本的超导磁浮，其他国家都不成气候。几十年来，德国常导磁浮和日本超导磁浮都建设过多条试验线，但始终没有建设商业运营线路。美国成立了磁浮铁路公司，但也只是挂牌而已，没有具体工程项目。可见，高速磁浮技术真正变成工程实践有多艰难。

简单地说，磁浮技术利用的是异性相吸、同性相斥的电磁感应原理，以直线电机驱动车辆，运行时车体悬浮或吸浮于导轨上面，并保持一定间隙。在控制悬浮、导向的同时，直流电机驱动车辆前进。磁浮技术最大优点就是速度比轮轨快。日本低温超导磁浮（EDS）为排斥型，可使列车悬浮高度达10厘米，最高速度500千米/小时。德国常导磁浮（EMS）是吸力型，吸浮高度为1厘米，最高速度430千米/小时。磁浮技术优势还表现在爬坡能力强，纵坡可以达到10%，曲线半径小，容易转弯。半径小、坡度大对铁路选线很有利，修建时可少受地形影响，能够减少工程量。另外，因为没有轮轨之间摩擦打击声音，同样速度下磁浮列车噪声稍低些，安全舒适度更好。

然而磁浮技术的缺点也是显而易见的，最主要的问题就是没有投入实际运营。德国埃姆斯兰磁浮试验线TR型常导磁浮列车是对外开放的，世界各地的人感到好奇，都可以买票坐一趟。全程31.5千米，南北为环线，只有中间直线段6千米能跑到430千米/小时，时间只有6秒，然后马上就减速了。每天只运行几趟，其余时间为分析试验数据，进行设备检查。日本山梨磁浮试验线18.4千米，ML×型超导磁浮列车最高速度500千米/小时，直到今天都没有商业运营，只是展示高速成果而已。我们考察的时候得知，他们技术上还有一些问题，有待深化研究。另外，磁浮技术的造价要比轮轨高，还有就是它和现有轮轨体系的兼容性差，比如说修了北京至上海磁浮铁路，那么从上海到东北或到西北去的旅客，必须要换乘别的轮轨技术列车才能到达，这就给旅客带来不便，也会因此丢失一部分客流。

调查后，我专门写了这方面的文章，论述磁浮和轮轨两种技术的优劣。2000年6月12日下午，铁道部、科技部、国家计委、中国科学院、中国工程院、中国国际工程咨询公司等部门有关同志到朱镕基总理办公室，研究京沪高速铁路问题。总理让我先汇报。

我汇报了磁浮技术与轮轨技术各自优缺点之后，表明了铁道部的态度，就是建议采用轮轨技术。轮轨最大优点是技术成熟、安全可靠、互通性好。从1964年10月1日东海道新干线开通运营，日本新干线都是采用这种制式，不断发展提高，一直保持着良好水平。20世纪70年代以后，法国搞了TGV，德国搞了ICE，后来意大利、西班牙等国家也修建了高速铁路，都是采用轮轨技术。所以说，轮轨技术能够保证安全、准时、高速，可以跨线运行。磁浮技术速度更快，而且具有爬坡能力强、曲线半径小等优势。在京沪高速铁路采用磁浮技术，我们最担心的是没

有实践经验，因为德国、日本都没有把磁浮技术投入商业运行。磁浮列车救援方案有待完善，形成磁浮网络难度很大。如果我们把磁浮技术直接用在长达1300多千米的京沪高速铁路上，技术风险、经济风险太大了。因此，建议京沪高速铁路采用轮轨技术。对于磁浮技术可以进行跟踪，先在经济发达的大城市修建一条运距较短的示范线，经过商业运营验证稳定可靠以后，再视情况扩大范围。

2000年6月，朱镕基总理访问德国。张国宝、徐冠华和我作为先遣团成员，提前去考察德国第三代高速列车ICE3（330千米/小时）以及德国埃姆斯兰TR型常导磁浮列车试验线（31.5千米，430千米/小时）。我们同德国磁浮公司（TRI）商谈合作事项，德方表示了极大的热情。后来上海市市长徐匡迪到德国汉堡参加世博会时，与德国磁浮公司（TRI）总经理Wahl签署协议，中德同意合作开展上海市磁浮列车示范运营线（约30千米）可行性研究，为上海市陆家嘴至浦东机场磁浮示范工程做了准备。

同年10月份，朱镕基总理访问日本。张国宝、徐冠华、屠由瑞和我作为先遣团又去"打前站"。我们先后考察了日本东海道新干线700系列（270千米/小时）、山阳新干线（300千米/小时）、山梨ML×型超导磁浮铁路试验线等。日本ML×低温超导磁浮列车最高速度500千米/小时，相会速度是1006千米/小时。但也只是18.4千米试验线路，他们还在继续努力降低能耗、降低噪声。近来，日本报道了磁浮中央新干线计划，2027年从东京修到名古屋，2045年修到大阪。我跟日本朋友说，在中国要这么干肯定行不通。几十年以后，技术进步不知道会到什么程度。

到2002年11月18日，铁道科学研究院组织召开中德高速铁路轮轨技术与磁浮技术研讨会，对有关磁浮技术进行了深入交流。国家计委委托中国国际工程咨询公司对轮轨技术与磁浮技术进行论证，得到的结论是：高速轮轨技术是现阶段的必然选择。发改委将此意见上报国务院。2004年1月7日，温家宝总理主持国务院常务会议，批准京沪高速铁路采用轮轨技术。多年争论总算有了定论。

争论三：要不要引进动车组技术？

到21世纪初，我国已有大量的高速动车组技术研究基础，制造出了不同型号高速动车组，包括先锋号（动力分散型动车组，200千米/小时）、中原之星（动力分散型动车组，200千米/小时）、中华之星（动力集中型动力车，270千米/小时，最高试验速度321.5千米/小时），等等，大长了中国人的志气。2002年11月27日，我们到秦沈客运专线准备乘坐"中华之星"试运行。后因发生轴温过高事故，改乘"先锋号"动车组在山海关至绥北段试运行。这件事使我们感到动车组技术还存在一些值得改进的问题。

大家都在思考这个问题，怎样才能尽快赶上国际先进水平。可以走以往的路子，但是耗时要长一点，因为这是一个系统工程，不是单项技术问题。当时我国已经形成了自主研发机车车辆工业体系，制造水平有很大提高，但是总体水平只相当于发达国家20世纪70年代水平，高速关键技术还不成熟，材料工艺都有待提高，难以满足250千米/小时以上要求。另一条路就是引进动车组技术，以此作为平台，实现再创新。

在引进动车组技术上争论非常激烈。有些专家给国务院写信，呼吁支持民族工业，完善提高"中华牌"，而不应引进外国动车组技术。对于这个问题，党中央、国务院十分重视，多次听取专家意见，最后作出重大决策，同意引进动车组技术，通过引进掌握200千米/小时及以上动车组生产核心技术，兼顾开发300千米/小时动车组（《2004年4月9日国阅58号文研究关于机车车辆装备有关问题的会议纪要》）。引进技术总体要求是：引进先进技术，联合设计生产，打造中国品牌。这三句话非常精辟，对技术引进成功起了决定性作用。实践证明，这个决策是完全正确的。

高铁论证时期的三大工程实践

虽然有关京沪高速铁路的争论持续多年，但我们该做又能做的事情没有停滞。这期间，铁道部在深化高速铁路技术研究的同时，组织进行了三大工程实践。

第一个是广深准高速铁路。广州到深圳既有线全长147千米，地处改革开放前沿，客流增长非常快。这条铁路建成于1911年，技术标准低，设备也简陋，1987年复线技术改造后，仍不能满足运输需求。经过一段时间技术研究和勘察设计，铁道部提出了提速扩能方案，1992年9月国务院批复了广深准高速铁路技改可研报告。1994年12月23日广深准高速铁路开通运营，把中国铁路干线运营速度从120千米/小时提高到了160千米/小时，这在当时是最快速度，为广州、深圳间旅客往来提供了快速、便捷的运输，取得了良好的经济效益和社会效益。更为重要的是它开创了我国铁路大幅度提速的先河。

第二个是既有线大面积提速。从1997年至2007年先后有六次既有线改造提速，主要干线最高运行速度从120千米/小时提高到140千米/小时、160千米/小时、200千米/小时（少部分区段达到250千米/小时）。120千米/小时以上的提速线路总里程达2.2万千米。铁道部把为京沪高速铁路研究的部分技术和设备应用到这些线路上，让这些新技术、新设备在实际运营中经受检验。开行了一站直达、夕发朝至、朝发夕至旅客列车，使大城市之间列车运行时间大幅度压缩。同时，将货运列车速度由80千米/小时提高到120千米/小时，开通了"五定"（定点、定线、定车次、定时、定价）班列，提高了运输效率和质量。

第三个是新建秦沈客运专线。为缓解进出关能力不足问题，在既有铁路沈山线运能已经饱和的情况下，需要建设新的干线。对于这条新线方案，有的说再修一条客货混跑的线路，有的说应修货运专线，也有的说应修客运专线。铁道部经过充分论证，从"客运快速化"发展战略出发，决定修建客运专线（全长404.6千米）。设计之初，铁道部就想把目标定在200千米/小时，鉴于当时京沪高速铁路尚未获准建设，所以1998年铁道部在秦沈客专可行性研究报告中把速度定在160千米/小时以上，没有出现"高速铁路"这个敏感词语。1999年4月国务院批准新建秦沈铁路客运专线可研报告，行车速度定为160千米/小时以上。秦沈客运专线1999年8月开工建设，2003年1月开通运营，不仅在桥梁、路基、轨道等工程技术方面取得了新成果，而且在运输组织方面也总结了新经验。经过这次重要的工程实践，为我国后来建设300—350千米/小时高速铁路提供了重要平台。

规模之大、速度之快绝无仅有

1999年至2000年，铁道部在研究编制"十五"规划时就提出一个想法：不能只搞五年规划，应该把眼光放长远一些，对未来20年铁路网有个总体考虑。于是有了2020年铁路网规划，即《中长期铁路网规划》，2004年经国务院批准正式公布。

这是我国第一个中长期铁路网规划。规划明确中国铁路发展的主要目标是：扩大路网规模，完善路网结构，提高路网质量。同时，确立了"客运高速化，货运重载化，管理信息化"这一战略方向。在研究高速铁路规划时特别强调，根据国家经济社会发展需要在运能紧张的繁忙干线实现客货分线，在经济发达、人口稠密的地区修建城际铁路，加强区域之间便捷客运通道建设，使高速铁路网与其他运输方式协调、衔接，在综合客运网中发挥骨干作用。我们研究了高速铁路网总规模，确定以北京、上海、广州、武汉、成都、西安这六个城市作为路网性客运中心，以100万人口以上的城市和省会城市为路网区域性客运中心，城市群内城际铁路可以连接人口超过50万的大城市。

中长期铁路网规划公布后引起了强烈反响。各地修建铁路积极性特别高，很多省都要求修建高速铁路。有的省长、省委书记看到别的地方

有高速铁路规划就急了，纷纷找铁道部要求增加新线，并表示省里可以出钱，在征地拆迁等方面全力支持。于是，2007年对这个规划进行了修改。2008年经国务院批准颁布了调整规划，最为显眼的是铁路网规模大幅度增加了，其中客运专线从1.2万千米增加到1.6万千米。

从2020年铁路网规划可以看出，我国高铁建设规模大、标准高。从规模上讲，新建干线高速铁路达到1.2万千米以上，城际铁路7000千米左右，规模达1.9万千米/小时。从标准上讲，规划新建长大干线高速铁路按350千米/小时建设，部分以客为主兼顾货运的铁路干线按200—250千米/小时建设。这样宏伟的发展规划在世界上是绝无仅有的。

高速铁路规划突出"四纵四横"大通道建设。"四纵"就是北京—哈尔滨（350千米/小时）、北京—上海（350千米/小时）、上海—深圳（250—350千米/小时）、北京—广州（350千米/小时）。"四横"是指青岛—太原（250千米/小时）、徐州—兰州（350千米/小时）、上海—成都（200—350千米/小时）、上海—昆明（350千米/小时）。这"四纵四横"构成了高速铁路网主骨架。在这个基础上，进一步扩大高速铁路覆盖范围，新建有效缩短大城市间距离的高速铁路，如兰州—乌鲁木齐、大同—西安、西安—成都、成都—贵阳、重庆—贵阳、昆明—南宁、北京—沈阳、合肥—贵阳、贵阳—广州、南宁—广州等，以促进区域协调发展。

在经济发达和人口稠密地区的城市之间建设城际铁路，这也是规划的一个特点。如环渤海城市群、长三角城市群、珠三角城市群、海峡西岸城市群、武汉城市群、成渝城市群、长株潭城市群、关中城市群、郑州城市群、北部湾城市群、海南环线等。此外，新建和改造省会等大城市铁路客运站，与地铁、公共汽车、民航等交通实现无缝衔接，构建现代化综合交通枢纽。

"十一五"期间，我国建成客运专线4322千米。目前，我国高铁运营里程达1.18万千米，超过世界其他国家高铁运营里程总和，另有在建高铁1.1万千米，现在全路每日开行动车组列车达2600多列，成为世界上高铁运营里程最长和列车开行数量最多的国家。2013年动车组旅客发送量达6.7亿人次，同比增长32.1%；2014年1月至7月，动车组旅客发送量达5.0亿人次，同比增长33.7%。2015年，预计我国高速铁路运营里程将达到2.0万千米。

创出中国模式高铁发展之路

记得20世纪90年代末，很多媒体记者采访我时都会问：中国高铁采用哪一个国家的制式？是日本的新干线、法国的TGV，还是德国的ICE？我说中国不会照搬哪一个国家的高铁技术，一定是中国模式。我们的指导思想就是：以我为主，博采众长，瞄准世界一流水平，发挥后发优势，实现"弯道超车"，创出中国高速铁路发展新路子。

中国高铁技术创新模式，可以概括为五句话：政府部门统筹，市场机制引导，以企业为主体，产学研相结合，协同创新、开放创新。这里我想特别说一下政府的作用。发挥社会主义制度优势，集中力量办大事，这是我国高速铁路成功的重要法宝。中央政府主管部门采取了很多措施，整合各方资源，形成市场优势、资金优势、联合优势，有序推进自主创新，完全避免了低水平、重复性的研究开发。在一次全国政协常委会议上，一位核电公司老总充分肯定了高铁技术引进的成功之举。他认为许多行业在技术引进方面缺乏统筹，各自为政，多年未能形成中国技术体系，教训极其深刻。可以说，在高铁技术引进方面，政府作用发挥是得当的。

国务院研究同意引进高铁技术，并提出了明确要求："引进先进技术，联合设计生产，打造中国品牌。"这就为成功引进高铁技术指明了方向。2004年初夏，铁道部向外界宣布：中国铁路市场只有一个入口，只有一个买主，那就是铁道部。要想进入中国铁路市场的外国朋友，必须承诺全面转让关键技术、同中国设计企业合作、使用中国品牌、实行本土化生产。由于中国铁路是个大市场，需求量大，吸引力强，谁都不

愿意错过这个大好机遇，所以外国厂商积极参加投标、合作。

2004年第一次招标时，有法国阿尔斯通、德国西门子、瑞典庞巴迪、日本川崎重工（实际是日本六家企业联合，由川崎重工出面）这四家公司参加投标。当时西门子公司决策层错判了形势，他们认为中国铁路离不开他，所以就漫天要价，一列原型车要3.5亿元人民币，技术转让费要3.9亿欧元。中方提出，这个价格太高，必须降价。对方没有积极回应。鉴于西门子公司要价太高，在技术转让上设置障碍，不符合招标要求，中方没有接受。西门子公司跟踪中国铁路市场十多年，结果在第一轮竞争时就被淘汰了，受到很大震动。2005年铁道部启动第二次招标时，西门子公司放下身段，承诺中方招标条件，联合唐山轨道客车公司参加投标。西门子公司把它最先进的车型拿了出来，以每列原型车2.5亿元人民币、技术转让费8000万欧元的方案最终中标。仅此一项，同此前一年西门子公司要价相比，中方就节省了90亿元人民币采购成本。在按照市场规则竞争选择中，发挥我们制度的优势，确实起了很好的作用。

可以说，高速动车组技术经过了引进技术（200—250千米/小时）——自主创新（300—350千米/小时）——再创新（380千米/小时）三个阶段。在引进西门子公司300千米/小时动车组技术基础上，中国自主研发、设计、制造380千米/小时动车组。短短几年时间，我国高铁技术已从"跟跑"提升到"陪跑"，再跃为"领跑"，走向世界最前列。

大家很关心中国高铁技术是不是有自主知识产权，可以肯定地说，我们拥有知识产权。前几年铁道部组织过一个调研，30家高铁有关企业约1147项技术，自主创新占到80%以上。只有少数部件如列车牵引制动控制系统、神经网络及车轮、车轴等需要进口，而且不久之后也将会有我国自己研发的替代产品。现在正在研发350千米/小时中国标准动车组，将推出自主化、简统化动车组，在世界上展示动车组的中国标准。

评价高铁要重视综合效益

许多人对高铁效益十分关注。我认为,评价高铁项目效益如何,不仅要看项目本身的经济效益,而且要重视项目带来的社会效益和环境效益,用高铁综合效益进行全面评价。

高速铁路项目严格按照建议程序要求,在预可行性研究基础上提出项目建议书,获得国家批准后开展可行性研究,作为立项决策依据进行勘测设计。由合资公司实行项目法人责任制负责施工直到竣工投产,全面实现质量、安全、环保、工期、投资"五大控制"目标。每个项目都对技术上的可行性、经济上的合理性进行过评价,对项目财务效益和国民经济效益进行过评价。

影响高铁项目经济效益的因素很多,从投入—产出关系看工程造价和运量大小影响最大。在经济发达、人口密集地区,高铁开通后旅客运量很大,项目经济效益就好,如沪杭高铁;但有些高铁项目在运营初期旅客运量不大,当然旅客运量增长有个过程,逐年会有所好转,但经济效益就欠佳。对高铁项目而言,投资主体单一,融资渠道较少,普遍存在贷款太多、还本付息压力大问题,这就增加了工程造价和运营成本,会影响经济效益。改善这种情况就要深化铁路改革,特别是加快铁路投融资体制改革。2013年,国务院发了33号文件,提出了一系列措施。基本思路就是:统筹规划,多元投资,市场化运作,政策配套。全面放开铁路建设市场,对新建铁路实行分类投资建设,设立铁路发展基金,完善铁路运价机制,建立公益性、政策性运输补贴机制等。要破除民间资本投资铁路的各种障碍,把"玻璃门""旋转门"变成"开放门"。要利用改革开放给铁路增添活力,实现投资主体多元化,投资来源多渠道,吸引社会资金建设铁路,进一步加强经营管理,努力提高经济效益。

高速铁路项目带来的巨大社会效益和环保效益不可忽视,必须科学进行评价。高铁项目完善了国家铁路网，形成了大能力客运通道，使人们传统的时空观念和生活方式发生变化，极大地改善了人们的出行条件；高铁加快了我国工业化、城镇化进程，促进了区域经济协调发展，强化了中心城市的聚集、辐射、带动作用，形成了相邻城市的"同城效应"；高铁建设带动了建筑材料、机械电子等发展，推动了国家经济发展和产业结构优化升级（仅与动车组相关的配套企业就有640余家）；高铁在节省时间、节省能源、节省用地、减少排放、减少事故等方面所反映的社会效益和环境效益特别突出。从国家发改委综合运输研究所报告可以看出，铁路用地运输效率是公路的5倍以上，铁路客运能源利用率是公共汽车的3.7倍、小汽车的22倍、航空的11倍。

由于高铁开通运营时间较短，积累的资料有限，因此进行综合效益评价还有一定困难。我这里举一个普速铁路的实例。2007年，在总长250多千米的京九铁路投入运营十年之际，我主持了《京九铁路对经济社会发展重大作用研究》，组织四个单位30多人历时一年半，对京九铁路沿线五个铁路局、九个省和直辖市进行调研。报告结论表明：京九铁路运输经济效益良好，运量年均增长19.1%，运输收入年递增17.3%，2008年可以收回全部投资。京九铁路建设花了投资400亿元，运营十年又花了改造投资150亿元，这些投资加上贷款利息全部都偿还了。京九铁路国民经济效益也很好，在节约运输时间、降低运输成本、提高安全水平等方面产生了大量间接效益，经济内部收益率达19.8%（高于规定的10%社会折现率）。京九铁路催生了沿线经济带，铁路每1元直接增加值拉动地方相关产业5.7元增加值；促进沿线社会进步，城镇化水平提高12个百分点；节约用地3.81万公顷，十年减少燃油消耗1041万吨，节约运输外部成本1489.78亿元。另外，国防意义也很大，增强了部队远程快速投送能力。看到铁路这么显著的社会效益、环境效益，大家一定会对铁路的重要作用有更加全面的了解。

高铁"走出去"发展战略

经济全球化是世界经济发展的大趋势。面对国际经济新形势，许多国家都把加强基础设施作为投资重点，把绿色低碳大众化的轨道交通作为首选项目，这就为中国高铁"走出去"提供了难得的机遇。我国继"乒乓外交""熊猫外交"之后，现在又推出"高铁外交"，特别是国家主席习近平、国务院总理李克强在外交活动中亲自推介高铁，为我国高铁"走出去"发展开拓道路。

实施高铁"走出去"发展战略具有重要意义。高铁"走出去"可以展示我国的经济实力、科技实力、政治实力，有利于促进友好合作、共同发展，有利于提升我国对全球经济的影响力。高铁"走出去"有利于转变经济发展方式，有利于消化国内过剩产能，有利于企业转型升级。旺盛的市场需求将促进我国高铁技术不断创新，引领世界高铁发展。

我国高铁"走出去"有自己的优势。首先是技术优势，我国高铁技术处于世界先进水平。中国高铁技术是在借鉴世界高铁先进技术基础上博采众长再创新。其次是价格优势，我国高铁工程造价低。根据世界银行的研究资料，中国高铁工程造价要比西方国家低1/3以上。再次是融资优势。我国政府可以协调国内各部门为高铁"走出去"提供有力支持。不少国家想修铁路又缺资金，我国可以同东道国协商通过贸易合作提供优惠贷款等方式予以支持。最后一点，我国高铁具有工程承包能力，也有丰富的建设经验，这也是优势所在。1.18万千米高铁遍布全国，有平原的，也有山区的；有高寒地区的，也有风沙地区的，经受了不同复杂地质和气候条件的考验。这些优势都会提升我国高铁的国际竞争力。

从另一个角度看，我们对高铁"走出去"发展战略研究还很不够，我们面临着许多国际壁垒，自身也存在许多障碍，所以挑战也很严峻，必须下功夫研究解决。譬如："走出去"涉及国内多个部门，应有主管机构负责，建立有效的协调机制；高铁相关企业可成立联合体统一对外，避免各自为政、恶性竞争；中国高铁技术标准化要取得国际认可，专业队伍素质要适应国际化要求；重视国际市场调查研究，加强国际工程风险管理，包括政治、经济、法律、文化、技术等风险，增强判识风险、预防风险能力；此外，还要研究积极争取国家政策支持等。

经过20多年坚持不懈的努力，我国高速铁路走出了一条自主创新的发展新路，取得了举世瞩目的伟大成就。这是社会主义中国的亮丽名片，中国人民为之骄傲和自豪，世界人民也感到惊异和佩服。我们要认真总结经验和教训，针对发展需要和存在的问题，大力推进铁路改革和持续创新，创造高速铁路更加辉煌的业绩。让人民群众充分享受现代化高速铁路的优质服务，让中国高速铁路为世界铁路发展作出更大贡献！

（原载于《纵横》2014 年第 10 期、第 11 期）

南京长江大桥的建设历程

吴雪晴

南京长江大桥是我国自行设计、自行施工的特大型铁路、公路双层两用桥梁，它始建于60年代初，建成于1968年。它开创了中国人民依靠自己的力量建设大型桥梁的新纪元。

动议和最初勘测

南京地处长江的下游。长江南京段江面宽阔，水深流急，地质情况复杂。据测量，这一地区江面最窄处为南京下关至浦口段，宽1100余米，其余都在1500多米以上。水深一般在15米至30米之间，最深处达到50米。而南京作为东南重镇，扼华东水陆交通要冲，在南京江面架设桥梁，连接南北交通，是两岸人民多年来的愿望。1908年，南京至上海的沪宁铁路贯通；1911年，津浦铁路也建成通车。由于长江的阻隔，南来北往的旅客和货物都得在南京换乘船只过江。

为了解决过江这一难题，1913年，北洋军阀政府曾请法国桥梁专家到南京进行建桥的勘测设计，未有结果。1917年6月19日，孙中山在其用英文发表的《实业计划》一文中，规划了在南京长江下构筑过江隧道。他认为"南京对岸之浦口，将来为大计划中长江以北一切铁路之大终点，在山西、河南煤铁最富之地，以此地为长江下游地区交通之最近商埠，即其以海交通亦然，故浦口不能不为长江与北省间铁路载货之

大中心"。"且彼横贯大陆直达海滨之干线……总须经过浦口",所以"在长江下面穿一隧道以铁路联结此双联之市……则上海北京间直通之车,立可见矣"。但在当时条件下,孙中山的这一设想是不可能实现的。1930年,南京国民政府花10万美元,聘请美国桥梁专家华达尔(J.A.L.Wadell)到南京进行考察。经过几个月的实地勘察后,他得出了"水深流急,不宜建桥"的结论。1933年,南京下关至浦口间的火车轮渡开通,但因受天气条件的限制,火车过江仍十分不便。1936年,国民政府又想在此建桥,但不久因抗日战争爆发而作罢。抗战期间,南京沦陷,日军出于侵略掠夺的需要,一度计划在下关至浦口之间挖过江隧道,最后也没有能实现。抗战胜利后,国民党政府还都南京,有过建桥的设想,终因内战再起而落空。

中华人民共和国成立后,京沪铁路因长江渡轮而卡"脖子",对经济发展的影响日益突出。南京解放时,轮渡设备陈旧,栈桥岌岌可危,过渡实行双轮航行,每日约20渡,过300多辆货车,而且实行三不渡(客车不渡,夜间不渡,刮大风、下雾天不渡)。1958年起开始三轮航行,每日提高到100渡左右,单向日渡1500车,年运量1400万吨,但远远不能适应经济发展的需要。由北方开往苏、沪、浙、赣、闽诸省市的货车大多被迫绕道京广线。为解决这一重大难题,党中央做出了在长江中下游重点地区架设桥梁,连接京广、京沪铁道线,贯通我国南北铁路交通的重大决策。首先选定在武汉地区架设大桥,解决京广线问题。1955年,在苏联专家的帮助下,武汉长江大桥开工建设,铁道部为此专门成立了大桥工程局。与此同时,大桥局为建造南京长江大桥,解决京沪线问题收集资料,开始酝酿。次年,武汉长江大桥建设工程进入后期,南京长江大桥桥址的选择、地质勘探、测量和初步设计便立即进行。

负责南京长江大桥初步勘测设计工作的是铁道部大桥设计事务所的一级工程师胡竟铭。胡竟铭是安徽滁州人,年轻时在美国康奈尔大学、密歇根大学学习,获交通工程学硕士学位,后在美国桥梁公司、建筑公司任职，参加过美国旧金山金门大桥的部分设计工作。新中国成立后，他参加了10多座大型桥梁的设计工作，积累了丰富的经验。1956年5月，胡竟铭率两个勘探队和一个设计组来到南京，收集、整理南京地区的水文、地质、气象、航运等资料，对长江南京段进行实地勘探。当年底完成草测工作。次年8月，编就《南京长江大桥设计意见书》。《意见书》提出南京地区三处地点作为桥址候选，即下三山、煤炭港和宝塔桥，并倾向于下关宝塔桥。因此处位于长江窄口的出口处，水势平稳，流向顺直，河床变化不大。在此建桥，可使南京车站与浦口车站之间的线路最短，离市区也仅两公里，位置适中。《意见书》建议南京大桥像武汉大桥一样，修建双层桥面，上层为四车道公路，下层为双线铁道。铁道部邀请有关部门和有关省市对《意见书》进行了研究，原则同意《意见书》的意见。

复杂的筹建事宜

1957年10月15日，武汉长江大桥建成通车，国家决定再在长江上的南京、芜湖、宜都三地建三座大桥。为统一建桥事宜，铁道部决定将大桥设计事务所合并到大桥局。大桥局随即组成一个筹备小组，先进驻南京。

按照建造武汉长江大桥的速度和经验，铁道部要求两年半建成南京长江大桥，大桥局成立了南京长江大桥设计组，以王序森为组长，到南京先绘出大桥草图。同时，组织力量进行勘测，邀请工程地质研究所专家谷德振主持初步设计勘探，在桥址江面钻孔获取资料。1958年10月，应苏联运输工程部的邀请，铁道部派大桥工程局局长彭敏、局总工程师梅旸春等人去苏联考察，学习他们建设桥梁的经验和技术，并研讨南京长江大桥的建设问题。因苏方对建设这样的大型桥梁也缺少经验，研讨没有形成一致意见。

由于建造南京长江大桥的技术复杂，难度很大，而中央又决定不聘

请外国专家指导施工，为此，铁道部决定发动全国有关方面共同攻克难关。1958年10月，铁道部与中国科学院技术科学部在武汉召开第一次南京长江大桥技术协作会议；当年12月和次年5月，又分别在武汉、南京召开了第二、第三次技术协作会议。参加会议的有有关部门的领导、专家、学者、科技人员和有实践经验的建桥工人代表数百人。与会者对南京长江大桥设计中的有关难点问题，如大桥的梁式、跨长、桥墩基础等进行了反复研讨，提出了不少好的意见和建议。大桥局还成立了由我国著名桥梁专家组成的技术顾问委员会，由上海同济大学教授李国豪任主任委员，对建桥的技术问题进行把关。经过多次讨论，专家、学者基本同意了大桥局的设计方案。

大桥工程局的南京长江大桥设计方案，是在胡竞铭主持起草的《南京长江大桥设计意见书》的基础上，经过许多设计人员辛勤工作而完成的。整个设计工作由梅旸春主持，一些大学、科研机构参加了相关课题的研究。主要设计人员有王序森（主持大桥正桥钢梁设计）、曹桢（主持大桥现场设计）、王伟民、周璞（负责引桥和桥头堡的设计）等人。设计工作得到了同济大学、长沙铁道学院的大力支持。1959年1月，大桥局设计组完成初步设计文件，同时提供了比较方案资料，上报铁道部。旋又开始南京长江大桥的定测工作。6月，定测工作完成。9月，铁道部完成了初步设计文件的审查，并提出了修改意见。大桥局对初步设计文件进行了修改，于年底再报铁道部。1960年6月，大桥局又将编就的技术设计文件报铁道部，9月，铁道部报国家计委审批，1961年4月，国家计委批复。后来在施工过程中，又根据实际情况对设计进行了变更。

南京大桥设计中的一些重要问题，经参考国内外的建桥经验和技术，并根据实际情况加以创新。

正桥的上部结构采用一孔128米简支梁及三联三孔160米的等跨连续梁结构；正桥基础采用钢板桩围堰筑岛就地灌注的重型沉井基础、管柱基础和钢沉井加管柱基础，视水深的不同而分别选用；引桥采用跨度

31.7米预应力梁、直径55厘米旋制钢筋混凝土管柱基础。关于桥下通航的净高度问题，原来铁道部确定的原则是保证万吨海轮能从桥下通过，为此原设计净空高度为26米，这是根据长江吴淞口通航水位标高8.1米而确定的。由于净空高度越高，对桥的设计、施工和钢材的要求也就越大，有的部门提出24米，就完全可以保证万吨海轮通过。铁道部在修改设计方案时采纳了这个意见。这在当时还引起了一场争论，但最后仍确定为24米。现在看来，这个高度明显不足。

在设计的同时，大桥的施工准备也紧张地进行着。由于大桥建在南京，作为所在地的江苏省南京市对建桥有着极大的热情和义不容辞的责任。中共江苏省委、省人委和中共南京市委、市人委对建桥一事作了多次研究，决定全力支持建桥工作。1958年9月，经国务院批准，成立了南京长江大桥建设委员会，江苏省省长惠浴宇任主任委员，南京市市长彭冲、铁道部大桥工程局局长彭敏、江苏省委交通工作部部长王冶平等人任副主任委员。1959年5月，铁道部大桥工程局党委从武汉迁来南京，直属中共江苏省委领导。局党委书记为彭敏，杜景云、宋次中为副书记。由于南京长江大桥的施工由铁道部大桥工程局负责，为了协调施工单位和地方的工作，1959年11月15日，成立了南京长江大桥工程指挥部，彭敏任总指挥，宋次中（大桥工程局副局长，1960年起任局长）、朱世源（大桥工程局副局长）为副总指挥，江苏省委常委、副省长周一峰任政委，江苏省委交通工作部副部长田诚及杜景云任副政委。1960年7月，彭敏工作调动，大桥总指挥由宋次中接任。

与此同时，南京长江大桥的建设者也陆续来到南京。铁道部大桥局的第二桥梁工程处原在江苏邳县大运河上建桥，完工后于1959年初来南京。第四桥梁工程处于1959年10月从重庆迁来南京。从1959年夏天起开始进行征地、拆迁。征地工作的重点在南京市下关区，南京市市长彭冲率领市城建局和下关区负责同志，到下关江边做工作。到1960年春季，征地、拆迁工作全部完成，共征地59万平方米（其中永久用地25.5万平方米，施工用地33.5万平方米），迁移人口6000多人，拆迁房屋2000多间。与此同时，施工单位在长江南北两岸进行试桩，修建试验墩，以积累经验和施工资料。

1959年4月2日至5日，中国共产党八届七中全会在上海举行。全会的一项重要内容就是讨论1959年的国民经济计划草案，而南京长江大桥作为国家的一项重点建设工程，是列入计划之中的。彭敏带着南京长江大桥的设计方案和有关图表，到会场向中央委员们做了汇报，最后得到了党中央领导的肯定。1960年1月，在各项准备工作大体就绪之后，9号桥墩钢围笼浮运下水，正式宣告南京长江大桥的开工。

"生不逢时"的开工建设

按照设计方案，南京长江大桥分长江上正桥和南北两岸的引桥两部分，其中江中正桥全长为1576米，共有9个桥墩。参加施工的大桥局二处负责5号至9号墩的施工（江南部分），大桥局四处负责1号至4号墩的施工（江北部分），施工人员7000多人，最多时达1万余人。大桥开工后不久，就遇到两大困难，一是碰上我国三年自然灾害，二是中苏关系恶化，苏联政府撕毁供货合同。

国家原计划在长江上同时建造南京、宜都、芜湖三座大桥，因当时国力有限，而连接津浦、沪宁铁路线又迫在眉睫，故决定先上南京长江大桥。谁知大桥刚开工，即遇上三年自然灾害，国家经济遭到严重困难，中央决定实行"调整、巩固、充实、提高"的八字方针，许多重大建设项目因资金不足停建、缓建，这一情况也影响到南京长江大桥的建设。国家拨付的建桥资金减少到每年不超过3000万元，这只能维持一般的开支。为了克服困难，中央决定凡是1958年后招收的新工人一律精减，当时大桥工程局为保证施工的顺利进行，招收了一大批新工人，并订购了100多台（套）大型施工设备。如果按规定新工人精减，设备也得退货，大桥的工程进度也会受到影响。为此，铁道部特地向国务院请示，经周恩来总理同意，作为特殊情况，保留了大桥工地的绝大部分新工人，设备不退，保证了南京长江大桥的正常施工。

由于南京长江大桥的钢梁跨度长达160米，又是公路、铁路两用桥，制造钢梁所需的高强度合金钢我国不能生产，只能向苏联订购。1960年，我国向苏联订购了1.399万吨高强度合金钢，但钢材到货后发现一部分不合格，不能使用。以后苏联又拒绝供货。在此情况下，中国人民决心走自力更生的道路，1961年下半年，国家决定南京长江大桥所需钢材不再进口，改用国产同性能的钢材。国务院指定鞍山钢铁公司试制钢材，由铁道部山海关桥梁厂承制钢梁。鞍山钢铁公司经反复试制，克服了重重困难，于1963年正式生产低合金锰桥梁钢共1.4万吨，由山海关桥梁厂负责钢梁的生产。

1966年春，南京长江大桥的建设又遭困难。当时江中的9个桥墩刚刚露出水面，正准备进行钢梁架设，惜因西南地区的"三线"建设开始上马，国家的资金、原材料供应紧张，而由于国际形势紧张，国内正在加强战备。有人提出如果战争爆发，南京长江大桥就会首先挨炸。南京长江大桥面临着是停工缓建还是继续完工的抉择。根据周恩来总理的指示，铁道部部长吕正操和副部长彭敏来南京进行调查。经与中共江苏省委第一书记江渭清和南京军区副司令员张才千等研究，确定了"简化、快通、耐用，准备挨炸，炸了再修"的原则。最后，周恩来总理批示：不停工，继续架设钢梁使铁路通车，公路及附属工程从简，尽量压缩投资。这才使得南京长江大桥建设工程得以继续。

南京长江大桥在建设过程中，除了要克服来自外界的困难和干扰外，还要战胜随时可能出现的险情，其中最惊心动魄的一次要算战胜1964年秋季的洪水。那年秋季长江汛期特别长，流水急，洪峰一个接着一个。9月18日，正在施工的5号桥墩悬浮沉井在入水达14.2米深度时，沉井导向船组的边锚绳突然被湍急的江水崩断，自重达6000吨的沉井在激流中不断晃动，最大摆幅达到30米。10天后，4号桥墩的沉井锚绳也被崩断，沉井的晃动最大摆幅达到60米。这两个沉井只靠和导向船之间的前主锚与后尾锚相系，如主锚再被崩断，沉井和导向船就会倾覆江中，整个大桥就有被毁灭的危险。为了战胜这一突如其来的险情，全体建桥工人紧急动员起来，进行抢险。工人们冒着生命危险在激流中加固钢缆，连续奋战了一个多月，才取得了抢险的胜利。抢险工作还得到全国各地的支持，上海、沈阳派专车送来加粗的钢缆，江苏省、南京市、武汉长江航运局派出了拖轮，中央还急调海军送来抢险物资。

在大桥的建设后期，正逢"文化大革命"，在林彪、"四人帮"的煽动下，南京出现了混乱的局势，建桥工地也不能幸免。绝大多数工人、技术人员顶住了压力，坚守岗位。国务院又及时地对大桥实行了军管，成立了"抓革命、促生产"小组，保证了施工的正常进行。

在全国人民的支援下，经过全体建设者的努力，1967年8月16日，南京长江大桥钢梁合龙。1968年9月30日，铁路桥通车，同年12月29日，公路桥通车。南京长江大桥全面建成。

（原载于《纵横》1998年第11期）

从上海第一桥到世界第一桥

朱志豪

庄赟 整理

从1991年12月1日上海市区第一座越江大桥——南浦大桥建成正式通车，到1993年10月23日当时世界同类型叠合梁斜拉桥中雄踞第一的杨浦大桥建成通车，只有两年不到。我先后担任南浦、杨浦两座大桥建设指挥部的总指挥，全程参与了这两座大桥的建设，我何其有幸。

南浦大桥建成记

1991年11月15日，上海市区第一座越江大桥——南浦大桥建成，12月1日正式通车。南浦大桥是我国第一座自行设计、自行建造的双索面、叠合梁斜拉桥，它宛若一条昂首盘旋的巨龙横卧黄浦江上，圆了上海市民"一步跨过黄浦江"的百年梦。

我担任南浦大桥建设指挥部的总指挥，全程参与了南浦大桥建设。建造南浦大桥，是改革开放带给我的机遇，这是对我的一次锻炼，它一直铭刻在我的脑海，永远不会忘记。

群众，是真正的英雄！

1988年，上海成立三大工程建设指挥部——大桥指挥部、地铁指挥

部和合流污水指挥部，其中一项工程就是在黄浦江上造桥。在当时，从全国来看，没有任何造大桥的经验和资料，可以说是"设计没有完整的标准、施工没有完善的规范、加工制造缺乏工艺"，技术、材料、设备、管理……各种压力确实很大。

指挥部一成立，我就跟着时任上海市副市长的倪天增同志，沿着黄浦江两岸寻找桥址。桥要发挥功能，首先要和主干道连接，其次希望跨度小，因为我们从没有造过这么大跨度的桥，所以江面越窄越好。最后大桥选址在南码头，那里是黄浦江市区段江面最窄处，航道距离为350米，又是建造上海内环道路的过江咽喉处。桥址确定以后，航道部门首先提出，不能改变原有的黄浦江航道。防汛部门也提出，造桥不能让两岸的防汛墙受到影响。为了保证驳岸的安全，所以把大桥主塔往两岸延伸，形成了最后的主桥跨度423米。

当时浦东沿江地区涉及上海的三个区：南市区、杨浦区、黄浦区，桥址所在的南码头地区涉及南市区（浦东浦西都有）。这块区域是拥有将近6000户居民的棚户区，还有200多家企业，造桥就要改变整个地区的生产和生活，配套的五大管线（上水、下水、煤气、动力电缆、通信电缆）全部搬迁的话有50多公里长。另外，浦东地区大片是农田，因此还有针对农民的征地安置工作。所以还没有考虑到技术上的问题呢，光是前期的征地动迁，就是一个难题。

想不到的是，各方面对在黄浦江上造桥都十分支持，当时上海市民都希望在黄浦江上造桥，它是上海人的一个梦想。结果，整个动拆迁工作非常顺利。记得有个上海制面厂，当时动迁费没有了，厂长跟我说："老朱，你说好了，我都支持！"马上就把一个车间拆了，让出了桥墩的位置。主桥建成后，边上的居民在我面前都要求拆迁，支持我们，所以许多现在看来很困难的问题当时就迎刃而解了。参加工作的同志都很感动，群众是真正的英雄，一旦有了群众基础，让群众认识到事情的重要性，哪怕是牺牲自己的利益，也会义无反顾地支持政府的决定。

三年，一定要把大桥建成！

三年一定要把大桥建成，是当时的市长黄菊提出来的："三年当中，出成果，出人才。"不仅要把大桥建好，而且要把建设大桥的人才培养出来。从前期工程（包括动迁、勘测、设计等）到后期施工，总共才三年。所以我们不能分阶段，只能采取交叉同步的方式，勘察设计、工程设计、征地动迁、科研项目……齐头并进。还有就是资金，当时的预算是8.25亿元，国家计委批准的是8.2亿元，前期费用由上海市政府承担，工程费用同意通过国外贷款解决，这在当时也算是破例了，特事特办。

到国外贷款，首先要进行技术审查，通过以后才能进行商业谈判。有的银行贷款利率不高，但是他们会要求总承包（包采购、设计等），这样的话设计费贵得就不得了，我们国家当时设计费只有1%—2%，国外是7%，几千万元就没了。最后选择向亚洲开发银行贷款，他们进行技术审查和商业审查时也提出："你们到底要多少年能把桥建起来？"

技术谈判，三年究竟行还是不行？当时跟我们谈判的有加拿大、日本、美国、德国的专家，我们"既要谈成功，又不能泄密"。当时国际上第一个大跨度的桥是加拿大的安那西斯，我们组织一部分同志去看了，一是去学习人家的经验，二是为了提高我们工作上的本领，所以非常留意他们建设中的成绩和问题。我们发现他们的桥造好一年不到，桥面就出现了多种裂缝。

在技术谈判中，对方提出安那西斯桥跨度465米，打桩80米，我们的桥跨度423米，打桩52米，行吗？他们不相信。我们说明把净荷载、风雨等因素都考虑在内了，没问题，他们还是不相信，总感觉差距太大。

后来我说我们刚从加拿大回来，安那西斯桥确实给了我们很多的经验，但是他们的桥还可以更加完善。参加谈判的一位专家正好是安那西斯桥的技术负责人，我把照片拿来给他看，照片上我们把毛病都找出来了，他吃惊得把我们的计算数据拿回去，开了一个晚上夜车复核了一

遍，第二天告诉我们通过了。

技术谈判通过了，接下来是商业谈判，还是三年的施工期，我们能不能完成？其实我自己都觉得时间确实很紧张，但是上海坚持三年，对方则一定要求把施工期限延长，最后达成一致的决定是：三年建设期，再给我们三年宽限期。假如有这一条，如果六年里面建完，也是符合合同要求的。印度1980年开始建造的桥，八年还没有造完，印度和中国一样是第三世界，起初对方对我们是不相信，所以当时我也深深地感悟到，落后就要被动挨打。

问题，解决在施工前！

在南浦大桥之前，全国从来没有建造过同类型大跨度的桥。既然没有造过，要完成这个任务究竟会碰到什么问题？有什么困难？最怕的就是闭着眼睛走路，碰到问题再拐弯、再想办法。

当时全国的桥梁专家们都没有这么大的桥的建设经验，于是我把他们请来，召集我们的总工程师和总设计师一起开会，大家出主意分析可能会出现什么问题，并进行分类，哪些问题能够通过我们的实践解决，哪些问题非要通过科研才行。

最后我们定下来16个重大科研项目，这些科研项目中所涉及的问题都是一定要解决的，然后设计、项目、施工才能动手。但是这些科研项目全部靠上海有一定的困难，我们要有科研设备，所以运用了全国的资源。比如说大桥建设中最关键的风洞实验，可以通过模型做，但是模型是有大小比例的。当时同济大学只能搞小型的风洞实验，我们就想到造飞机也要做风洞实验，继而想到了通过和同济大学合作的方式利用南京航空学院的设备条件。再比如说斜拉索的强度实验，我们找到了北京铁道部所属的铁路科学研究院，将上海的斜拉索做完后，用火车专列拉到北京做疲劳实验。于是我们需要添置设备的费用和时间都节约下来了，还调动了全国各地各方面的积极性。

质量，和时间同样重要！

工程质量，和工程进度是一样重要的，就算我们有时间完成工程，如果质量不把关就会懊悔莫及。首先我们在认真虚心学习人家经验的同时，不能跟在人家后面爬，要超过别人，就要通过学习人家经验中的问题，才是真正的提高。

过去的工程监理一般是工程完工了才来验收，如果发现问题就推倒重来，等于浪费钱和时间。于是我们自己成立了全过程质量跟踪监理，监理不是从工程建造开始，而是从工程设计开始，看设计的标准是否科学实际。工程进度是要抓，但是质量更要抓，还有一条原则就是对隐蔽工程会有影响的，我们宁愿花更长的时间，比如说混凝土，这是无法挽回的，一旦发生问题后患无穷。

过去，重大工程超过投资是很平常的事情，但是当时我们要求工程质量要上去，工期要保证，投资也要控制。8.2亿元的投资，其中3.98亿元是征地动迁费用，所以预算上要千方百计进行控制，凡是一个项目要开工了，我都找预算员和工程师来一起分步分项进行核算，要求只能用到95％，这样就促使大家在工程中开动脑筋。比如造4米宽、12米长、26厘米厚的桥面板，对角线差不能超过5毫米。这在国外很方便，只要用钢模就可以。但是一个钢模就是十七八吨，生产完了，还要用平板车运输，制造和运输都需要钱。当时的施工单位在现场想办法，能不能质量不比国外差，投资却要比国外省呢？我们没有钢模，就在现场就地预制。预制的面板边上用钢模，平面用水磨石，工人跪在地上，把水平面磨到符合要求。桥面板要求板面要平，四周要毛，不能光，毛了后才可以增加摩擦力，起到连接作用。群众到底是真正的英雄，有工人提出：钢模立模后，在模板上涂上一层缓凝剂，再打混凝土，这样一来，混凝土边上四周就硬得慢了，然后用高压水枪一冲，边上就打毛了。后来日本人来参观，看我们混凝土面板打得这么好，都翘大拇指，当时还是保

密的，其实讲出来却是如此简单。

团队，是成功的关键！

南浦大桥的建设成功，不是靠的哪个人，而是靠的团队。我们参加建桥的人员前前后后加起来将近1万人、6个设计单位（包括工程主体设计、建筑设计、通信设计、勘察设计、配套设计等）、15个施工单位、5个制造厂。团队的团结、智慧是非常重要的。就拿桥梁来说，长度18米且是拱形的，当时加工完后，假如坡度不符合要求的话，到了桥上就没有办法安装了。于是我们在工厂里面搭好架子，按照设计好的弧度坡度全部拼好，验收通过，再送到现场安装，这对工厂来说就是两次拼装了。

另外，钢梁的连接要靠螺栓，要打42万个洞，精度要求非常高，最后只有3个螺栓没有通过，1/140000没有符合要求。这3个不符合要求的孔洞在大桥上直接扩孔，花了3个多小时。我跟工厂里说："你们稍有一点偏差，现场耽误的时间不得了。"钢结构上是不希望扩孔的，否则桥梁合龙过程会受到影响。这个道理跟他们讲完，工人们确实很认真，后来吸取教训，在建杨浦大桥时钢结构需钻孔116万个，一次通过。

还有大桥的合龙，整个过程我们选择气温比较平稳的时候，由于南浦大桥的钢结构精度比较理想，并严格根据热胀冷缩原理，让气象局的专家到现场指导，合龙花了2小时45分钟。我在现场马上打电话给市委汇报，当时就流泪了，因为大桥合龙说明南浦大桥在技术上是过关了，更是说明工程质量是没问题的。

大桥的建设无疑是成功的。最后比计划提前了45天，其中只要哪个环节卡住，就超过了三年限期；工程成本节约了526万元，是造价的6‰；大桥的主塔垂直度要求不超过1/3000，最后达到了1/12500，精度提高了四倍；对钢结构的质量检验，当时国家要求超声波检查、磁粉探伤、X光探伤三种方式可以任选其一，我们为了确保钢结构的焊接质量，是三个方式一起做，并且都通过。如果没有团队的力量，光靠指挥部我们几个人，绝对不可能有这样的建设速度和高质量、高标准的工程。

南浦大桥建成以后，有着很好的社会效应。以前靠车轮渡，从排队到过江需要三个小时，现在桥建成了，从浦西上桥，浦东下桥，只需要8分钟！

黄浦江上飞跨世界"第一桥"

1993年4月8日，杨浦大桥主桥钢梁合龙。10月23日，杨浦大桥建成通车。从动工到建成，仅用2年零5个半月，杨浦大桥总长1172米、宽30.35米，桥下净空48米，共设6车道。

602米长的主桥在当时世界同类型叠合梁斜拉桥中雄踞第一，它犹如一道彩虹飞架，跨越黄浦江，连接着浦西老市区与浦东开发开放的新城区。邓小平同志亲自为大桥写了桥名，他以89岁高龄登上杨浦大桥，高兴地作了诗句："喜看今日路，胜读百年书。"

如今杨浦大桥上早已是车辆如梭，我也已83岁，离杨浦大桥的通车已时过20年，但建设世界第一斜拉桥以及大桥通车，仍然是我人生历程中最宝贵的经历。

主动请缨，调整人马再建跨江大桥

1991年，我因为胃癌手术，正在接受第三次化疗，听到要建杨浦大桥了，我主动向市里写了份3000多字的报告，提出："南浦大桥已经建成了，如果是原班人马、原套班子来继续建设杨浦大桥，可能比南浦大桥建造速度更快，成本可以降低，技术可以进一步提高。"

报告中提出三条理由：一是我有经验了，建设可以少走很多弯路；二是南浦大桥的建设资金中科研费用占了很多，可以直接将科研成果用

于杨浦大桥的建设；三是重新更换的班子，体会不到在经验中找问题的动力。

建委也同意我的想法，为了缩短报告周转时间，我自己从第一人民医院来到康平路，通过市委办公厅将报告送到当时的市委书记朱镕基手中，记得那天是6月1日。8月23日，朱镕基到现场，他同意我的想法，继续让我参加杨浦大桥的建设，并把建造大桥的帅印交到了我手上。

当时我想假如杨浦大桥同样按照南浦大桥的施工速度去完成，领导肯定表扬我，为什么呢？因为杨浦大桥跨度是602米，当时是世界第一，这个跨度要比南浦大桥宽多少呢？42%，工作量其实增加了整整一倍，如果我完全按照南浦大桥的建造方式，杨浦大桥的建设工程三年肯定是完不成的。因为工作量增加这么多了，你怎么完成呢？这样就逼我作新的思考，因为当时南浦大桥主桥是三公司（上海市第三建筑有限公司，简称"三公司"）建的，我提出来，杨浦大桥的工程能否变成由两家公司同时建？一个是在浦西的三公司，一个是在浦东的一公司（上海市第一建筑有限公司，简称"一公司"），两家一块儿去建。一公司没有参与过，没有参与过也有好处，它的思路和三公司有点不一样，但是三公司也让它参与建设，因为它有建设的经验，所以这就形成了两家可以相互补充。而且当时在浦东浦西，大家都看得见，你今天上去多少了，我今天上去多少了，这无形地促进了建设速度。两家公司，拿着望远镜在看，因为离开很远嘛，看看你那里上去多少了，你用什么办法，怎么办？竞争得很厉害，你叫他下来他都不下来啊。所以尽管工作量上增加了42%，但是最后我们比南浦大桥的建设还缩短了几乎半年时间。

成绩面前找差距、经验当中找问题

当初南浦大桥计划三年，提前45天，整个大桥工程造价节约了6‰——500多万元，工程质量一次通过，钢结构上42万个孔洞，只有3

个螺栓因孔洞偏小没有通过需要扩孔，桥塔垂直度为1/12500（要求为1/3000）。南浦大桥建成了只是一个起点，假如我们仍然以南浦大桥的时间、标准来要求的话，其实我们没有真正学到本事，取得进步。当时南浦大桥完成后，我们喊出一个口号："成绩面前找差距，经验当中找问题。"

在杨浦大桥建设的施工工艺上我们做了调整，只用一年时间完成了主塔建造，只用两年零五个半月的时间完成了杨浦大桥，造价最后节约了2%——1670万元，所有116万个孔洞，螺栓通过率100%，垂直度为1/15000，精确度进一步提高。还有就是大桥的合龙时间，前期工程越精密，大桥的合龙时间就越短。南浦大桥花了2小时45分钟，杨浦大桥是1小时30分钟。当时吴邦国书记到我这儿来开会，他原来打算要去看合龙的，我会还没有开完，合龙已经完成了，没看到。他没想到合龙时间这么短，这么顺利。

小平同志喜看世界"第一桥"跨越黄浦江

作为中国改革开放的总设计师，邓小平同志始终关注着上海的建设，关注着浦东的开发，关注着黄浦江上正在建设的大桥。小平曾在1991—1993年三年内先后三次上跨江大桥视察，而我每次都参与了。

与小平同志第一次会面是1991年2月18日，小平同志站在南浦大桥浦西段。当时，老人家非常希望能到浦东去看看，但由于浦东段建设刚刚开始，条件比较差，未能如愿，所以请小平同志到浦西工地上来视察大桥。

早春二月的上海，还是冷风瑟瑟、寒意袭人，江边开阔处，更是风大浪急，寒风刺骨。小平同志不顾年事已高，兴致勃勃地站在这里观看大桥，并听取指挥部关于大桥的建设情况汇报。这时，我们请小平同志给南浦大桥题字，没想到，小平同志爽快地答应下来。一个多月后，我接到市委办公厅电话，说是小平同志给南浦大桥的题字已经写好了，叫

赶紧去拿。

第二次见到小平同志是1992年2月7日，那时南浦大桥已经建成，小平同志在主桥从汽车上下来，走到南浦大桥桥面，我告诉小平同志："您给我们南浦大桥的题字，我们已经挂在桥上了，每个字有14平方米大呢！您现在站的桥面离开黄浦江江面有58米啦！"

小平接着问道："这座桥是不是世界第一啊？"

我说："不是第一，是世界第三。"

这次会面后，黄浦江大桥建设指挥部立即召开了由28家单位参加的重要会议，在讨论过程中，与会人员充分认识到开发浦东、加强与浦西的联动发展，交通必须畅通先行，会上确立了再在黄浦江上建造一座大桥的想法，后经过专家从地域实际出发，多次选址定位，进行可行性论证，决定在杨浦地区建造世界第一的斜拉桥——杨浦大桥。

邓小平同志第三次上大桥视察是1993年12月13日。那天风特别大，还下着蒙蒙细雨，气温降到0℃。邓小平同志乘车来到完工不久的杨浦大桥主桥上。因为天气不好，加上小平同志已是89岁高龄，当时陪同的吴邦国同志想让我在车上给小平同志汇报一下杨浦大桥的建设情况就行了，可是没想到，小平同志拒绝了我的好意。

老人家不顾风大雨寒，坚持下了车，冒雨往桥当中走了二三十米。

我向小平同志汇报："您为杨浦大桥题的字也挂在桥上了，每个字大小也是14平方米。"

当小平同志往回走时，我开始向老人家详细介绍大桥的建设情况："您现在站的桥面离开江面62米了，杨浦大桥比南浦大桥更高，规模要比南浦大桥大42%，质量比南浦大桥还要好，而且杨浦大桥是当今世界上同类型斜拉桥的第一了！"

听到这里，老人家非常激动，紧紧地握着我的手说："要感谢参加大桥建设的工程技术干部，感谢参加大桥建设的职工。这是上海工人阶级的胜利。"

世界第一——杨浦大桥的建成，体现了科学技术的力量。能够建成世界第一的大桥，说明我们国家的技术水平赶上了世界先进发达国家，而这一点，才是小平同志三上大桥真正最关心的。

（选自《大潮·口述：城市的故事》，
中国文史出版社 2018 年 7 月版）

黄河公铁第一桥，一举拿下"六个第一"

孙德汉

　　说起滨州，令人心动。滨州就是原惠民，用现在的词说，属老、少、边、穷这类地区。这虽是鲁北黄河三角洲腹地，但生态、生产、生活环境恶劣。新中国成立前有首民谣："走的宽宽道（盐碱荒滩茫茫无际的意思），听的野鸭叫，吃的猪狗食，喝的驴马尿（高氟苦咸水）。"曹操诗中"秋风萧瑟"和林冲《夜奔》中的草料场都在这一带。

　　靠黄河天堑屏障，抗战时期这里曾是渤海革命老区，北到天津，西到津浦（铁路），南到胶济（铁路），东到莱州湾，面积5万多平方公里，当年人口就有1100多万，渤海区党委和渤海军区驻地在这里，陈毅、粟裕、邓子恢、许世友等都在这里工作战斗过。

　　1947年，毛泽东还安排长子毛岸英在这里参加过为期一年的土改锻炼。这里还诞生创建了我二十八军、三十三军（上海警备区前身）和新疆建设兵团农垦二师。这支部队当年有3万多人，奉命从滨州向大西北挺进，一路打到新疆时仅剩下3000人。多少英雄血，又是多么壮烈！

　　解放战争时期"车轮滚滚"就是从这里开始的，拥军支前，过大江，战上海，奋斗与牺牲。至今，这里还掩埋着5.7万多名烈士的忠骨。我说，这里可以说就是党中央领导下的华东地区的"小西柏坡"，而波澜壮阔的老渤海革命精神就是"奋斗奉献"。但后来谁又知道，这里是山东省唯一的、也是最后一个没有通铁路的地级市？

谈到黄河铁路桥，那真是一言难尽。铁路过黄河，人们在新中国成立前连想也不敢想，新中国成立后滨州人民也魂牵梦绕半个多世纪。最早可追溯到1958年，当时惠民地区（现滨州和东营）与淄博合并，南小北大，管辖不便。多少年来黄河仅有一个很简陋的渡口，南北往返靠舟楫，风大浪高湍流急，漩涡环生、暗流莫测，掉进去尸骨都难收，祖祖辈辈不知有多少船只翻沉，又有多少人家破人亡，严重影响了黄河以北地区经济和社会的发展。为此在"大跃进"锣鼓声中，专区决定把胶济线向北延伸，欲跨黄河，直通北镇（现滨州市城区）。1959年铁路到了黄河南岸，滔滔黄河拦住去路，使铁路大军旗偃鼓息，只能望河兴叹。

20世纪80年代初，当地政府又开始启动黄河铁路桥，曾两次在全市300多万人口中集资，按人均二三百至400元钱不等，后因种种困难而搁置。逝者如斯夫，工程几起几落，后来又几曾谈起，人们早已心灰意冷，摆在大家面前的就是一万个不可能！

2003年春，在新一届市委工作会议上，重新提出"重点抓好滨港铁路桥北延工程立项，争取早开工建设，从根本上解决滨州黄河以北没有铁路的历史"，并强调"要学会用改革开放的办法，市场运作的办法和加快发展的办法解决前进中的问题"。

好家伙！一石激起千层浪，居然谈"桥"也色变！

不少人根本就不相信，说什么"大桥几上几下没干成，别去瞎想乱折腾，不仅无资金，更没有信心"。万事开头难，黄河第一桥历经那么多年的难，当今能不难？难中难，难上难！到底想不想干？敢不敢干？能不能干？会不会干？这些问题尖锐地摆在我们决策层面前，传在网民中间。更有甚者，有说搞什么"政绩工程"呀，又要"劳民伤财"呀，什么"作秀"啦等，在办理中个别人为消极被动找借口，甚至出难题设障碍，真是如同黄河一样泥沙俱下，一时沸沸扬扬，褒贬齐来……

干事不易，"人言可畏"。这样一来，有些人就开始回避了，连提都不敢提了。怎么办？事是明摆着：历史教训要牢记，发展才是硬道理。为官一任，就要造福一方，就要善于打基础，就要敢于谋长远，真正为人民干大事。再难也要干，大干不怕难！既然心底无私，是功是过，全由历史去评说吧！解放思想天地宽，更新观念就好办。

曾记得，岁末了，寒风刺骨，在公铁大桥开工仪式上，他们安排我有个讲话，讲到最后我特地放大嗓门追加一句：

"投资大不要怕，市场运作找办法！"

正是如此，观念决定思路，思路决定出路，滨港铁路桥开始在国内外招商。真是一招就灵！天南海北的投资者陆续而来，一批不成，再来一批。冬去春到，几轮谈判下来，建设方案也渐渐浮出水面。

我提出个思路，得到了班子里同志们的赞同，市政府邓、程副市长任指挥组织抓落实。一是在建设方式上BOT（建设—运营—移交）；二是从设计理念上，上公（路）下铁（路）工程总体上节省了投资；三是在经营思路上，则是以公养铁，公路回收早与快，铁路回收晚与长。

公路桥现在每天有3.6万辆车流量，收入不言而喻。铁路过河同津浦、黄大、胶济铁路，及滨州港、环渤海湾衔接后，效益将会大而久地得到彰显。可持续发展也会在这里得到不可估量的体现。通过BOT方式，投资方建设经营30年，实现了投资者、银行、当地的"三赢"，增加了地方就业和税收，保障了城乡人民交通安全通畅，促进了当地经济社会的飞速发展。

灿烂的改革开放之花，必然结出丰硕的经济之果。经过几年干事创业、跨越发展，如今滨州基本上从一个欠发达地区解放出来，网上自发评论热烈。

鉴于此，中央党校李教育长带领课题组深入滨州进行调研，发现近年来滨州市以科学发展观为统领，从解放思想入手，充分利用后发优势，实现了又好又快发展，为经济落后地区改革发展树立了典型。

课题组把滨州落实科学发展观谓之独特的"滨州现象"，并呈报中央政治局，中央电视台也作了报道。文中指出了"滨州现象"及其启示：经济发展落后地区，如何贯彻落实科学发展观，实现又好又快发展，是一个带有普遍性意义的研究课题。

滨州的具体做法是：通过解放思想、科学发展大讨论活动，确立滨州"系统九州"的发展思路（平安、开放、生态、文明、科教、人才、诚信、民本、小康滨州），提出了"科学发展是主题，结构调整是主线，招商引资是重点，埋头苦干是关键，安全稳定是基础，廉政建设是保证"的工作方针。坚持走新型工业化道路，优化经济结构，打造十大产业链；不断深化改革，为经济社会发展提供良好软环境；坚持生态建市，打造全新城市架构；以人为本，完善保障体系，建设和谐滨州；等等。

通过近几年的努力，滨州综合实力实现历史性跨越，改革开放取得重大突破，城乡面貌发生巨大变化，人民生活得到很大改善，社会事业蓬勃发展，和谐社会建设稳步推进，党的建设全面加强。

滨州现象带给我们的启示是：思想解放先行；科学发展统领；坚持改革开放；支持产业创新；工业化与城市化互动；跨越式发展与协调式发展相统一。

公铁大桥合龙那天，又是雪花飘飘，人们奔走相告，旗海如潮，成群结队，载歌载舞，欢呼胜利，多少人激动得泪流满面，欣喜若狂。千年的夙愿这下子真的实现了！

有一次，碰巧我陪客人参观大桥，地方铁路周局长向客人介绍，屈指一数，没想到这个工程一举拿下"六个第一"：

其一，黄河上公铁第一桥；

其二，亚洲第一跨，每跨径180米；

其三，是黄河中心唯一巨型桥墩，仅这一个墩就用了7300吨的钢筋混凝土浇筑；

其四，国内铁路第一个BOT方式建设；

其五，国内特大型公铁桥建设史上第一个无伤亡、无事故的工程；

其六，山东省第一个采用BOT方式建设的大型交通设施。

一连串的第一，一连串的业绩，一连串的惊喜。你想，没有改革开放，海外的投资与融资怎么会来到黄河？没有改革开放，就没有市场资源的优化配置，南国投资又怎么会来到北方？没有改革开放，又怎么会出来个BOT？没有改革开放，这么庞大的系统工程怎么会这样质量好速度快？

如今，这里已是国家交通部确定的全国172个交通枢纽城市之一了。有铁路、高速公路纵横南北，还有在建的万吨大港、飞机场及环渤海与之相连，怎么能不叫人激动与震撼？

还有，这里把劣势变为优势，变水害为水利，引黄压碱，如今田成方、林成网、渠相通、路相连、旱能灌、涝能排，农村喝上甘甜的自来水，普及率高达95.6%，在全省又是个第一！

在市区，科学规划建设了"四环五海"（四环：即环城公路、环城水系、环城林带、环城景点；五海：即东、西、南、北、中五个大型水库），现在城乡的生态、生产、生活充满勃勃生机！有人把它比成欧洲，也有人把它比成澳洲。

还有，世界上最大的棉纺企业——魏桥集团在这里，它使15万农民成为产业工人。还有我国第一个经过欧盟认证的、可以向全世界销售的2—4座"钻石"飞机在这里批量生产，还有很多个"还有"……真是碱地为热土，点石能成金！

紫气东来，我迎着朝霞，俯视着那波涛滚滚的黄河水，凝望着那座镶嵌着"砥柱中流"四个大字的巨大桥墩，倾听着轰鸣远去的机车汽笛，油然想起渤海革命老区的精神，进而到如今的"奋斗、和谐、超越"的新滨州精神！

我也骤然想起王之涣的那首古诗，再换上几个新词，也算一点点温故而知新，继往而创新吧："旭日喷薄出，黄河入海流。公铁第一桥，又上一层楼。"

历史证明，黄河公铁第一桥的大跨越，已经和正在给环渤海带来经济社会发展的大飞跃！

（选自《大潮·口述：城市的故事》，

中国文史出版社2018年7月版）

港珠澳大桥设计建造往事

苏权科　口述

于　洋　采访整理

改革开放后，国家大力投资基础设施建设，使我国近几十年的道桥数量超过过去几千年的总和，各种结构型式应有尽有，我国桥梁技术突飞猛进，"中国桥梁"这张名片逐渐为世界所熟知。作为一名桥梁人，我见证了改革开放后中国桥梁奋起直追、迅猛发展的历史，切身感受到了中国桥梁技术、品质的发展变化。近期，港珠澳大桥即将通车。这项备受世人瞩目的世纪工程，凝聚了几代中国桥梁人的智慧与心血，也汇集了国内外各领域最前沿的技术成果，可谓实现了几代中国桥梁人的梦想。我很荣幸参与了从前期论证到建设的全过程，抚今追昔，感慨万千。

"建一座好桥"：每一个中国桥梁人的情怀与梦想

历史上，我国古代桥梁曾经取得过非常辉煌的成就，无论是技术水平还是艺术价值都令世人叹为观止。现代桥梁问世后，建一座像赵州桥那样美观并历经一千多年不倒的高水平大桥，对于每一个中国桥梁人来说，都是毕生的追求与梦想。

近代，我国第一批真正现代意义上的通汽车的桥梁，比如郑州的黄河大桥、天津的海河桥、上海的外白渡桥等，都是由外国的工程师、技术人员、施工单位用外国的材料建成的，中国人只能在里面"打打工"，根本接触不到核心技术。直到1937年，茅以升先生主持建成了钱塘江大桥，这才是中国人自己组织建设的第一座双层式公路、铁路两用桥。1955年，在苏联顾问的帮助下，中国人设计建造了武汉长江大桥，这是1949年后我们国家最早修建的大桥，但使用的主要材料是由苏联制造的。20世纪60年代，中国人自己设计建造了南京长江大桥，使用的主要材料都是我们自己研发的。但那时国家的实力相对薄弱，各个方面都跟不上，因而建造高品质大桥是非常艰难的。

六七十年代，由于物资短缺，只能用比较简易的材料和设备来建桥。比如，钢材紧缺就尽量想办法减少钢材的使用，甚至最极端的时候曾用竹子代替钢筋。没有先进的设备、没有机械化生产，国家就号召民众参与建设。我小时候在农村，记得那时各个生产队都会征集一些农民去参加建设，给他们记工分，这样国家可以省一些工钱。计划经济时代修水利工程、公路、大桥等都是这样，国家出材料费、出技术人员，当地出劳力、出地材。记得小时候国家从村子里的每家每户收大量碎石子拿去修桥、修公路，家里没有劳力的，弄点石头砸成要求的规格交上去，也给记工分。这一般都是我们小孩子做的事情。可想而知，这样建造起来的桥梁多半寿命很短，质量不够高。

改革开放初期，国家开展大规模建设，为了尽快解决发展的需要，中国桥梁的发展偏重于速度，此时建造的大桥虽然很多，但是技术比较落后，使用的材料也很差，有的大桥被诟病为"豆腐渣工程""短命工程"。1987年，我到广东省交通科学研究所工作。那个年代我们坐汽车去深圳等地要过好多渡口，汽车都堵在那里等着过轮渡，路非常不好走。为了尽快解决这一问题，当时速度很快地建了很多桥，但由于工艺粗糙，有的连十几年寿命都达不到，只能拆了重建。

1990年，我担任广东省工程质量监督站副站长后，分管全省桥梁质量监督工作，实地检查了很多桥。一次我到某地检查桥梁工程质量，地方政府坚持要用当地生产的水泥，说要用自己的钱在当地建桥，不用自己生产的水泥没办法促进地方发展。我对他们说，不是不让你们用，但国家有规定，水泥的质量要满足相关规范要求。当地生产的水泥并没有达到这个要求：不仅不同批次的水泥质量差别比较大，并且性能也参差不齐。正常来说，水泥的拌和要有一定的作用时间，要振捣、成型，做好后才能凝固，但当地的水泥还没等做好就凝固了，工具还没等拔出来就黏在里头了。按理说做好之后过一天就可以拆模板，但有的水泥等了两天，模板一拆里头还是软的，直接就塌了下来。达不到标准的水泥拿来修桥，肯定会有安全隐患，所以我坚决不同意。

按照国家规定，混凝土至少应该拿滚筒式拌和机拌和好后再倒在路面上进行振捣。有一次，我半夜突击检查时看到，某地为了赶工程进度，直接把石头砸了，连同水泥一起铺到地面上，洒上水，工人拿着锄头手工拌和混凝土。这样造出来的大桥，质量可想而知。

那些年，工程任务比较多，加上设计能力不够强，为了尽快连通、解决交通问题，桥梁设计建设只能保证最基本的功能。比如只把桥的主体部分修起来，至于桥梁跟周边路网的顺接，以及人行道、护栏、管道、排水、通信等方面都很少考虑，甚至没办法对桥进行扩展或检查、维修：有的桥支座坏了想换掉，连放千斤顶的地方都没有；有的桥没有建维修用的通道，没有办法到达桥梁的内部，既检查不了，也不能加固。至于其他优化功能，特别是美观方面则更是没有考虑过。

随着我国经济发展，业界提出加强对桥梁建筑的景观设计。1996年，厦门海沧大桥第一次提出了景观建设要求，我是这个项目的监理。这座桥是建在城市里的，如果太难看，厦门那么漂亮的城市不答应。于是，设计院从结构美观方面提出了设想，业主（建设单位）又请来厦门大学的老师，从艺术角度对桥墩、桥塔等各种构件的造型加工进行指导。这样，搞结构的专家与搞艺术的专家一同造出了我国公路桥中的第一架景观桥梁。

尽管人们对于美的标准仁者见仁、智者见智，但具体到桥梁建筑，仍有一些基本规律可以遵循。比如在设计构件造型时，不能在不该拐弯的时候拐弯、不该粗的地方变粗，就像人一样，要长得匀称才好看，黄金分割法会让比例更协调、线条更流畅。厦门海沧大桥的比例、线型、塔的造型、墩的造型等都很出色。比如桥墩，以前的大桥桥墩多是上下一样粗，很臃肿，和桥梁不搭配，看起来不够美观。厦门海沧大桥的桥墩设计成了花瓶的形状，上面伸开刚好当帽梁，底下两根柱子，整体形状像字母"π"一样。这种桥墩很难做，但做好了以后非常漂亮，称为花瓶型桥墩，又因为设计负责人是现代桥梁设计大师孟凡超，所以又叫"孟氏桥墩"。当时国内很少见到造型这么优美的桥梁，所以社会评价很高。后来，不论哪座城市建桥，都想要做美学方案、做造型。这座桥为新中国桥梁的景观设计开创了先河。

进入新世纪以来，随着技术的逐渐成熟以及综合实力的增强，我们国家具备了建造高品质桥梁的基础，中国桥梁人都有着切身的体会和认识——提高桥梁的寿命和综合景观价值的时候到了。这时，造一座能够展现中国实力的好桥，把想解决的问题都通过这座桥予以解决，成为中国桥梁人最迫切的期盼。很快，机会来了——2004年3月，港珠澳大桥前期工作协调小组办公室（以下简称前期办）成立，全面启动港珠澳大桥建设前期工作。

来之不易：曲折的立项之路

港珠澳大桥的立项是一个漫长的过程。早在1983年，香港企业家胡应湘便提出在伶仃洋上建一座大桥连接香港、珠海的设想。那时这座桥的名字拟叫"伶仃洋大桥"，选择的线路与现在不同，是从香港的屯门建桥连接到珠海的内伶仃岛再到淇澳岛。珠海对这一设想的态度也很积极。以前深圳跟珠海都是同样规模的小渔村，改革开放后，香港给珠江三角洲东岸的深圳、东莞等地的发展创造了很多有利条件。珠海位于珠江三角洲西岸，邻近的澳门产业相对单一，两者之间没办法像香港与深

圳、东莞那样形成前店后厂的模式，因此澳门对珠海经济的辐射作用没有那么大，随着与深圳等地经济发展差距的增大，珠海很着急。为了打通珠江西岸直通香港的通道、加快自身发展，1989年，珠海对外公布拟建伶仃洋大桥计划，并提出了南北两个方案：南线方案是在香港大屿山与珠海、澳门之间的海域设人工岛，由该岛分两路分别进入珠海和澳门，类似今天所说的Y型路线；北线方案是由珠海金鼎至淇澳岛，跨过内伶仃岛至香港屯门烂角咀。1989—1992年，珠海就伶仃洋大桥项目开展初步规划和研究，并编制可行性报告。经过多年论证工作之后，1997年，伶仃洋大桥的立项报告得到了中央的批准，由广东省来牵头，正式成立了业主机构，盖了一栋办公楼，几十个人入驻正式办公。但是紧接着由于1998年亚洲金融危机爆发等种种原因，项目搁浅了。2003年，香港认为金融危机后自身缺乏经济活力，希望能够通过基础设施建设来拉动新的经济增长点，并且因自身腹地也已饱和，因此希望尽快建设港珠澳大桥，打造连接香港、澳门和珠海的跨海陆路通道。这一建议获得了中央的支持。

　　自珠海提出修建伶仃洋大桥的设想起，我就一直在关注这个项目的进展，也一直想参与建这座桥。尽管此前我已参与建过两座跨海大桥，但是长度有限，难度也不算大。而在伶仃洋上建起这样一座大桥则不同。从虎门口到珠江出海口的伶仃洋有60多公里，上面没有任何建筑，这里的地质情况、水文情况等，我们都不太清楚。并且这是"一国两制"下粤港澳三地首次合作共建的超大型基础设施项目，三地的政治制度、管理体制、技术标准等不同，挑战极大。另外，随着我国装备能力、材料、技术等各方面的进步，我们有条件将港珠澳大桥建成一座更高品质的桥，甚至可以成为中国桥梁的标杆。所以，当我得知自己被选为前期办成员之后，深感自己遇到了千载难逢的历史机遇。前期办的成员选自粤港澳三地，都是有冲劲的年轻人。大家一同作了长达七年的前期论证，比如三地有什么需求、方案怎么确定、建一个怎样的标准，等等。

对于大桥的选址，我们充分考虑了三地的需求。当时，香港从它的路网连接以及物流发展的考虑，在香港的落脚点定的是香港机场旁边的散石湾。对于珠海，可供选择的落脚点很多。有人建议珠海把九洲列岛推平，几个岛连起来设为口岸，通过港珠澳大桥接到九洲大道上。可九洲大道作为珠海唯一的主通道，本来就已经很繁忙了，这样设计不利于城市交通。再者从城市上空接高架桥过去很难看，珠海反对这样设计。它希望港珠澳大桥能够连到横琴岛，但是横琴岛在澳门西边，澳门面积很小，不到20平方公里，从地面上建桥根本不可能；如果建座高架桥，就把它弄成两半了，以后要想修别的基础设施就不方便了；澳门以后要修地铁，从它的地下钻过去，甚至从澳门半岛和凼仔岛之间的水域底下穿过来也不行。我们沿着澳门海岸从头至尾都跑了一遍都没找到合适的地点，很失望地往回走的时候，刚好走到澳门口岸和拱北口岸之间，发现有一块地方。我们拿步子来回量了一下，有六七十米的样子，就想：如果从这地底下走，穿过拱北以后，再从前面出来连到横琴，不就不会影响澳门了吗？我们把这个方案拿出来，经过专家论证，三方都表示接受，终于把路线走向定了下来。

最后确定的路线是：香港大屿山经大澳跨越珠江口，最后分成Y字形，一端连接珠海，一端连接澳门，全长55公里，其中主体工程"海中桥隧"长35.578公里，海底隧道长约6.75公里，建成后将成为有史以来世界最长的跨海大桥。

打造一流："把最好的东西都拿来"

三地合建一个工程，必须要指定以某一方为主。香港的积极性最高，于是中央指令由它来牵头，这样带来的好处是，整个工程一下子就拥有了国际化的视野。此前香港修建的青马大桥、汲水门大桥等都是按照国际标准，采用最好的材料、设备和技术来修建的，属于世界一流水平的桥梁，因此它希望港珠澳大桥也是一座世界一流的大桥。港珠澳大

桥地处国家经济比较发达的珠江三角洲地区，如果不是一座世界一流的大桥，对我们国家交通形象影响太大。最终，我们定的目标就是要建世界一流即长寿命、高品质的大桥，这得到了三地政府的认可，中央也比较支持。

世界一流的大桥什么样？我们要把它量化。如果按传统做法，用一般的规范、材料和装备肯定做不成。因此，港珠澳大桥的建设规划、设计理念，包括我们采用的技术、研发的材料装备，品质管理、创新管理以及建立起来的一整套标准体系，都是围绕建造长寿命、高品质跨海大桥这一目标服务的。

七年间，我们查阅了大量资料。看完内地前人积累的资料后，香港同行又把以往桥梁的规划资料、设计资料、施工管理文件等都拿来给我们看，我们一点一点地对比，一点一点地确定方案。

三地的标准差别还是很大的，一般来说我们选择就高不就低，谁家标准高就用谁的。举例来讲，关于跨海大桥的使用寿命，香港主要是沿用英国标准，为120年；澳门主要采用葡萄牙标准，为100年；而内地没有对使用寿命的规定，而是设定了100年的基准期，那只是为设计选定的时间参数。于是在这一点上，我们就选择使用香港的标准，明确提出港珠澳大桥的使用寿命为120年，这在内地业界还是头一回。再比如，内地的车道是3.75米宽，香港的是3.36米宽；内地的紧急停车带是2.5米宽，香港的是3.0米宽。港珠澳大桥是双向六车道，如果按内地标准来造，桥面宽31.5米就行了，但我们全部按高标准来设计，最终桥面宽度为33.1米，足足多了2.6米。但还有一些标准的差异性不是高低的问题。比如大桥上的消防水龙头，内地规定一圈上要有四个螺栓，香港则是三个，遇到这类问题就要具体问题具体分析，要么采用国际上通用的样式，要么看怎么改更容易操作，实在不行就设两个水龙头或者另搞一个样式，总之双方用起来方便、安全、没问题就可以。

要造一座高品质的大桥，必须使用大型设备进行机械化操作，此外还有一整套控制技术以及管理要求。为此我们去了很多国家调研，学习人家的做法。

过去我们内地造跨海大桥，桥梁构件都是在现场浇筑，一旦有风浪就干不成了，施工还特别辛苦，晴天一身灰、雨天一身泥的。我们在丹麦大型预制厂看到，所有桥梁构件都是预制化生产后再运到现场拼装，操作非常方便。回国后，我们问我们的装备生产厂家能不能造这样的构件，他们说可以，只要我们能够提出要求就行。这下好了，我就敢大胆设计了。比如，我们海底隧道的沉管就是预制好再拖到海上安装的，这样可以尽量做到节段大、接缝少，还可以选择最合理的接头地方进行连接，造出来的桥梁也更加精致。不仅如此，我们还对部分构件的生产过程进一步作了优化，使得该项技术跻身世界领先水平。比如对于大型桥塔的建造。过去我们做桥塔得在现场一段段连接，这样操作会产生作业安全性、耐久性等很多方面的问题。这一次我们在工厂就把足有3000吨的一整座桥塔全部造好，用两台浮吊把桥塔提起来，直接安装，这样原本要七八个月到一年时间才能完成的工作，现在只需要干一两天就完成了。这在世界上也是史无前例的。可见，我们国家的装备能力确实已经与过去不可同日而语了。

就这样，我们把航天、海洋、高铁、化工等国内外各领域最前沿的成果都拿来，相当于搞了一个大集成。大桥施工的同时，国内外相关行业也在发展，可能有些方案最初因为技术达不到实施不了，但过了一段时间技术跟上就能实现了。所以我们随时掌握相关信息，及时调整施工方案，如果还来得及应用最新发展水平的装备材料就马上投入实施。

一代一代的桥梁人都想拥有真正自主的产权：设计是我们的，材料是我们的，技术也是我们的。而港珠澳大桥所有的设计、施工都是由我们牵头，全部由中国人自己说了算，材料设备基本都是国产的，特别是一些关键的设备和材料都是我们自己研发的。即便是同国外联合开发的技术，我们也确保了知识产权在自己手上。比如，我们到德国调研制造海底隧道沉管所需的自动化液压模板时，第一家公司提出可以根据我们的要求定制两套模板。它的工艺很好，可惜造价太高。后来我们找到另

外一家公司，它只负责设计，模板要交给其他地方加工。于是我们提出和它联合设计，然后把图纸拿回振华重工来制造。这家公司特地来考察了振华，认为能满足他们的要求，我们便签了协议，付给他们技术咨询费，在对方的帮助下完成设计，图纸的知识产权仍是我们自己的。这样我们就非常有底气，再也不怕什么技术垄断了，对于这点我们都非常欣慰。

精雕细琢：伶仃洋上的"珠联璧合"

为了达到高品质的要求，除了提高标准，保证大桥的高质量与长寿命之外，我们还专门增加了综合景观研究：这座桥所处的环境如何，包括海洋的颜色，山的颜色，与澳门、香港的连接点的地形特点，周围建筑什么风格，等等，这些因素都需要考虑进去，设计出来的桥梁既要融合三地的风格，又得体现出国际化水平，成为一个现代化的地标工程。最终我们拟定了港珠澳大桥总体设计方案，包括墩、梁、塔、隧道的造型，人工岛的连接方式，以及附属设施的建设等各种细节。

举例来说，为了与周边环境的风格协调一致，桥梁构件就不能太方正、太有棱角，以往的四角桥墩被重新设计成六角、八角，曲线相对柔和了。除了美学价值之外，我们还考虑到了桥梁身上附加的文化价值。港珠澳大桥的水上主体工程由两个人工岛、青州桥、江海桥和九洲航道桥等部分组成。珠海横琴岛盛产蚝，我们就把两个人工岛设计成蚝贝形。青州桥的两座桥塔中间要有横向构件进行连接，造型可以是一道横杠、两道平行的或者打一个交叉的横杠等，国际上有不同的做法。我们考虑再三，把它做成中国结的造型，不但比例合适、与塔型相称，而且这两座桥塔刚好位于三地最中间的位置，寓意也非常好。接下来是江海桥的三座桥塔。最开始它们被设计成三根柱子，大家不太满意，后来我们考虑到周边刚好是"海上大熊猫"中华白海豚自然保护区，就把桥塔设计成三只白海豚跃出水面的形象，既结合了海洋文化，又体现了人与自然和谐发展的理念。而靠近珠海的九洲航道桥，桥的跨径不大，我们就把桥塔做成风帆的造型，但又是通透的，美观的同时也满足了对结构安全的要求。这里是古代海上丝绸之路的出发点之一，三地首次合作建造大桥，这样设计也是取扬帆起航的意思。最靠近珠海的地方有一个收费站，我们把它设计成弧形，前面是一个钢柱，后面拿几根钢索拉住，就像一个巨大的锚。这样每个节点都很有特色。大桥一部分在水上，一部分在水下，高差差不多有100米，既有横向曲线又有纵向高低，整体看起来像一条丝带一样纤细、轻盈，把一个个节点串起来，又寓意"珠联璧合"。对于三地来说，这不仅是地理位置的连通，更是文化意义上的连通。

此外，过去我们国家搞桥梁建设的时候很少考虑对自然环境的影响，这次我们特别注重绿色环保的可持续发展理念，尽量减少对环境的伤害。比如，依照既定的路线，大桥将穿过伶仃洋上的中华白海豚保护区。这样会对白海豚造成怎样的影响？我们立即着手组织团队、科技力量进行研究。经去往瑞典等国家调研发现，他们的经验是，在建设过程中加强保护，采取有力的措施，建完以后桥墩、人工岛会生成一些附着物，本身就变成了鱼礁，方便了受保护动物的生存，它们的数量不但没减少，反而增多了。回来以后研究人员历经300多次出海跟踪，对保护区里近1200头白海豚进行了标识，拍了30万张照片，针对施工中哪些可能有影响的因素做进一步研究，制定了一套很严格的技术保证规程，最终把这个问题解决了。

交出答卷：中国标准走向世界

2009年10月28日，港珠澳大桥正式立项，12月15日开始动工建设。2017年7月7日，港珠澳大桥主体工程贯通，到今天，即将实现全线通车。从1983年算起，这项工程的实现跨越了足足35年。

在此期间，不管是对于长寿命高品质的追求，还是大型工程搞标准

化、装配化的思路，或是绿色环保的可持续发展理念，自主创新、以我为主，整合全社会资源，以开放包容的目光来谋划和合作建设，等等，对所有方面，业界的评价都很高，认为都是非常值得借鉴的。

其中，我认为最值得骄傲的是，港珠澳大桥形成了一套专门的技术标准体系，共有六十几项，达到了国际领先水平，可以跟世界一流的标准对接。这对于中国桥梁来说是非常重大的进步。

在这套标准体系中，尤为重要的是对耐久性技术标准的制定。桥梁建筑工程的质量、技术水平与建造标准、规范体系是密切相关的。20世纪50年代，新中国桥梁建造的标准与规范体系在借鉴苏联的基础上开始建立起来。苏联的标准也是为了加速建设，比较粗糙，有些技术都没有研究透。更有甚者，我们在建造跨海大桥的时候发现，有些沿用多年的标准竟是错的。

比如，在海洋工程的耐久性问题上，苏联人研究认为海水对混凝土结构的腐蚀原因主要是硫酸根离子的作用，我们也就这么沿用了下来。发现这一规范有问题是在1992年建造汕头海湾大桥的时候，当时我在做项目监理。设计者要业主供应抗硫酸盐水泥，业主调研后发现国内生产这种水泥的厂家非常少，只有江苏有一部分，不仅产量不足，而且运输距离太长，供应不上。如此一来势必会影响工程进度，于是我们就在水工行业内做了调研，研究对策。我们结合中交四航工程研究院初步的研究成果，并与欧美国家的研究成果进行对比，发现实际上海水对混凝土产生腐蚀作用的因素不是硫酸根离子而是氯离子。因此，只要对普通硅酸盐水泥作一些配合比的要求，使保护层厚度适当大一些，使氯离子渗透不到钢筋、锈蚀不到钢筋就可以了。我们把调研资料和初步研究成果拿出来，同设计单位、承包单位进行了论证，将这一标准改了过来。汕头海湾大桥采用新的研究成果取得了很好的效果，与同期其他涉海工程相比，使用寿命大为延长。

改革开放以后，借鉴欧美、日本的标准，加上我们国家自己的积累与研究，我们在原有标准的基础上加以修改，到了90年代末期我国的标准基本上接近世界通用标准。

尽管如此，要想让大桥达到120年的寿命，耐久性设计仍然是一个坎。这是因为过去我们始终没有对跨海大桥的使用寿命作规定，更没有一套从材料到施工、工艺再到验收指标能保证使用寿命达到120年的标准。在这点上，即便是明确规定大桥使用寿命为120年的英国也是如此，它的解决办法是直接采用不锈钢来建造大桥。如果我们这样操作也不是不可以，但不锈钢的造价是普通钢筋的8—10倍，即便这种办法能让大桥达到120年的使用寿命，又怎么能够在我们国内大量推广？为了解决这个问题，我们做了很多工作，十几年前就开始预研究，看欧洲、日本怎么做。欧盟八个国家曾花了六年时间做了一个耐久性设计的模型，形成耐久性模式规范，不过没有那么多数据，不同国家要用还得根据自己的海水条件、材料、工艺重新来修正设计模型和参数，而且经过我们做实验对比，发现还有一些不合理、不确切的地方。所以，我们在基本原理基础上，利用华南地区的野外暴露试验站积累20多年的数据，加上我们在附近港口已经拆掉的工程上取得的大量数据，建了一个设计方程，后来国外称之为港珠澳模型或者中国模型。用这个模型设计出来以后跟欧洲的计算结果差别很大，欧洲咨询公司不肯用。我们又反复一个个公式、一个个参数地核对，比较下来最终还是我们这个模型设计得最好、跟野外暴露实验数据最吻合。最后他们不得不承认还是我们的模型更科学。在此基础上，我们形成了针对耐久性的质量控制技术规程以及维护方案等一套标准体系，成果达到国际领先水平。以往我们接国外的工程，业主都会选择使用欧美标准而不是中国标准。但现在说采用港珠澳大桥的标准，国外很容易就接受了。

港珠澳大桥建设后期，好多地方派人来参观学习。他们讲，即便不能把全部成果都直接拿去用，学一部分也是可以的。比如桥梁构件很漂亮很精致，回去可以直接拿到城市市政道路上用。我们每天都能接到电话，问哪里能买到这个、怎么能制造那个，能不能给他们介绍推广一下……简直是"四面开花"。

　　港珠澳大桥的建设还带动了产业的优化升级。桥梁制造从粗放的泥水活、露天生产改为工业化生产，从以人工为主的生产改为以机械为主的智能化生产，生产水平、生产效率大为提高。此外，所有参加港珠澳大桥建设的装备都是新的，生产线也变成了新的，中山、武汉、扬州等地新建了一部分钢结构自动化生产线，它们所生产的桥梁构件能够直接进行架设，得到了国内外业界的认可和欢迎。

　　通过建设港珠澳大桥，我们还收获了一个齐心协力、严谨负责的团队。我们的技术团队囊括了老中青几代桥梁人，包括国内外各个地区的专家共41人。凡是遇到问题，我们都齐心协力地一同攻关。并且，做这样一项有影响力的工程，大家都有一种情怀：要把能够体现综合实力的案例拿出去，得到同行的认可、得到业界的认可、得到世界的认可，所以大家都有一种心无旁骛、义无反顾、不达目的决不罢休的精神。包括施工的工人也不例外，尽管他们常常"抱怨"说"这个工程干起来真费劲"，但他们都为能参与建造港珠澳大桥而感到自豪，即便只是上一颗螺丝，都非常认真负责。追求高品质的意识融入到了每一个人的心里。

　　我很庆幸，身处中国蓬勃发展的新时期，能够参与到这项世纪工程的建设当中。港珠澳大桥是集国家之力、行业之力建造的重点工程，它所取得的成就可谓集齐天时、地利、人和。虽然中国桥梁品质的普遍提升还有很长的路要走，但我有信心，凭借我们国家综合发展的能力，在不远的将来我们中国人的桥梁强国梦一定会实现。

（原载于《纵横》2018年第6期）

佛子岭水库修建纪事

张允贵

据史书记载，近千年历史中，淮河流域灾害严重。1949年、1950年接连遭遇洪涝，豫皖苏鲁4省受灾，安徽最重。党和国家领导人十分关心淮河人民的疾苦，1950年10月14日政务院作出《关于治理淮河的决定》。淮河流域广大人民，全国各地的许多知识分子、工人、人民解放军指战员和部队转业干部、地方干部纷纷响应毛泽东主席"一定要把淮河修好"的伟大号召，从四面八方汇集到一起，掀起了规模空前的治淮热潮。我也是部队转业干部，1951年底和张云峰同志一同去参加筹建佛子岭水库，云峰同志任政治委员，我任政治部主任。水库于1952年1月开工，1954年11月竣工，历时两年11个月，建成了新中国第一座大型连拱坝水库。

中华人民共和国成立初期就能建成技术先进、施工期短、造价又低的大型水利工程，确实是一个奇迹。参加这一工程的建设者们，满怀翻身的喜悦、报国的热忱，人人当家做主，个个忘我劳动，这种无私奉献的精神，一直铭记在我的心中。不少往事，记忆犹新，现在追述下来，如能激励人们继续努力，当不胜欣慰。

奇工巧构　泽被万里

佛子岭水库坐落在安徽省大别山区霍山县淮河支流淠河东源上，

控制流域面积1840平方公里，枢纽工程包括拦河坝、溢洪道、输水管和发电厂四部分。拦河大坝为钢筋混凝土连拱坝，由21个拱20个垛组成，两端各接重力坝或平板坝，最大坝高74.4米。溢洪道5孔，每孔净宽10.6米。输水钢管9道，标准断面均为圆形，直径均为1.975米。水库总容量为4.85亿立方米。完成的工程土方总量130万立方米，石方60万立方米，钢筋混凝土23万立方米，工程总造价7700万元。

水库以后又经过三次加固扩建：因1951年在审定水库规划时，受水文资料系列太短的限制，设计标准偏低。1969年遭遇特大洪水时，出现漫坝事故，随后加固了大坝的下部坝身和地基。1982年至1983年第二次加固加高，大坝加高1.5米，坝顶高程由原来129.56米加至131.06米。1984年至1987年将溢洪道扩建一孔，堰顶净宽由原53米增至63.6米。水库是以防洪为主，结合灌溉、城乡供水、发电、改善航运及发展渔业生产等综合利用工程。据1956年至1991年资料统计，工程效益十分显著。防洪方面：仅1965年、1978年两年大旱没有拦洪，其余34年都发挥了拦洪作用，减轻了淠河两岸与淮河干流的洪涝灾情。其中拦洪1—2次的有5年；拦洪3—7次的有28年；1991年拦洪次数达12次之多。多数年份，汛期进库洪峰流量在2000—6000立方米/秒之间，经水库拦蓄，下泄洪峰流量仅在113—2190立方米/秒之间；例外的情况只是1969年进库洪峰流量12254立方米/秒，因漫坝出库泄量5510立方米/秒；1991年一次最大进库洪峰5040立方米/秒，出库泄量4100立方米/秒。灌溉与城乡供水方面：该水库与其上游的磨子潭和淠河西源上的响洪甸水库联合，每年灌溉面积在660万亩左右，还为六安、合肥两市供给工业与生活用水。平均年发电量8456.8万千瓦时，36年共发电30.44亿千瓦时。建库以来累计的水库总效益价值已远远超过它的造价，它还将继续为子孙造福。

思想动员　确保胜利

　　当时水库工程指挥部直接管理政治（含宣传、人事、劳动工资）、保卫、法院、勘探、测量、规划、设计、施工、科研、财务、器材、卫生医疗、青年团、工会、子弟小学等部门。工程质量和安全检查也由指挥部负责。指挥部下设职能处室院；自办施工队伍与发电设备加工、砂石开采厂等。从上海来的华东医疗大队和从福建来的中国机械筑路大队也划归指挥部管辖，便于统一指挥，实行一元化领导，没有发包、承包、监理等不同性质的单位之分，减少相互推诿的麻烦，促进了工程的顺利进展。

保质保量按期完成水库建设任务，卓有成效的政治思想工作是首要的保障措施。为了提高建设者们的主动性，调动一切积极因素，就必须坚持教育，尤其是政治学习。水库工程一开工就向下辖的各单位派去了党政工作干部，不久，由马长炎师长率领的水利一师指战员开进工地，进一步配齐了施工单位的教导员、指导员（即基层党委、党支部书记）及宣教干事，在组织上建立了政治思想工作的机构体系。政治学习的内容有毛泽东著作，如《新民主主义论》《论联合政府》《论人民民主专政》；党中央和政务院文件如《国家在过渡时期的总路线和总任务》《关于治理淮河的决定》；水利部、治淮委员会和水库政治部编印的治淮宣传材料等，还随时注意时事政治学习。职能单位每日清晨或晚上学习讨论；施工厂队一般由教导员、指导员作辅导报告，施工有空隙时间就多讲几次，还分班组组织讨论。讨论时强调联系实际，联系自己。指挥部举办过多次全体干部和工人班组长或部分工人参加的大型报告会，除指挥部领导同志作报告外，还邀请上级领导或著名人士作报告，如水利部傅作义部长、作家苗子同志、安徽省委宣传部副部长陆学斌同志、治淮委员会秘书长吴觉同志等。吴觉年轻时担任过上海大夏大学地下党支部书记，有才华，善演讲，他在大礼堂讲过渡时期总路线讲了四个半天，千余人济济一堂，鸦雀无声，讲后掌声雷动。陆学斌作的是宪法报告。来工地体验生活的文艺工作者们也给工人作政治学习辅导报告。职工经过持久的学习，思想觉悟明显提高，如年长的工程师觉得解放前的国民党政府官员腐败无

能，自己谋事艰苦，即使在南京导淮委员会工作期间也无所作为，现今参与修建可与美国同类工程媲美的连拱坝，正是施展智慧的良机。从大学毕业不久的青年技术员觉得学以致用，参加治淮报效祖国光荣，建设水库的同时自己也得到锻炼与提高。工人、战士和从农村新来的学徒工认为，解放后翻了身，当家做主人，应以主人翁的态度来建设祖国。他们在旧社会逃荒、失业、躲壮丁、生活贫穷，经过忆苦活动，纷纷表态要在建设中不辞劳累，奋勇当先。所以说：经常地政治思想教育，使全体建设者团结一致，遵守纪律，服从分配，自觉地去克服困难，奠定了建好水库的良好思想基础。

大坝分两期进行，先修筑西岸一半坝基的上下游围堰，待西半部大坝下部坝身完成后，淠河改道，从西部导流，再筑东岸第二期围堰。堵口合龙采用两边进占、人工抛石的办法，这就要求抛大石块，还须抛得相当快，以减免被拥高的河水冲掉。1953年5月15日天气晴朗，指挥部机关全体人员和上白天班的工人、战士共同出动，人山人海，肩挑手抬，摩肩接踵，奋勇抛石，终于在当天太阳尚未落山前一次合龙成功。

当然在施工过程中也发生过挫折和失误。1953年3月的一天下午，宿舍区突然起火，正遇大风，火借风势，很快从淠河东岸蔓延到西岸，岸边机电机具仓库也着了火，损失惨重，群众情绪低落。祸不单行，当年6月27日淠河发大水，最大洪峰流量3900立方米/秒，水位抬高超过围堰坝顶漫溢冲决。虽然大水前，根据预报搬出坝坑里的机器，但桥梁、排架、脚手架、木模板等大量木材顺流漂失，损失较大，被迫停工，直到7月7日才恢复正常施工。大概就是那几天淠河水深，要乘船过河，有一次船上载猪又坐人，猪惊船翻，淹死几人，造成重大事故。8月30日，中共中央华东局第三书记兼治淮委员会主任谭震林同志电召淮委和佛子岭水库工程负责人吴觉、马长炎等7人去上海，我也是7人之一。谭书记对我们进行了严肃的批评，大意是：看过你们的报告，一火一水，翻船死人，损失惨重，按情节要杀你们的头，考虑到你们刚从战争环境转到和平建设岗位上，一切都要从头学起，情有可原，但你们一定要认真吸取教训。建设水库是与人民生命财产息息相关的大事情，绝不可掉以轻心，务必谨慎，在确保安全与工程质量的前提下，加快进度，明年汛前大坝拦洪，年底基本完工。我们回去后立即做了传达，并总结了教训，狠抓安全生产，开展以增产节约为中心的劳动竞赛运动，号召广大职工与洪水赛跑，确保大坝在明年汛期实施拦洪。

尊重知识　刻苦攻坚

施工之初，困难重重。佛子岭水库决定采用连拱坝的坝型，记得当时除了指挥部总指挥、著名水利专家汪胡桢有一份美国连拱坝的图纸外，再没有任何人见过连拱坝，几乎所有水库建设者都缺乏修筑大坝的实践经验。连拱坝不仅设计技术难度大，而且工程质量要求高，施工复杂。水库党委遵循毛主席关于群众路线、自力更生、实事求是等教导，信任知识分子、重视发挥知识分子的作用，并引导知识分子克服单纯的技术观点，纠正轻视实践的主观片面性。在组织上，任命水利专家担任指挥部的正副指挥；各技术业务室处科和工程区（大队）分（中）队以及修配、发电厂等单位都委派知识分子担任正职领导。在思想上，经常教育各级政工、行政负责同志尊重知识分子，虚心听取他们的意见，让他们充分发挥技术专长，并随时批评、纠正不尊重知识分子的人和事。这样，在全工地形成一种尊重科学技术、团结和睦的良好氛围。

修建连拱坝，国内外书本上涉及的资料极少，更没有可供借鉴的规范。对待各个工程项目中遇到的疑难问题，水库党委要求承担各项专门任务的工程技术人员独立思考，刻苦钻研，把问题解决好。早在1951年11月筹备阶段，治淮委员会就邀请全国知名的工程地质、水文、水利、土木建筑、建筑材料、机械施工等方面的专家到工地考察，研究讨论坝址、坝型问题，历时6天。汪胡桢专家发言介绍：坝址附近没有粘土，

要从10公里以外运来，没有条件建土坝；因山谷过于狭窄，堆石坝所需的大量石料上坝困难；重力坝混凝土方量大，水泥货源及其长途运输都难解决。所以他主张选用工程量最省的连拱坝。不少专家担心连拱坝的拱圈与垛的上湖面板结构单薄，拱的顶部厚0.6米，从顶向下70米处拱厚2.0米，面板厚1.93米，混凝土怎样才能浇得好，而不漏水呢？另外设计大坝的应力计算相当难，尤其是横向地震应力分析还没有成熟的方法。为此忧虑重重，多数人不表赞同。会后又与汪胡桢商量，他认为虽然有技术疑难问题，但不是不能解决，他坚持修连拱坝。我们将选择坝型的方案问题，向亲自到工地视察的治淮委员会第一任主任曾山同志和他带领来的淮委秘书长、各部部长及华东工业部、华东建筑工程公司的负责人作了汇报。当年12月12日研究决定选用连拱坝，曾山主任还指示：汪胡桢是有胆识的专家，今后要全力支持他的主张，克服困难，早日建成大坝。

1951年秋末第一批背着行李爬过大别山的佛子岭抵达工地的是五十几位上海交通大学、南京大学的三年级学生和交大曹楚生助教，原安排实习一年，1952年秋就回校复课。这批年轻的学生当时已是汪胡桢及其他工程师们的得力助手，按照工程需要，确实不能离开，如强令留下，同学们难以安心。怎样解决好这些年轻人的思想问题呢？水库党委与年长的工程师们商量后，与同学们座谈，诚恳地与他们交换想法，希望他们能留下，为新中国的第一座连拱坝的建成继续作出贡献。曹楚生助教带头，全体同学都表示愿意留下来。接着水库党委宣布佛子岭水库工地就是一所大学，汪胡桢自任为校长，技术室主任为教务长，每周分别安排水文、规划、勘探、测量、科学试验、设计、施工等专业技术干部轮流讲课，一百六七十位工程师、技术员和部分党政干部都去听课。这项活动一直坚持到竣工。边干边学，教学相长，深受大家欢迎，取得了工作学习双丰收。

1952年，人民解放军水利一师指战员开赴工地参加建设。为保质按期完成水库建设任务，战士们必须迅速熟练掌握各种技术工种，水库党委除安排老技术工人带徒弟，教会实际操作外，还动员知识分子上文化课和技术课，在全工地掀起了包教包学运动。广大技术干部积累实际需要的技术操作经验，分析归纳使之成为条理化的操作要领，联系理论知识，编成教材给战士讲授，很快提高了操作技术水平；知识分子向工人学习，得到实践经验，取长补短，走与工农相结合的道路，也提高了知识分子本身的业务能力。

技术室大坝应力设计组的几位技术人员，自修俄文，从苏联科技书籍中得到明确的概念，摸索出了横向地震应力分析方法，终于解决了这个难题，从而振奋了信心。水库党委抓住时机加强宣传工作，说明新中国完全有能力建好连拱坝，要求全体工程技术人员继续深入实际，刻苦钻研；并多次表态对工作中难免出现的失败和挫折由党委承担责任，希望大家吸取教训，振作精神，开拓前进。

回想建库的几年里，全工地现场，昼夜施工，机声隆隆；办公的草庵，灯明夜半。技术人员大都结合自己承办的业务，如饥似渴地利用晚上或下班的时间阅览中外书刊，从中搜寻知识与启示。水库党委为支持技术干部，攻破难关，锐意改革，十分注意发扬民主，经常发动大家出谋划策，提出建议，畅所欲言，择善而从。建设期间的制造发明、合理化建议和引进的先进技术有几百项，几乎各类工程都有其独到之处。现列举几项收效明显的事例：

1951年淮委聘请工程地质专家考察坝址地质，根据露头判断，横穿河床有花岗岩脉，坝基应放在花岗岩上。那时水库工地没有学过工程地质的干部，就派了几位学水利土木的同志改行去搞地质勘探。他们自修地质专业知识，仔细观察岩芯，发现原坝轴线下游200多米处的石英岩，质地坚硬，与花岗岩胶结紧密，漏水率小，就大胆报请指挥部批准下移坝址，使大坝有了更为理想的地质基础。

早在1952年用水泥固结灌泥浆方法加固地基时，就采用过水气轮换冲洗岩石裂缝的新工艺。

工地自设混凝土试验室，对水质、砂石、不同品种水泥性能，混凝土测试方法，配合比设计和掺合料使用等许多课题都做过大量的科学研究工作，取得可喜的成果。并根据大坝、溢洪道、发电厂等不同部位的应力、抗渗要求，提出了不同标号的配合比，还掺用加气剂，提高了质量标准，节约了工程费用。

浇筑拱体混凝土的内模，采用活动钢模壳，一直上升到顶。大坝混凝土提升，使用斜钢塔。这两项技术解决了施工中的难题。

浇筑垛体混凝土的本模，由原来用对销螺栓固定的长方形模板改革为用桁架固定的条形模板，容易拆模，损坏轻，周转快，节约了木材。

及时调整　提高工效

1953年7月，中共中央华东局派员率领上海熟悉工矿生产管理的同志来水库帮助工作，提出改革施工机构和劳动组合，实行工区生产管理制度，推行分区平行流水作业法和日、旬、月作业计划办法，编绘施工作业图表等一系列建议。水库党委果断采取组织措施，改编队伍，减少层次。以混凝土浇筑为重点将原来按工种设置的土灰队、木工队、扎铁队、机电队解体，编成6个包含所需各工种的混合工程区队。撤销了原先管理土灰、木工、扎铁等大队的工程总队及其下属的3个处，固定每一工程区队的施工区域。编制作业计划，需要比较确切的定额，为此，生产改革中及时地加强了查定工作，跟班现场记录，分析统计数据，取得各个工程项目不同条件下的人工、原材料及动力消耗和机械设备效率的可靠资料。通过这场改革，更利于开展竞赛，减少了矛盾、提高了工效。将混凝土浇筑每一层循环周期缩短40%—50%，明显地加快了工程进展。

施工三年间，一直坚持执行工程质量自检制度：指挥部专设质量检查部门；每个基层施工单位都由工程技术人员跟班进行技术指导和质量监督；规划设计室派人亲临现场进行技术交底，解释图纸，协助检查质量；试验室直接承办试模取样，不分日夜到每台拌和机出料口和每块浇筑仓里取混凝土样，带回试验室按照现场的养护条件保养，测定混凝土不同龄期的几种强度指标。每道工序结束，必须经检查，初验合格，才签发下一道工序的开工证。每天的调度会议、每周的生产会议都先汇报质量检查和安全生产的情况，研究改善措施后，再布置施工任务。定期印发工程检查通报、表扬批评，提出改进意见。全体技术人员和工人都以主人翁的态度共同来搞好质量，作出详细质量记录归档存查。各级领导干部都能主动支持改善质量的要求与措施。

严格管理　勤俭节约

解放前，人民饱受帝国主义、官僚资本主义和封建主义三座大山的压迫和剥削，国民党政府腐败无能，贪官污吏比比皆是。解放后，广大人民认识到人民政府以全心全意为人民服务为宗旨，共产党干部廉洁勤奋，与群众打成一片，对比之下，党和政府在广大人民心中具有崇高的威望。1952至1953年水库工地和全国一样开展了反对贪污、反对浪费、反对官僚主义的三反运动。这个群众运动，当时尽管存在着批判过火的缺陷，但它对人们的思想教育是十分深刻的，广大人民群众深恶痛绝贪污盗窃的行径，树立起浪费可耻、节约光荣的观念。水库的各级领导以身作则，廉政自律；一般工作人员和工人们不斤斤计较报酬，能吃苦耐劳。建库全过程中，虽然发生过一火一水等事故，损失很重；也因改变设计、计划不周、采购错误、返工窝工等造成过浪费，但厉行节约、反对铺张总是主流。如此高度复杂的水库枢纽工程限于客观条件，采用的是半机械化施工方法，使用的大多是国内制造的柴油发电机组、抽水机组和一般的建筑机械及加工修配机具，并没有现在普遍使用的重型起重运输机械，自动化拌和楼装备以及采砂船、皮带输送机等。坝基清基开采砂石主要靠民工、战士肩挑手抬，工地运输靠轻便铁道人推斗车，九道输水钢管及其阀门、水力发电机组、溢洪道阀门等安装工程全靠起重工捆扎扒杆，挂神仙葫芦起吊，大件器具工地搬运移位使用滚筒撬棒在钢板或方木上徐徐滑行；六安到工地的公路桥梁和工区内的施工桥梁全是打木桩的木排架桥。这些虽然是限于当时的客观物质条件而采取的办法，但都能解决问题，节省了大量资金。

工程所需的材料，仅钢板桩是德国货，还用了少量外国洋松大方木，其余全为国货。水泥、钢筋、木料、油料、主要机具和其他大宗器材如铁轨、钢板桩、电线等统由指挥部提出计划上报治淮委员会交供销公司承办采购运输，指挥部派出少量干部与在蚌埠的淮委供销公司以及芜湖、六安等地转运站联络。零星物资、当地材料才由指挥部派采购人员办理。一位副指挥和财务器材处负责资金器材的各项工作，每年要进行好几次清仓核资，指挥部下属各个单位都得进行，做到账料相符。指挥部规定有财务器材制度，建有财会器材统计报表，并设有监察室。治淮委员会的财务部和监察室多次来工地检查并指导指挥部的监察、财会人员进行审计工作。

指挥部十分注意非生产性开支的节约，没有买过高档用品，根本不去购置奢侈性的车辆家具。办公桌凳、文件架全是木质没有油漆过的。干部发竹床，工人睡通铺。房屋都是毛竹稻草搭成的，非但不隔音，冬季还不太保暖。就连供千余人开会的，高6米、宽15.25米的大礼堂，也是用毛竹桁架屋顶铺草建成的。

那时，干部、工人都执行低工资制度。开工不久推行新的工资改革，绝大多数干部实行低档工资标准，79.2%的技术工人的级别在2至4级之间，高级技工6级只有5.6%，7级1.1%，没有8级工。久居野外施工的，仅是每人每天多发0.2元的施工补助费。工资以外没有其他收入，也没有任何奖金。评上劳模的，以精神奖励为主，发奖状表彰，再发点毛巾、肥皂或汗衫一件而已。发给工人的劳保用品，要以旧换新；干部不发劳保用品。

整个建库时期，只是1954年11月5日水库举行竣工大会，以周信芳为首的上海京剧团来工地搭台慰问演出，指挥部宴请来宾一次，职工也会餐了一次，其他从没有一次用公款请客吃饭。当时谁也想不到用公款吃喝，大家都是买饭票吃食堂。全水库的工作人员虽然都没有修水库的实践，也没有一人以公款出国考察过；由于工作太忙，出差去国内各地参观考察的也不多。总之，大家吃饱穿暖有活干，就满意了，从来没有一句怨言。

那时好人好事屡见不鲜，如工地拆模板架和排架，往往要掉落许多扒钉、铁钉，开始少数工人觉得可惜，自动捡起或用撬棍从旧木块上拔出交给队长、指导员，以后指挥部一号召，许许多多干部工人都义务去拾钉子。又如1953年大水漂失许多木料，指挥部派出一批人沿着淠河寻找，在乡村干部及老百姓的支援下，派出的同志日夜劳累，想方设法从水中捞起或沿途查找，结果陆续运回工地不少，没有听说有人私自侵占。

据监察室统计，1953年至1954年，收到职工的检举控告计405件，其中贪污17件、挪用公款3件、违法乱纪9件，还有属于官僚主义48件、积压资金1件，压制民主、强迫命令和安全事故共13件，其余314件都属于生活作风方面的一些问题，没有发生过重大违反财经纪律、行贿受贿和贪污盗窃的案件，也没听说有人存有巨款、私营华屋或任何特殊化事件。从1954年开始，水库陆续将可以不用的机具和剩余物资调运给梅山水库。在收尾阶段，发现有少数木料、器材、工具丢失或被偷去，指挥部接到监察报告后，及时予以制止。

蜚声中外　无私奉献

连拱坝结构新颖、式样美观，设计有创新，管理有改革，施工有绝招，干部、工人和解放军指战员的表现具有工人阶级的先进性，团结互助，遵守纪律，全力投入，拼命建设。虽不能说蜚声国内外，但也饶有名气，因此学习参观者络绎不绝。接待过中国人民志愿军归国代表团及朝鲜人民军访华代表团、西藏和新疆的少数民族代表团及出席亚太地区和平代表会议的各国代表、芬兰文化代表团、全国总工会刘宁一副主席

率领的世界各国工会代表团，还有苏联、印度的水利专家等。水库的技术人员和工人曾多次被邀请去外地传授经验，水利部派人长期蹲点，外省水利系统干部和沪、杭、苏、京及其他城市的大学水利系的教师来工地考察，大学生成批来工地实习。全国各地的文艺工作者如作家、画家、作曲家、音乐家、歌唱家及文艺院校的师生纷纷来工地，深入体验生活。他们写出过报告文学、诗文，还作出《佛子岭战歌》教职工合唱；许多名演员和黄梅戏、庐剧、淮剧、京剧、评弹等团体都被邀到过工地演出。

实践出真知，在实践中育人才。刚毕业的大学生，又上了"佛子岭大学"，取得了没有文凭的学位，干部获得了丰富的财经管理经验，广大工人战士熟练地掌握了建筑技能。

汪胡桢同志为了培训这支队伍，他十分重视总结经验。许多技术人员听从他的教导，编写技术讲义和科普材料，拟出操作规程，写出工作总结。他经常细心地审阅同志们送上的材料，修改圈阅后，随时付印分发，广泛交流。1954年工程即将竣工时，汪胡桢拟定篇目，组织编写并在当年就出版了《佛子岭水库工程技术总结》，既总结了经验，也为后来的建设提供了宝贵资料。就是这支队伍，后来连续转战大别山区，又在4年多的时间里，建成梅山、响洪甸、磨子潭三座大型水库。经过几年的踏踏实实的锻炼，建设水库的知识分子们大都成为具备真才实学的专门人才，大部分早就达到教授、高级工程师的水平。以后离开大别山区，去省内外各地继续从事水利、水电或其他基本建设事业，经常传来他们工作上取得新成就的好消息。这一批同志几十年如一日，不图名利，艰苦奋斗，为祖国为人民做出了无私的奉献。

今日的科学技术，人们的聪明才智，国家的财力物力，都是20世纪50年代初期不能相比的。数十年来，治淮事业也取得了长足的发展。但是，根治淮河的目标远没有实现，所以李鹏总理来安徽视察时沉重地说："淮河不根治，安徽无宁日。"作为治淮战线上的一名老兵，记述往事，唯盼人们能发扬当年的治淮精神，借鉴当年的治淮经验及教训，把治淮事业更快推向前进，为早日实现毛泽东主席"一定要把淮河修好"的号召而奋发努力。

（选自《新中国往事·科教实录》，
中国文史出版社 2011 年 1 月版）

采访淠史杭灌溉工程追记

周 军

在我几十年记者生涯中，曾于20世纪50年代访问过大江南北、淮河两岸，许多地方的景物在记忆里留下美好印象，而皖西人民在改造旧山河中，演出那些气壮河山的悲喜剧，更一直铭印于心，终生难以忘怀。

水的概念是什么，水的价值又几何？人们可以说出许多许多，但我深感只有生于长于皖西那片土地上的农民，才能深切体味到水同人的生死相依，才能真正懂得水是一切生命之源。当我在一些县志上看到"赤地千里，籽粒无收；担水千文，斗米千串；卖妻鬻子，到处可见"这类触目惊心的记载，听了老人们讲述多少村庄邻里为水而发生殊死械斗的那些惨烈故事，目睹多少农民面对干枯稻禾时对老天的那悲愤神情，又见了多少群众祈求上天降雨时的那诚惶诚恐的目光……不禁痛感皖西人民对水的深刻认识，付出的代价实在过于惨重了！对皖西人民哪年哪月才能制服旱涝恶伏，也就一直耿耿于心，牵肠挂肚。

到了20世纪50年代末60年代初，各种渠道不断向我传送信息，说皖西数十万群众正在沟通淠、史、杭三条河流，欲将大别山区几座水库数十亿立方米之水，引进1万多平方公里的土地上灌溉农田云云。众所周知，那是一个"人有多大胆，地有多高产"的年代，令人眼花缭乱的种种"卫星"，原是用豪言壮语送上天空的。因此我对皖西土地上传来的信息几乎没有入耳。但各种渠道继续传来那些相同的信息，且愈来愈具体生动，甚至说大别山水库里的水，已流进六安地委大院旁的水塘！我的心动了，遂于1964年"秋老虎"季节，约同行张燕风同志赶赴皖西。走进地委机关大院时，果见那大水塘碧波粼粼，精神为之一振，将疑虑和酷暑忘得干净，立即马不停蹄奔走四方，察看了几十座重点工程，访问了几十位干部和农民，拿起笔给《安徽日报》写了10篇散文，张燕风同志也写了1万余字报道，介绍了这一世界上屈指可数的灌溉工程，讴歌了皖西人民重新安排山山水水的丰功伟绩。

"天灾""人祸"狼狈为奸

我们在数十天采访中，无时无刻不感受到皖西人民千百年来遭受旱涝灾害的苦难，既有"天灾"也有"人祸"。

皖西地区和皖中的合肥、肥东、肥西及淮南市9县2市1.7万平方公里土地，为山区、丘陵和部分平原构成。上天创造地球的这部分，没有顾及人类农业生产对水的须臾不可缺少。这片土地上虽有淠、史、杭3条贯穿纵横的河流，水源也较为丰富，但发源于大别山区的这些河流走向，大都环绕高洼弯曲无常的丘陵，且河床一般都低于农田10至20米，多则达20多米。雨季里常常山洪飞流直下，低洼处顷刻一片汪洋。而占耕地80%的岗岭畈田，农民们眼巴巴看着山水流向远方，留不住一点一滴。全区雨水的分配又极不均衡，西南部大别山区，地势高耕地少而雨水特多；西北部广阔的丘陵和沿淮地带，地势低耕地多雨水又极稀少。农民世代相传的一首民谣，"洼地山洪滚滚流，岗上滴水贵如油。一方盼水水不来，一方恨水水不走"，极为形象地道出这种地形和气象，是给农民造成年复一年旱涝灾害的大祸根。据史料记载，新中国成立前566年间，发生严重的旱涝灾达357次！抗御旱涝灾害，改造旧山河，就成为农民千百年来梦寐以求的目标。早在2500多年前，楚国贤相孙叔敖体察了农民的渴望和国家的需要，号令在寿县境内兴建名为芍陂的巨大蓄水塘（即安丰塘），以备灌溉农田之用。万民闻风而动，用九牛二虎之力开挖这口可"灌田万顷"的安丰塘，为当时四周农田减轻旱涝灾害

起了重要的作用。群众至今说起这位贤相，对他仍是感激不已。寿县县志虽经多次修订，但始终用很大篇幅称颂孙叔敖，把安丰塘誉为"神州第一大塘"，"淮河水利之冠"。但旧社会的地主豪绅，却像群争啃骨头的恶狗，对这口偌大水塘不断争相蚕食，划塘为田，到了解放前夕，仅剩下原塘面积的五分之一！不仅如此，他们还将日益缩小的水塘霸占为私有。安丰塘四大地主之一的王化南，对豢养的爪牙们吩咐："谁敢放我的水，你们去打，打死一个背掉，打死两个挑掉；你们被打死了，我给你们打口黑漆棺材；打不死，我给你们娶个老婆！"

我们在六安、霍邱、舒城的农村中采访，都听到这种旧社会常见的"人祸"和"天灾"，将饥寒中的农民推入无边的苦海。

旱涝灾害千古肆虐

在皖西的土地上有许多奇特的村名，如什么"晒死鸡""砸蛋场""砸锅店""晒网滩""痨病套"；等等，这些村名中每个都蕴藏着一串悲惨的故事。

据说，叫"晒死鸡"的村有几个，我们访问的是六安县桥东（今裕安区）的"晒死鸡"。这个村子在海拔80多米的青峰岭上，一个多月不下雨，岗岭上就榨不出一滴水。村中虽有一口深井，清凉的水长年没有枯竭过。但每遇大旱年份，地主王松林就在井盖上加了锁，并派"看水狗"看守，不说家禽家畜喝不到一口，就是人也无法去打一桶。村里有位甘老奶奶告诉我们，她嫁到这村50多年了，全村老少外出逃荒16次，每次回来都少了几个人，有的伢子被卖了，有的老人饿死在路旁。到了1935年，全村原有的19户，只剩下5户了，甘老奶奶就是其中的一户。但就在这一年又遇上大旱，她一家逃荒到六安县城南的途中，大人饿得走路踉踉跄跄，伢子饿得哭不出声。在万般无奈中将伢子换了5斗米，才保住一家人的性命。老人说到这里声泪俱下。霍邱县有个农民叫孙义章，给我们说的故事同样悲惨。他家原住沿河洼地，有年大水又使他家墙倒屋塌、口粮、衣物随洪水流失，田地里颗粒无收。他爷爷病终时嘱咐儿孙："水火无情啊，你们能走的走，能飞的飞吧，这洼地住不得。"他父亲遵照爷爷遗嘱，带领全家逃到榆林一带荒岗上，开垦两亩荒地维持生计。但"火"更无情，有一年两个多月不下一滴雨，如火的太阳将地里庄稼烤得枯黄，四处找不到一桶水去浇灌！他父亲临终时又对儿孙们说："你们爷爷说得对，水火无情啊，你们能走的走，能飞的飞吧，这岗头上也是不能住的。"他的爷爷和父亲都无法知道，在那"天灾"和"人祸"遍布的大地上，不论走到哪里飞向何方，"水火"都是一样无情的。

这种"水火"的无情，不仅肆虐着农民生存的物质条件，也摧残着他们思维的功能。我们在六安县木厂采访中，听到一则很可笑但无人能笑出来的故事。这故事是农民马树民给我们讲的。他说他有个哑巴舅舅，占卜来年雨水多少的方法很独特：每到农历年三十的晚上，他用线穿12粒豆子，依次代表来年12个月，放进酒盅浸泡到次日即年初一，根据这串豆子每粒的胖瘦，预测这年每个月份雨水的多少，胖则雨水充足，反之则雨水短缺。村里许多人笃信不疑，马树民的父亲就是其中的一个。1941年春节，他得知哑巴浸泡的豆子第3、4、5粒胖得滚圆，遂将3亩麦苗犁掉改种水稻。谁知秧苗栽上以后，到了3、4、5月却不见老天下雨，只得将干枯的稻秧犁掉又改种玉米。但到了秋天又发秋水，把玉米淹得精光！他虽一次次播种了种子，却一次次收获了泪水！但他无怨无悔，到了来年春节，依旧怀着惶惑的心情，去察看哑巴浸泡的12粒豆子。

听了这类的故事，我总有一股苦涩滋味涌上心头，深感农民在千百年的旧社会里，在旱涝等自然灾害的任意摆布和蹂躏中，人所独有的思想意识在消失着，变得麻木迷茫，其结果给自己增添了更无尽的苦难。

向旧山河奋起宣战

新中国成立后，无穷苦难的"人祸"迅即消失，但旧山河给这片土地带来的"天灾"依旧频仍深重。据统计，新中国成立后的8年中，即发生旱涝灾5次之多。

新中国成立之初的几年，国家虽百废待举，既有内忧也有外患，但仍拿出巨额资金和大批人力物力，在大别山区先后兴建了佛子岭、响洪甸、磨子潭、梅山四大水库，可拦蓄几十亿立方米山洪，使皖西地区的涝灾逐年有了缓解，但旱情仍然猖狂肆虐，占耕地80%的岗岭畈田，农民们播种了种子，收获的依旧常常是"泪水"。1958年又是一个大旱年头，旱情迅速蔓延，到了8月间即有400万亩禾苗干枯，100多万亩土地干裂无法播种。农民心急如焚，叹息声四起。六安地区党政领导人，如率领千军万马陷入敌阵的将帅，更是坐不安席，食不甘味。他们经过反复思索，缜密研究，都痛感不改造旧山河，就无法领导群众战胜天灾，制伏旱涝。结果一个宏伟的特大型灌溉工程蓝图出现了。我们当年在报道中，对这蓝图作了如下简介：水源是大别山的四大水库和将在舒城境内建设的龙河口水库，水系是将淠、史、杭3条河沟通，再开挖与3河相连的30条总长1500公里的大型干渠，以及千万条通向千万亩农田的支渠和毛渠。如果我们坐上飞机盘旋于这大地上空，鸟瞰大别山区的水库同3条河流及大大小小渠道的连接，会立刻联想到酷似一个城市里的自来水塔同密如蛛网的粗粗细细的通向千家万户的自来水管道的关系。但它要比建设一个城市的自来水网络工程艰难百倍。其中30条大型干渠（渠底宽20至60米），在1500公里的行程中，须5次通过江淮分水岭，要翻越数以百计的岗岭沟壑，其中切岭10米以上的岗岭有33个，长达38公里；填平抬高10米以上的沟壑有40处，长达40多公里，才能保持渠道同一的等高线，让大别山上水库之水畅通无阻地流向四面八方。这些工程共须完成5.3亿立方米土石方的挖掘和运输（若把每立方米土石方排列起来，可绕地球10多圈）！还有，为了管好用好渠道中的水，要兴建3座渠首枢纽工程，2万多座大小不等的进水闸、节制闸、地下涵洞及1座大型"倒虹吸"工程，等等。这就难怪不少人面对这蓝图疑虑重重，向决策者们提出种种质疑，但那些"将帅"们还是咬着牙拍板了。于是数十万农民从四面八方会集到各个工地上，安营扎寨，拿起铁锹，向旧山河奋起宣战了。

皖西人民在这场与恶劣的自然条件决战中，取得的胜利是辉煌的，但付出的代价却是沉重的。工程指挥部一些负责人，向我们回忆农民们在这千秋伟业的开创中，那种忍饥挨饿、舍生忘死的悲壮情景时无不动容。他们最难忘却的一幕是：1960年春，正当第二期工程进入紧张阶段，由于众所周知的原因，饥荒在城乡蔓延，指挥部原确定为每个上工地的农民每日补助半斤粮、二钱油也无法兑现了。人们吃不饱饭，大量消耗的体力得不到起码的补充，浮肿病在工地蔓延，甚至发生非正常死亡现象。但这些身患浮肿病的几十万农民继续勒紧裤带，在炎炎的烈日下，在凛冽的寒风中，义无反顾，挥动钢钎铁锤、铁锹铁镐，将一个个岗岭切掉，将一处处沟壑填平，硬是用自己的双肩将5亿多立方米土石搬走！可拦蓄10多亿立方米水的龙河口水库也竣工了，它同佛子岭等四大水库中的汪洋之水，都完全遵循人的意愿，随时顺着大大小小的渠道，按时按量流入千万亩农田灌溉禾苗！若有人怀疑这是"精卫填海""愚公移山"一类美丽的神话和传说，是毫不为怪的。但这不是神话，不是传说，而是在皖西及皖中部分土地上，到处可见的辉煌奇观。

我们在访问众多农民，由衷赞颂他们用汗水、泪水直至生命创造这奇观伟绩时，他们谈了许多许多，其中常说的一句是："水就是俺的命，不干哪有命！"这简朴的话语，使我们更深地懂得"千人之众无绝粮，万人之群无废功"这古训，真是"语高而旨深"，应为人们永远永远记取。

智慧长河奔流不息

在淠史杭工程施工的那些日日夜夜，农民没有也不可能提出"科学技术是第一生产力"，但他们在实践中懂得大干必须加巧干，才能取得事半功倍之效。他们的苦干使我们感到悲壮，他们的巧干则令我们深为敬佩。

我在给《安徽日报》副刊写的散文中，有篇题为《智慧的长河》，就是歌颂农民们的巧干的。文中有这样一些内容：在天寒地冻的上百个切岭工地上，人们几锹挖下去，铁锹卷了刃，岗上只破了一层油皮！干部和群众全傻了眼，都说如此干下去，一个岗岭一年也挖不掉。于是在月光下，在工棚里，都有不少人在寻思巧攻办法。樊通桥的工地上，有人把筷子插进饭碗挑饭吃时，想到在岗头陡坡打洞撬土；有人家住沿河边，常见河水冲刷堤岸，想到在岗头上挖沟灌水……这工地上有个攻克黄礓土试验小组，领头的是转业军人刘美三。一日深夜他把身边的樊学海叫醒，两人到岗头选一个陡坡悬崖处，将一根木棒揳进岗土，然后合力向后猛拉，木棒"咔嚓"一声断了，岗土却纹丝未动，他们很有些泄气。在一旁观看的一位老人，觉得这办法很有些门道，只是木棒揳多深，在木棒哪个部位使力后拉，才能四两拨千斤，将一大块岗土撬下来，还要多做试验。于是老人又找来一根木棒，鼓励刘美三再做试验。刘美三经多次试验终于找到使用巧力的要点，一棒撬掉几立方黄礓土！消息传开后许多工地来人取经。众人在推广使用中又不断改进完善，一个"陡坡深洞劈土法"便诞生了：只需几根木棒、几把榔头和几个人，一次就能劈掉几百立方坚硬如石的黄礓土。接着在所有切岭工地上，随着"嗨呀，嗨呀"的阵阵呼喊声，一片片城墙似的岗土纷纷倒塌下来。刘美三被誉为"劈土英雄"，被邀请到省内外水利工地上传经送宝，还光荣进京参加国庆10周年观礼。

不少岗岭的黄礓土下还有岩石层，刘美三的"劈土法"对它就干瞪眼了。大家都知道唯一办法是用火药爆破。有些工地便打了直筒式深洞，装进几百斤火药，点燃后"嗤嗤"冒了一片黑烟，岩石层依旧稳如泰山！有人在焦急中编了一首歌谣："荒山岗头高又大，块块岩石赛钢铁。孔明见了把手搓，愚公见它也害怕。"这歌谣的作者不懂得人民在为生存的奋斗中，面临任何艰难险阻既不会"搓手"也不会"害怕"的，群众的智慧是无穷的。在一些工地上"嗤嗤"几次以后，人们就很快创造了"洞室爆破法"：在直筒似的深洞底部四周，再加挖伸向四方的洞室，装进几千斤火药（群众自制的黑色炸药），一炮轰掉几万立方米岩石！许多有岩石层的岗岭，在这隆隆的炮声中迅速消失了。但岗岭上劈下的千万立方黄礓土和碎石，如何及时运至几十米高的岗头上，为灌溉渠道继续施工清除障碍，又成为整个工程中的拦路虎。起初人们只靠肩上一根扁担两只箩筐，挑着一担担土石爬陡坡上岗岭，来回一趟要20多分钟，一天挑不了1方土石。这难题成为众人苦苦思索的又一个焦点，而进入众人思索焦点中的难题，便很快获得在那时条件下最好的解决。什么"倒拉器""脚踏运土器""三面倒土滑车""快速上土器""转盘运土器""翻斗车""三轨绳索牵引机""牛拉滑车"等等，提高工效几倍几十倍的先进运载工具，接二连三地问世了。在科学技术突飞猛进的今日，有的人见了这些简陋笨拙的工具，或许会觉得可笑，但我以为这些从人民智慧的海洋里流淌出来的创造物，很可以陈列于国家博物馆，传之千秋万代，让后人了解我们这个时代，是怎样的一个艰难时代，一个英雄辈出的时代。

在"倒虹吸"的工程中，人民显露的智慧更令人肃然起敬。这工程要将内径1.5米的160节钢筋混凝土管道，衔接成3排巨大的长虹（1排管道长124米），倒卧在淮淠航道的河下，让瓦西灌溉渠道的滚滚河水，在地下管道里走一程弧形道路，再以15立方米/秒的湍流从15米高处的弧形管道冲出去。不难想象这些水泥管道要承受怎样巨大的冲击力！据试验，将一只鸭子从上游管道投进去，当它随急流冲出管道时，全身没有留下一根毛。由此可以推测，那些弧形管道的衔接处，哪怕留下针尖小的孔、头发细的缝，将会给整个工程造成怎样的危险！这是"倒虹吸"工程施工中最大的一个难题。这难题是由几位船民解决的。我们还访问过被人们称为"水头将军"的朱庆泉，那时他是查林公社党委书记。在这个公社境内兴建的戚家桥进水闸，是淠河干渠上的一个大工程。在石工们将闸墩砌了两尺多高时，朱庆泉左看右看觉得它厚度不够，承受不了100多个流量的冲击，便向施工技术员提出质疑。技术员说："没有错，是按图纸干的。"他拿过图纸对照后，果然不差分毫。他又去询问工程师，工程师的回答也是"没有错"。他的疑虑还是不能消除，再打电话到专区工程指挥部询问，专署负责人和一位工程师跑来一看，对这个帮工出身的公社书记连声感谢，说他纠正了这工程的一个可怕错误。这位"水头将军"还有一个故事：淠河干渠上兴建的五孔泄水大闸，闸中突然出现一个巨大的泉眼！人们用几吨石头没有堵死，拿8床棉絮也没有堵住，眼看泉眼将给这工程带来致命的危险，又是这位帮工出身的公社书记，竟用水桶和木棒将这危险排除了。

群众的智慧真似奔流不息的长河。淠史杭工程施工中，各式各样的困难层出不穷，但都被这长河中的波涛击碎了。开山劈岭需要炸药，终年只同庄稼打交道的农民，刮墙土熬出数百吨黑色炸药；开挖数千公里大大小小的灌溉渠道，需要一支庞大的测量队伍，在千岭万壑中测量出一个同一的等高线，1500多个青年农民经专业人员短期培训，爬山越岭迅速完成了测量任务，而且全部线路分布合理、精确；工程中需要的木材、毛竹、石料等等，群众想方设法及时筹集齐全，从四面八方运送到工地，保证了工程的顺利进行。我们在采访中听了干部和群众的上述介绍，时时感到分布于皖西及皖中部分土地上蛛网般的灌溉渠道，既是群众用近于原始工具拼体力挖出来的，也是"水头将军"和"劈土英雄"们用他们的智慧开辟出来的。

"迎水曲"中笑声朗朗

当年我们在对这伟大灌溉工程的采访中，常常听到皖西人民"勒紧裤带"，奋战在工地上的悲壮故事。不少人躺下歇口气，又站起来继续挥动铁锹；也有的人倒下后，再也没有站起来。每听到这里，我心里总是沉甸甸的，有种难言的苦涩滋味。但在许多农民谈到他们付出的汗水、泪水换得了极其丰硕的回报而发出甜美的欢笑声时，郁结心中的苦涩滋味淡化了。

我的散文中有篇《迎水曲》，就是专写农民们这甜美笑声的。文中说，一个深夜，淠史杭灌溉渠道的水流至寿县堰口公社一带，水声哗哗，响彻夜空，把熟睡的人们惊醒了。五庄八舍，男女老少，纷纷跳下床，争先恐后拥向附近的渠道。有的人一边跑一边自语："不会假的吧，大别山上的水能流到俺这场子？"有的人劝别人说："你们跑什么，哪个把水抢走了？"他自己却跑得比别人更快。有位母亲跑出门好远，忽然想起伢子放在床上没有人看管，又匆匆跑回家抱起孩子向外跑。寿县安丰塘有个叫陈永禄的老人，每当干部告诉他，大别山上的水两日后要流到村前的渠里，他都摇头说："你们天天'喝海水讲海话'，水要是真淌来俺就把它喝光！"他虽如此说，仍日夜盼着水淌下来，早晚都要到渠堤上看看。看了几天仍不见一滴水，便对老伴说："快给俺做两个饼，俺要出去看看水到底流到哪场子了。"他老伴刚和了面，村里忽有人高声喊道："水来啦，大别山上的水来啦！"随着这声声呼喊，陈永禄和左邻右舍的人都跑到渠堤上，果见滚滚河水，汹涌澎湃，顺着渠道直泻而下！几个青年拉着陈永禄老人说："你快去把水喝光呀！"老人说："你们拖什么，这是幸福水，你们不让俺喝，俺也要喝一口呢。"说罢笑起来。"嘿嘿"的笑声伴随着"哗哗"流水声，是那样的悦耳动听。

那个青峰岭上的"晒死鸡"村，前边只说了村里主人悲惨遭遇的情

况，现在再说我们在这村做客的一段故事。8月上旬，皖西地区又有50多天没有下过透雨，我们就是在这时进村访问的。离村还有半里多路，忽听一只公鸡高叫一声，这一叫，犹如乐队指挥挥动了指挥棒，村里的大小公鸡立刻齐声合唱起来！这是人间最美的乐曲。我们不由疾步跨过两座小桥进了村，只见眼前不是江南胜似江南的一片风光：村后灌溉渠里流水淙淙，几只白鹅在渠中漫游；村前有口大水塘，一大片墨绿色荷叶漂浮在水面，朵朵洁白如雪的荷花盛开其间；荷枝不时摇摇晃晃，这是鱼儿在兴风作浪；几只小猪正在塘边觅食，被一条狗赶得四处逃窜……这层层叠叠的画面，为这个村子增添了无限生机。午饭我们是在高家伦家吃的，桌上有烧得火红的"鹰爪大虾"和白米饭。男主人向女主人使个眼色，随即又加了两个菜，一个炒藕片，一个炒鸡蛋。高家伦一再地劝我们多吃，说："这些都是'晒死鸡'的特产，你们怎好不吃。"饭后我们又去访问了前边已经介绍过的那个甘老奶奶，新旧对比，甘老奶奶的万分感慨，就不必赘言了。

再回过头来说说马树民给我们讲的他的哑巴舅舅浸泡豆子的故事。正当马树民向我们说起那些往事时，他父亲马修如回来了。马树民给我们做了介绍后，对他父亲说："爸，舅舅年三十晚泡豆子的事，你再给这两个同志说说吧。"老人装作一无所知的模样说："什么豆子？我记不清了。"马树民又说："你怎记不清了，1943年大年初一，你不是……"老人一听脸红了，忙说："那是迷信，过去的事了。"农民对自己的迷信感到脸红，这蕴含着巨大而深刻的意义。我们在这个生产队的队屋里，看到墙上贴了一张《作物逐丘安排一年早知道》的一览表，全队100多亩田，不管来年下不下雨，下雨多少，每亩作物茬口都已做了安排。用他们的话说是"再不看老天脸色种田了"。队里在农科部门的指导下，还建立有干部、老农和知识青年参加的农业科研实验小组，正在研究的项目有水稻品种和特性，农药及化肥的使用，水稻、棉花田间管理，等等。马树民父亲已是科研小组的成员，当地的大红人了。在棉花需要治虫的时候，附近村庄都来请他去指导一番。马村民的那个哑巴舅舅，遇到外地进村的人，总要把人家拉到科研小组的丰产田边，对着田里肥肥壮壮的庄稼竖起大拇指。这是一些震撼人心的变化。

我在酝酿写这篇"追记"时，看到安徽人民出版社于1998年出版的《锦绣淠史杭》一书，书中用一连串数字说明这工程的巨大效益：40年来，累计为农业供水1065亿立方米，灌溉面积2.63亿亩，仅水利因素增产粮食270多亿公斤，在水力发电、防涝、航运、水产养殖、保持生态平衡等方面，也发挥了可观的效益。这些数字让人立刻感到这是一项极其宏伟的工程，一项造福子孙的工程。我在这些数字里，在皖西人民从祈求老天降雨的跪拜中站立起来，在那哑巴盛赞科研小组丰产田的大拇指上，在农民科研小组的那些研究项目中，还想到了马克思、恩格斯在《德意志意识形态》中的几句话："自然界起初是作为一种异己的、无限威力的和不可制服的力量与人们对立着的，人们同它的关系完全像动物同它的关系一样，人们就像牲畜一样服从它的权力。因而，这是对自然界的一种纯粹动物式的意识（自然宗教）。"马、恩的这段论述，使我进而懂得淠史杭灌溉工程的辉煌效益，还在于皖西人民用大别山上的水，把"自然界的无限威力"击碎，破天荒地摆正人们与自然界的关系：人们能够认识自然界，并在同它保持和谐相处中，用脑和手向它索取无穷尽的物质财富！这效益更辉煌，其意义更伟大。

当我们欢呼这工程的辉煌，享受这工程的硕果时，不能不向那些在这工程中长眠于灌溉渠下的农民，还有已先后离世的工程指挥者赵子厚、魏胜德、郑象生、赵得、吴琳诸位同志，致以崇高的敬礼，还要说一声：我们和我们的子孙后代，都将永远永远记住你们的丰功伟绩。

（选自《新中国往事·步履写真》，
中国文史出版社2011年1月版）

葛洲坝工程的移民动迁和安置

黄永贵

闽江月　整理

　　葛洲坝工程复工以后，为充实移民工作班子，我有幸来到宜昌地区三三〇移民办公室工作。转眼十几年过去了。如今宏伟的葛洲坝工程早已全部竣工，电厂发出的强大电流正有效地为我国社会主义建设服务，工程抬高的水位，使部分川江航道天堑变为通途，实令人雀跃。然而在感奋之余，不禁联想到当年为保证葛洲坝工程顺利进行而从事的库区移民工作的往事。

移民概说

　　自1970年12月长江葛洲坝水利枢纽工程动工兴建后，移民的动迁和安置工作便提到地方政府的议事日程上来。按照工程设计要求，库区正常蓄水位为66米，水库面积79.32平方里，其淹没地区涉及湖北省的宜昌市和宜昌、秭归、巴东三县，受淹耕地达1.32万多亩，需要动迁人口为2.85万多人，其中农业人口约占70%。淹没的主要范围在宜昌地区。

　　为适应工程施工需要，做好移民工作，1971年6月初，宜昌地区革命委员会便成立了地区移民办公室。是年8月又成立三三〇移民领导小组。次年2月改地区移民办公室为三三〇移民办公室。1975年初，葛洲坝主体工程复工，移民机构随之充实。到1977年5月，宜昌地区革委会重新调整了三三〇移民领导小组成员，确定移民办公室与地区民政局合署办公。之后又几经变迁，1984年4月宜昌地委和行署遵照《国务院关于长江三峡工程可行性报告的批复》的精神，才又重新设置宜昌地区移民办公室，1992年改名为宜昌市移民局。

当时移民办公室的主要任务是：按照葛洲坝工程设计和施工要求，动员和组织移民如期迁出施工区和水库区，并负责对移民的生产生活进行安置，帮助他们早日重建家园。在移民方式上，规划确定为两种：一是外迁枝江，这一工作于1973年至1974年进行了外迁试点，迁出一批秭归县的移民，就业门路以粮棉油生产为主；一是内安，即将宜昌县移民安置在本县的鸦鹊岭等地，就业门路主要是发展柑橘生产，辅之以加工、运输和二、三产业。这样便可将秭归、宜昌两县移民全部消化。之后，又改变了原规划，两县基本上采取了就地后靠的办法。到1980年底，淹没线以下的移民全部迁出了库区。1979年至1983年的5年间，宜昌地区二县迁出移民7387人，其中宜昌县4271人，秭归县3116人。从而保证了大江的按时截流。

按照移民补偿政策，以"人头"为依据，当时人均补偿标准为650元。这笔费用包括移民建房补助、搬迁运输、生产救济等项。其后水电部鉴于物价上涨的因素，将标准调整到1142.5元。1978年至1984年的7年间，资金投放总数为3746.32万元，其中宜昌县1611.45万元，秭归县2036.37万元。另外，还拨支枝江县云盘湖试点移民经费194.52万元，云盘湖围垦经费263万元，宜昌县石桥电动排灌站经费120万元，宜昌县小溪塔防护工程经费500万元。

10余年来，宜昌地区移民工作进展比较顺利，为葛洲坝工程的顺利进行创造了有利条件。

移民前奏

　　兴建长江葛洲坝水利枢纽工程酝酿有日，及至1970年12月26日，毛泽东主席作了批示："赞成兴建此坝。"四天之后即12月30日，湖北省革命委员会主任张体学风尘仆仆从武汉赶到宜昌，在葛洲坝坝址绵羊洞沙滩10万人大会上，宣布葛洲坝工程正式动工。随后他又专门召开干部会议，号召宜昌地区广大移民顾全大局，克服困难，支援葛洲坝工程，确保该工程在1973年截流发电。会议一结束，宜昌地、市革委会的主要领导和各级负责人便全力以赴，进行施工区的移民工作。他们分别召集干部和群众大会，反复宣传兴建葛洲坝工程的伟大意义，学习毛主席关于兴建葛洲坝工程的批示，教育干部群众正确处理国家利益和个人利益的关系。广大移民表示服从大局，到安置区去艰苦创业，重建家园。

　　就在大会前的两个月即1970年10月，工程施工队伍就已进场。施工区周围的移民首当其冲。宜昌县委、县政府、县人武部及县直属机关，他们不讲条件，不讲价钱，率先搬迁，仅用46天的时间，由宜昌市区迁出，至小溪塔镇重建新县城。市郊西坝的32户社员、160余人于一周内也全部迁出。这首批移民分别被安置在伍家和窑湾公社以及江南的十里红。接着1971年元月，位于东湖公社的中共宜昌地委党校、湖北宜昌二中、宜昌县高中、医院等单位也争先恐后，夜以继日，只用了一个多星期的时间就迁出了施工区。同月，西坝公社（葛洲坝、西坝）的建设、幸福、和平大队和红光豆芽队、农科所等也从施工区迁出。当时施工区的干部群众犹如战争年代支前那样，支援工程建设的情景实在感人。截至这年3月，西坝、东湖两公社在短短的三个月内共给葛洲坝工程局让出土地1440亩，从而保证了大围堰和开挖工程的用地。到1979年，葛洲坝第一期工程施工在宜昌市郊区共占用土地5300余亩，搬迁社员990余户、4000余人。

外迁枝江

为做好水库区的移民工作，1971年3月，宜昌地区和宜昌市、宜昌、秭归两县的民政部门会同三三〇工程指挥部勘测设计团，对葛洲坝枢纽水库淹没情况进行了测量调查。调查结果：宜昌市和宜昌、秭归两县有12个区、36个公社、109个大队、329个生产队、9个集镇的全部或局部位于淹没线以下，需要搬迁2250户、2.2万余人，其中农业人口1.4万多人，城镇人口8000多人，淹没耕地1.3万多亩，林木21万多株。鉴于淹没范围多处在长江峡谷地区，土地条件较差，就地后靠人均难以达到一亩耕地等因素，并结合以后的三峡工程考虑，于是确定移民安置去向本着淹地还田的原则，除非农业人口就地后靠外，农村社员主要采取围垦和搞农田水利基本建设的办法。这些项目主要是：续建枝江县云盘湖围垦工程，可扩大垦荒面积2万亩，能接纳秭归县移民7500人；在宜昌县人少地多，但水源奇缺的石桥兴建电动排灌站，提高该地2万余亩耕地旱涝保收的能力，可安置宜昌县移民6000人。

1972年5月，枝江县云盘湖围垦工程指挥部和移民建房指挥部相继成立。同年10月，围垦指挥部从仙女、白洋、百里、新场四个区抽调民工9500人，移民建房指挥部从枝江和秭归两县抽调民工336人，汇聚云盘湖开始治湖、建房。第二年基本完成云盘湖围垦续建工程。1972年11月，宜昌县石桥电动排灌站也开始兴建，1975年3月竣工，修建库容42万立方米的水库一座，7850米长的引水渠3条，215米渡槽2座，宜昌至石桥35千伏高压输电线路22公里。这些工程的建成，为库区移民创造了有利条件。

1973年7月，库区移民外迁试点工作开始，首批由秭归县茅坪区庙河乡迁入枝江县云盘湖围垦区的计58户、240人；第二年8月至9月，秭归县的立志、八斗、民意、泄滩等地移民又分四批陆续迁往云盘湖；移民试点的人数计190户、920人。

起初，这些秭归移民迁入枝江后，由原来在坡地上种玉米、柑橘转为在平原上种棉花，甚不适应。安置区政府对他们关怀备至，立即抽调一批思想、技术过硬的技术员，到各移民生产队进行具体示范和指导，直到移民完全掌握全套技术为止。由于这些移民的生产、生活水平比移出前均有较大幅度的上升，故迁入的1160人无一人返迁。

6年后即1979年2月，秭归县城关镇的望江、周坪公社庙垭大队又迁往枝江云盘湖的移民有303人。同年6月，动迁结束。至此，秭归县共外迁移民1463人。由于移入区政府的重视，加上当时土地条件较好以及移民自身的努力，这批外迁枝江围垦区集中安置的秭归移民生产发展甚快，人均纯收入达600多元。所有移民新建的住宅，不仅超过原房的质量标准，而且人均扩大建房面积20％以上。相当一批移民户购置了高档家用电器。约有30％的农产还翻盖了楼房，有25户买了汽车和拖拉机。回首当年从穷困山区走向富裕平原的秭归移民，这一举措是成功的。

就地后靠

1975年初，葛洲坝主体工程暂停施工三年后复工，并提出1980年底即进入大江截流。这就是要求初期蓄水回水线（坝前63米）以下的移民务必在大江截流之前全部迁出。同时，水电部和湖北省革委会鉴于葛洲坝库区距1971年淹没调查已时隔7年，居民人数变化很大，于是于1977年5月决定对淹没情况重新进行调查。宜昌地区移民办会同长办、三三〇工程局、省民政局参加了这次调查。同年10月调查结束。调查结果：水库淹没涉及宜昌市和宜昌、秭归两县的13个公社、13个集镇、329个生产队，社员、居民1.84万人；淹没机关、厂矿企事业单位251个，房屋面积18.45万平方米；淹没耕地1.07万余亩；淹没公路（桥涵）27.7公里，铁路2公里，电讯线路130.4杆公里。

当时移民动迁和安置任务紧迫而繁重。然而，于1979年3月宜昌地区移民进入全面动迁之际，秭归县认为前段移民外迁工作量太大，且一部分移民不愿离开故土，同时移民外迁其生产安置经费随之带走，于本县不利，遂向宜昌行署写出报告，要求将移民就地安置，不再外迁。宜昌县闻讯后也写出报告，要求将移民由内安改为后靠。当时宜昌行署未考虑"往后靠"对后期的三峡工程有何影响，便同意全库区移民就地后靠。于是秭归、宜昌两县改弦易辙，从是年4月起集中力量抓后靠建房。他们实行统一规划，指标到队，标准到人，节约归己，超支不补，产权归己的原则，动迁和安置本县移民。至1983年，宜昌县先后安置移民共4217人，秭归县安置移民2813人。做到了移民如期迁出，从而保证了大江截流的顺利进行。

但是，移民规划的变动，却为后来的工作带来不良影响，代价沉重，遗留问题至今未了。例如在场镇规划方面，秭归县香溪镇原规划其主要街道、单位均摆在"八字门"以北的公路两侧，以避免港口至八字门一带的滑坡体。该镇及至动迁时却在原地上移。葛洲坝蓄水后回水浸润滑体，使前缘河岸上软体化坍塌，从而引起上部滑体变活，造成地面挫裂，房屋拉裂。为此水电部曾安排200万元迁走了中小学、镇政府和113户居民。当前滑体上仍有1900多人需要搬迁，国家还要再投资700多万元（包括建挡土墙）才能了结。又如在移民占有耕地方面，据新近调查，库区人均耕地（含柑橘园）0.5亩以下的20814人，占库区总人数58549人的35.5%；人均耕地0.3亩以下的有11812人，占20%；无地农民1036人，占1.8%，由于近60%的农民耕地严重不足，国家每年要向安置区供应议转平口粮250余万公斤。仅此一项，每年增加地方财政负担140余万元（系1988年以前支出数）。

生产恢复

在完成葛洲坝第一期工程蓄水淹没线以下的移民动迁、建房之后，从1981年初起，宜昌地区移民工作的重心转入生产恢复。在1981年至1984年的四年间，全区用于发展生产的经费达1032.2万元，占同期投资

总额3746.32万元的28％。我们抓生产恢复的主要做法是：

一、以生产建设促进安置。除对外迁的移民，生产条件和住房解决于移民动迁之前外，移民由外迁改为后靠后，也注意在移民、建房的同时，由安置区组织改田造地和小型水利设施配套等农田基本建设。同时，安置区的移民部门还专门聘请特产技术员帮助移民解决柑橘生产上的技术问题，从而为移民生产恢复创造条件。

二、依靠基层组织，发挥集体经济优势。在移民安置过程中，安置区各级组织对移民的生产生活表现出极大的关心。如宜昌县小溪塔镇渔业新村党支部在安置移民、开发生产门路方面，处处带领党员先行。他们在抓好种养业、解决温饱的基础上，根据本村毗邻县城的有利地理位置，大胆引进人才、资金和技术，兴办印刷、运输、建筑等骨干企业，并在库区率先普及了沼气。到1988年，全村年产值达275万元，是动迁前（1978年）20万元产值的10多倍。人均纯收入820元，比动迁前（1979年）的138元增长近6倍。这个村最近正计划筹建退休基金，使移民老有所养。又如：宜昌县太平溪镇刘家河村在安置移民之初，党支部考虑到本村人多田少，移民中年老体弱、妇女多，就业困难和水土流失的实际情况，决定由村兴办柑橘场。他们动员全村劳力在库区沿岸开辟柑橘梯田120亩，栽培了柑橘9000余株，安置移民25人。办场初期经济效益较差，经过努力很快扭转了被动局面。1984年以来，柑橘产量步步上升，1987年在库区柑橘普遍减产的情况下，该场产量仍然达到9万多公斤，产值7.5万元，人均纯收入1200元。这个村较好的社会、经济和生态效益，得到上级有关部门和专家们的赞赏。

三、抓综合治理库区。经过水保部门的规划和库区各部门的配合，五年来，占库区总面积59％的水土流失面积开始得到治理。25度以上的坡地经过逐步退耕还林，森林覆盖率不断上升。过去那种"一个冬春坡改梯，一场大雨梯变坡"的状况得到了改变。这对于改善库区生态环境，发展以种植业为主的大农业生产，促进移民的安置工作，起到了良好的作用。

然而，就整体而言，移民的生产恢复仍不尽如人意。移民安置的社员在淹没前人均有七分耕地，蓄水后一部分土地被淹，移民后靠建房又占用了一部分土地。这些年来，虽然在安置区发展了一大批柑橘园，因自然生长周期长，移民在近期不能受益，故不少生产队的社员收入水平比蓄水前大幅度下降。据后来调查，老库区有移民任务的306个生产队中，超淹没前生产水平的有32个，仅占总数的10.46%；略低于淹没前生产水平的有165个，占53.92%；经过努力，在近期内仍难以恢复到淹没前生产水平的109个，占35.62%。如何尽快帮助移民把生产恢复发展到蓄水前的水平，特别是认真解决好109个困难队的生产生活问题，还要付出很大的努力。

两岸受益

葛洲坝工程的兴建以及移民工作的开展，有力地促进了库区两岸人民物质文化生活的改善。移民动迁以来，秭归、宜昌两县利用移民专项补偿经费架设了输电线路189.2杆公里。历史上从未通过电的宜昌县代石沟（新三斗坪镇所在地）和秭归县龙江区上孝两地，于1981年3月和9月，分别从江北架设高压过江电缆，使江南的217个生产队、5300户社员、26680人用上了电。黄牛岩顶、兵书宝剑峡旁的山巅，电视差转台相继建起。1984年仅这两地统计，社员新添置电视机560多台，电风扇420多台，收录机180多台。

解放前，西陵峡以滩多水急而闻名中外。著名的青滩、泄滩和号称"鬼门关"的崆岭都在宜昌地区境内。解放后航道虽几经整治，西陵峡区的交通状况仍然落后，沿江两岸陆上交通条件更差，历史上遗留下来的栈道，几乎成为峡谷区人民的唯一通道。葛洲坝第一期工程蓄水后，回水上溯巴东，水位提高了20余米，从此险滩夷为平湖，西陵峡航道得到根本改善。虽然回水亦使数以千计的沟沟汊汊由季节性淹没变为永久淹没，两岸的人行栈道也基本上没入水中。政府便利用移民专项补

偿费，从1981年11月起到1983年12月止，在库区两岸新修人行道路112公里，人行桥88座，新修公路24.8公里，改造公路11公里，设置渡船8只，新修港口9处，使库区人民和过往行人的交通得到恢复和改善。

三峡工程举世瞩目，其移民安置的成败关系重大。先走一步的葛洲坝工程移民动迁和安置的经验教训，为后来者提供了一面镜子。移民工作是一项系统：工程，尊重科学，严格按经过论证的规划办事，这条经验是必须吸取的。

（选自《新中国往事·科教实录》，
中国文史出版社2011年1月版）

父亲姜达权与三峡大坝选址

姜一新

今年，是中央地质调查所——我国地学界第一个正规科研机构诞生100周年。在一些热心人的张罗下，4月26日在地质博物馆召开了一个座谈会。作为地质调查所早期工作人员的后裔，我和我的小弟弟姜再新应邀参加了此会，并由姜再新在会上作了一个简短的发言，主要阐述了我的父亲姜达权的学术思想和工作历程，其中涉及了三峡大坝选址这一历史事件。会后热心人反复做我们兄弟俩的工作，希望能够尽我们所知，把这一历史还原，以填补现在的空白。

按照政协对史料"亲历、亲见、亲闻"的要求，我与好友赵秉臣周均美夫妇前往国家图书馆查阅、复制有关史料，又到西单图书大厦以及通过网络购书等方式查找资料。虽然我还没有到靠回忆过去生活的年龄，但此时不得不打开记忆的闸门草就了这篇文章。

启动三峡工程论证

1949年的新中国成立为中华民族的繁荣富强打开了新的篇章。

1953年，毛泽东第一次乘"长江"舰出巡长江中下游，就带上了人称"长江王"、1950年2月成立的长江水利委员会的主任林一山，并和林一山讨论了长江防洪、三峡修坝、南水北调等问题。

1954年，长江发生了百年不遇的洪水，给国民经济和人民生命财产

造成了重大损失。防洪成为毛泽东下决心修建三峡水库的直接动因，他决定要把三峡工程提到议事日程上来。12月中旬，毛泽东、刘少奇、周恩来专门听取了林一山关于修建三峡大坝的想法，并要求林一山抓紧对三峡地区的地质与水文方面的资料收集与分析工作。听取汇报之后不久，周恩来照会苏联部长会议主席布尔加宁，请求苏联政府派遣专家来华协助进行长江流域规划。

1956年6月毛泽东写下了：

......

更立西江石壁，
截断巫山云雨，
高峡出平湖。
神女应无恙，
当惊世界殊。

毛泽东的这首《水调歌头·游泳》，为国人描绘了"高峡出平湖"的壮丽画卷。这位诗人气质的大政治家，农民家庭出身，所以对水利建设有着特殊的感情，并且深谙水对中国这样一个落后的农业大国的重要性。他用词的语言向人们抒发了修建三峡大坝的愿望和情怀。

在有关三峡工程的最高决策之后，长江水利委员会改称为长江流域规划办公室（简称"长办"），以长江水利枢纽为中心的长江流域规划（简称"大三峡计划"）开始紧锣密鼓地进行。规划的地质勘测部分由地质部负责，各条支流的地质勘测也统由地质部进行。水利部和长办迫切希望地质部成立一支专门的地质队伍，专司三峡的工程地质勘测。

成立三峡队

1956年冬月的一天上午，北京，时任地质部中共党组书记、副部长何长工的办公室。那天来的，有时任水利部副部长的李葆华、钱正英和长江流域规划办公室主任林一山。地质部参加这次会议的还有副部长刘景范、宋应，水文地质工程地质局长张更生，以及主管工程地质技术工作的我的父亲姜达权。

这次两部要人聚会，是协商成立三峡地质队的重要事宜。会议就人员、设备的抽调和组成、归属以及资金来源和工作程序达成一致之后，李葆华和钱正英保证水利部的事他们负责尽快落实，并希望地质部门能尽快把工程地质条件搞清楚。

这时，何长工向宋应说："宋应同志你说吧，专业问题我没有发言权。"

宋应毕业于北大地质系，抗战爆发后投身革命，是当时党内不多的地质学家。宋应说："对业务工作我们提倡以地质为中心，地质观察研究为基础，地质勘探必须结合生产建设需要，又要照顾地质条件。在哪里修坝，恐怕要等到搞清楚地质情况才能解决。"

何长工又转向当时在部里主管水文地质工程地质技术的父亲："姜工，宋应同志说的是你的专业，你又是'老三峡'，你也说说！"

父亲当时是带着很重的伤痕来到部长办公室的。新中国成立之初，他接受了负责官厅水库坝基工程地质勘查的重要任务。由于当时负责决策的行政负责人不听从工程技术人员的劝告，盲目决策，必要的工作程序没有得到遵守，水库蓄水后发生了漏水。于是有人为表现自己的"革命性"，就此大做文章："这绝不是小事！淹了北京怎么办！"——这是何等大罪啊！于是，在肃清反革命运动中，父亲以"反革命破坏嫌疑"被隔离审查。为了复核此事，时任地质部部长的李四光指定专人成立了调查小组（当时负责此事的卢耀如现为中国工程院院士），调阅了父亲当时在官厅水库的全部工作日志、野外记录、钻探地质编录和据此形成的普查阶段工程地质报告，最后得出结论：父亲在1950年率有关技术人员针对官厅水库的坝基工程地质条件开展了规范、严谨的普查工作，通过勘探和试验发现了没有露头的顺河断层。根据勘查成果的认真

分析，提出了修改坝型、改变溢洪道等方面的建议。至于坝基工程地质条件将导致漏水，父亲在报告中不止一次地明确强调并拿出了防止渗漏的方案。为了慎重起见，李四光部长亲自专程前往官厅水库，在现场查阅了所有的文档资料并指导现场进行了复勘后，才签发了调查小组的报告，并将结论转告了水利部领导。多亏当时水利部党组在认真复核了解情况之后与何长工等领导实事求是指出工程出现问题是某领导长官意志所致，才使父亲得以脱出囹圄，回家第一次见到了我这个已是10个月大的长子。因此，何长工的点名使父亲百感交集，他发言犹如宣读一篇事先准备好的论文——

> 长江是我国第一大河，也是自然条件比较复杂的一条河流。编制流域规划时，首先应该有计划有步骤地进行全面的地质工作。由踏勘或一般性工程地质勘查而进至专门性工程地质勘查，再根据勘查资料，结合其他因素选定首期工程地段。不按程序进行勘查设计，或采取不必要的平行作业的方式同时进行勘查与设计，除了造成浪费以外，是不会得到什么良好结果的。以往水利工程建设中由于缺乏经验，有过因为勘查程序紊乱而造成损失的教训，在进行长江流域规划中，应当加以吸取。

据我对父亲的了解，在公开场合，父亲是少言寡语的，此时说出这样一番话，很显然融进了个人的辛酸。他所说的按程序进行勘查设计，有着强烈的现实针对性。多年来，我一直在试图查出当时有哪个行政领导对此事负责的资料，可时至今日也没有查到。

坝址之争

对三峡水利枢纽坝区的地质勘测工作加速运转起来。

自从萨凡奇来到中国提出他的"萨凡奇方案"（即YVA工程，

Yangtze Valley Administration）后，关于三峡大坝建在何处一直是中外专家最关注的问题。萨凡奇当时倾向在南津关建坝，而我父亲等中国地质工作者自1946年始，即通过严谨的工程地质勘查工作，经认真比较和评价，对萨凡奇方案提出了严重质疑，认为如果建坝应选坝址在三斗坪。坝址之争十分激烈。50年代中期苏联"老大哥"派出的专家到三峡考察后，仍然倾向于在南津关建坝，而且不理会中国同行的意见，他们的理论是："没有不良的坝址，只有不良的工程。"这话的意思是：我们选择的坝址不会有什么问题，以后三峡工程如果出现问题，肯定是你们的工程质量出了问题。

按当时的政治气候，和苏联专家争论是"有理三扁担，无理扁担三"。然而，这一切压力，并没有压垮中国工程技术人员的良知和对三峡工程的责任心。他们一再坚持南津关坝址地质条件不是最好的，三斗坪才是理想的坝址。当时作为地质部主管工程地质勘查技术工作的父亲，根据自己多年的研究和大量实际资料，从地貌地形、岩性及岩石强度、地质构造、风化程度、透水性、基础处理条件等各个方面，对两个坝区进行了全面的综合分析比较，写成并公开发表了《关于长江流域规划的地质问题》《从河流发育论长江的治理与三峡水利枢纽坝区工程地质条件初步研究》，得出的结论是："花岗岩坝段的工程地质条件比石灰岩坝段条件为好。"

这两篇文章再次坚持了与苏联专家完全相反的结论！

尽管我们的地质工作者坚持上述技术认识，但工作部署上由于种种原因，依然只能以南津关坝段为勘查重点。

这事一直闹到了毛泽东那里。

两年后，1958年1月南宁会议上，关于坝址问题，毛泽东说，既然我们自己人认为三斗坪更理想，那就应该重视。并由周恩来总理去现场考察后决定。

向总理汇报

南宁会议之后，2月底到3月初，周恩来、李富春、李先念与国务院有关部委、省区领导、中苏专家100余人，由武汉乘"江峡"轮逆水而上，召开了三峡工程现场办公会议，研究如何积极准备修建三峡枢纽。地质部奉召随周恩来考察的共有五人，带队的是副部长刘景范，父亲作为成员之一参加了这次考察。

1958年3月1日上午，父亲奉命当面向周恩来汇报了三峡枢纽下游南津关石灰岩坝区和上游美人沱花岗岩坝区的地质情况。南津关地区是石灰岩，有溶洞，大的已成为庙宇，内有石像菩萨。深的溶洞与江水相连，洞内可以乘船。而美人沱离南津关不到30公里，那里却是坚硬的花岗岩。

听到这里，周恩来以求教的口吻对父亲说："为什么两个坝址相距不远，岩石截然不同？这是什么原因？这个我们不懂，请你给我们大家讲讲课吧！"

父亲心想，总理真是敏锐，发现疑点，一不明白就提出询问，哪怕是深奥的技术问题也不放过。但这是道难题，难就难在要让不懂地质的人在短时间内听懂地质专业知识。想到这里，父亲微笑着对周恩来说："周总理，不敢讲课，我给大家讲个故事吧！"

于是，父亲以讲故事的形式，从历代大地构造运动一直讲到长江三峡的形成，结论是：虽然两段峡谷都有建筑高坝的工程地质条件，但花岗岩坝区在地貌地形、岩性稳定性、地质构造、水文工程地质条件等方面，都比石灰岩坝区优越。石灰岩坝区溶洞十分发育，在河床以下钻探到的溶洞中曾经取到过活鱼、螃蟹，坝区还有一公里长的暗河，可谓"百孔千疮"。苏联专家因袭萨凡奇的设想，推断石灰岩坝区施工容易、工期短、投资省，其科学依据是不充分的。事实恰恰相反，选择花岗岩地区筑坝，更符合"多快好省"和"稳妥可靠"的原则。父亲同时表态说："工程地质条件是选定水利工程位置的重要因素之一，但不是唯一因素，如果最后决定选用石灰岩坝址，地质工作者保证克服困难，提供设计、施工所需要的地质资料。"

当年陪同周恩来考察的俄文翻译傅玉兰在回忆文章《随周总理踏勘长江三峡记》（发表于1958年5月号的《旅行家》杂志）中说："周总理对姜工程师的介绍深感满意，听得津津有味，不时点头称赞，偶尔还给听不清的人作些解释。"

听完父亲的汇报，周恩来一行先后到两个坝区登高山、进溶洞，察看地貌地形、岩石和构造露头，踏勘地质条件，检查钻探岩芯。

在前往花岗岩坝区三斗坪坝段的路上，周恩来兴犹未尽地把父亲叫到身边，继续询问有关情况。正在此时，随行的摄影师在前面不失时机地按动了相机的快门，于是，一幅以"江峡"轮为背景、题为《周总理视察长江三峡工程坝址》的传世之作诞生了。

国务院领导决策

周恩来带着随行人员直奔当年苏联专家在中堡岛打井钻孔的地方。

在一大堆长长短短的岩芯前，周恩来饶有兴趣地左看右看，看到岩芯先是疏松的，逐渐变得完整，以后都是整节整节的新鲜岩芯，便拿起一块拳头大的新鲜岩芯，问身边的父亲："往下是不是都是这样完整的岩芯？"

"是的，"父亲回答道，"三斗坪和中堡岛的地质结构比较好，也没有岩溶洞。岩性相当稳定。"

"这么说，你们提出在这儿建三峡大坝是有可靠的科学依据喽！"周恩来高兴地反复掂了掂手中的岩芯，很有些爱不释手，"我能带走一块吗？"

父亲微微一愣，一下不知如何是好，因为按照规定谁也不能带走这种地质钻探标本——它是针对隐伏地层岩性地质编录的重要依据，尤其

是这样特别重大工程的地质标本："这……总理有什么用吗？"

周恩来见状笑了："我是给毛主席带的呀！主席一直在为三峡大坝的事情操心，他能看到这里的地下有这么好的岩层会有多高兴啊！"

"行行，总理您就把它带给毛主席吧！"父亲说完，从衣袋里掏出一支钢笔（这支派克钢笔之后父亲一直珍藏着，后来在政治运动中遗失了），然后在岩芯箱的岩芯牌上（一种记录岩芯采集过程和现场编录原始情况的长方形小木牌）上端端正正地写了一行字：某年某月某日在多少米至多少米间的一段岩芯被取走，并签上自己的名字。

周恩来看到有些好奇地问："取走岩芯还要签字办手续呀！"

父亲有些不好意思："这是制度规定……"

"那我也签上字。"周恩来说着，从父亲手中接过钢笔，也在那块岩芯牌上父亲签名之下签上了"周恩来1958年3月1日"几个字。

次日，长办的苏联专家组组长德米托利耶夫斯基作了汇报，主要讲了关于三峡水利枢纽的技术、造价、工期等问题。关于南津关和三斗坪两处坝址，他还是倾向于南津关，并继续向周恩来强调他们的立场：没有不好的坝址，只有不良的施工。

周恩来明显地感到了中国地质工作者和苏联专家在坝址选择上的分歧，亲自主持了广泛深入的讨论。开始，长办技术人员作了计算，认为花岗岩坝区投资比石灰岩坝区要高，建设时间也要长一些。周恩来在听取汇报时，当面指出了他们计算中的一些问题，并利用晚上的时间亲自和设计人员重新验算，结果两者基本相当。

在这种情况下，周恩来才作出最后决定：把勘查设计的重点从南津关转移到三斗坪。这是一个具有非常重要的现实意义和深远历史意义的重大决策。在此问题上，周恩来结论明确，但用语却十分委婉，他要求地质部勉为其难，在石灰岩坝区继续深入工作，要在科学技术上，拿出足够的资料说服萨凡奇。所谓"说服萨凡奇"，实际上是说服苏联人，之所以这样讲，是为了照顾苏联专家的情面。

父亲后来对我说，周恩来高超的外交艺术用于解决科技争论问题，同样得心应手，炉火纯青。

1958年3月下旬，中央在成都开会。会议听取了此次周恩来率队查勘三峡的总结报告，通过了这个报告和相应的决议，这就是《中共中央关于三峡水利枢纽和长江流域规划的意见》。

父亲随刘景范副部长回京后，地质部专门召开了部长办公会，详细听取了工作组陪同周恩来踏勘三峡的情况汇报，并认为：父亲在此次参加工作组随周总理视察长江三峡，根据当时三峡队等单位已取得的勘探资料和父亲本人对三峡多年工作获得的认识，汇报并分析对比了结晶岩区和石灰岩区工程地质条件，指出前者的优越性，完整地表述了地质部门对坝区坝段选择的意见，受到了周总理的肯定和好评，并为国务院领导作出今后勘查设计工作的重点从南津关转移到三斗坪这一重大决策提供了至关重要的科学依据。

笑对"批判"

父亲参加陪同周恩来踏勘三峡时留下的著名照片"周总理视察长江三峡工程坝址"，以及周恩来、父亲两人共同签名的岩芯牌，本是父亲一生平凡工作中的一次不平凡经历，谁知却因此在"文化大革命"中遭到厄运。而我第一次知道这件事，却是在"打倒"父亲的大字报上。

那是1966年的夏天，一天下午放学后，我走进我家所在的楼门门厅时，几个"造反派"正在门厅里贴大字报。当他们看到我们几个肩背书包的小学生走进来，一个"造反派"挥舞着贴大字报的扫帚，冲着我喊道："你就是姜达权的狗崽子吧？！好好看看我们贴的大字报，回去告诉你那反革命老子，让他老老实实低头认罪，好好向我们革命造反派交代他的所有罪行！"吼罢，扬长而去。

我被突如其来的一幕打懵了，木然的目光转向了墙上刚刚贴好的大字报。只见标题上写着：打倒历史反革命，反动技术权威姜达权。

原来，之所以说父亲是"历史反革命"，是因为我的祖父是国民党

元老，解放前去了台湾。秉承"老子英雄儿好汉，老子反动儿混蛋"的理论，父亲就是"反革命的苗子"，所以有了1950年在官厅水库被诬陷一事。说父亲是"反动技术权威"，是指父亲在技术管理工作上搞"一言堂"，听不得不同意见，压制、打击"根红苗正"的技术干部。最严重的是这张照片和岩芯牌，造反派认为，照片上的父亲和周恩来走在一起，以父亲当时的地位，这是"无视其他在场的革命领导干部"；而在岩芯牌的签名，字写得比周恩来的大，名字又签到了周恩来的上边，至今我还清楚地记得大字报的结论是："胆敢把自己凌驾于党和国家领导人之上，其反党篡国的狼子野心不是昭然若揭了吗？！"

我强记下大字报的内容后迈着沉重的步伐回到家里，来不及放下书包，便来到当时已经卧病在床的父亲跟前，告知大字报的内容。父亲听完后告诉我，孙中山先生手创国民党，早期何尝不是集合了一批为拯救中华民族而奋斗的热血青年？祖父当时作为孙中山先生的政治秘书，在思想上、理论上确实给孙中山先生起到了参谋和助手的作用。父亲还尽量用当时我能听懂的语言，给我举了两个例子："不要做大官，要做大事"是祖父的家训，经孙中山先生之手书后而流传天下；"天下为公"则是祖父为孙中山先生所撰的众多题词条目之一。

"那爷爷应该和蒋介石很熟悉了？"我问道。当时我只会直线思维。

"是的，"父亲答道，"当时他们二人，一个是孙中山先生的政治秘书，一个是孙中山先生的侍卫队长，当然熟悉。但当时他们认为蒋介石只是一介武夫，背后管他叫'马弁'（谐音'马粪'的意思）。孙中山先生离世之后，二人发展到政见不合。你知道我第一次来北京（当时叫北平）是干什么吗？那时我比你现在大一些，是到协和医院看望取子弹和疗伤的父亲！蒋介石视他为眼中钉，又惧于他在国民党内的威望和资格，只好趁他到北平出差之机派特务暗杀。幸好只是左肩受伤。"

在我们的记忆中，这是父亲第一次，也是唯一的一次向我谈到他的父亲，我那从未谋面的爷爷——姜伯彰。至于其他情况，最早我还是在全国政协出版的文史资料中看到的。

至于"反动技术权威"，说到这里，父亲忽然笑了："太高抬我了，虽然在中国我专门研究工程地质最早，虽然在40年代就有人称我的工作是中国工程地质工作的奠基之作，虽然有名的国际大师和学术界称我做的工作和执笔的报告是工程地质勘查工作的里程碑，虽然50年代我们国家的专科工程地质教材上讲'中国的工程地质勘查工作始自于姜达权氏'，虽然我主持编写的工程地质勘查规范和规程作为技术大纲现在还在使用，但我从来也没有自诩过自己是什么'权威'，就是原来有人当面这么说，我也总是予以更正。没想到，现在反对我的人也给我扣上了'反动技术权威'的帽子。再说，纯粹的技术工作是没有阶级性的。按照现在的说法，要看是为谁来服务。我在共产党时期做工作时间比国民党时期做工作的时间长得多，做的工作也要多得多。你们说我在为谁服务？！"同时，父亲讲道："在日常的技术管理工作中，批评一些技术干部的错误，指出他们工作中存在的问题，是为了对工作负责，也是为了他们好，从来没有在批评谁之前还想一想他是什么出身！"

对于官厅水库问题，父亲只是简单地告诉我，当时地质部、水利部都有正式结论，他相信组织。

至于相片的事情，父亲告诉我，当时随同总理视察的有李富春、李先念两位副总理，湖北省委第一书记王任重，水利部、地质部以及三峡办的一大批领导。下船前，总理专门让秘书通知父亲：下船时和总理一块走，并全程不离总理左右，陪同踏勘两个坝址，随时解答总理提出的有关技术问题。岩芯牌签字，更是他对国家负责，对事业负责，对技术负责。他是在部里分管工程地质工作的技术负责人，所以当场答应了总理的要求并签字以示负责；总理也主动地签字，显示了总理伟大的人格、执行制度规定的楷模和勇于担当的襟怀。

画上句号

　　1979年11月，由国家计委牵头的三峡选坝会议在河北廊坊召开，这是继50年代中共中央作出有关三峡工程的决议后，由国家出面召开的第一次有关三峡工程的重要会议。会议正式确定了三峡大坝坝址，即由我们中国地质技术人员自己评价工程地质条件后确定的三斗坪坝址。

　　争论了几十年的坝址之争，终于画上一个句号。

　　1984年，国务院原则上批准兴建三峡工程，并立即进入施工准备，相继成立了三峡工程筹备领导小组开始筹备三峡行政特区（即筹建三峡省），以及专门从事三峡建设的三峡开发总公司。

　　根据国务院的决定，水电部成立了论证领导小组，聘请了21位特邀顾问，412位不同专业的一流专家，组成了14个专家组，对以往的研究成果进行全面复核、扩充和重新评估。

　　父亲没有参加三峡工程论证组。此时，父亲已重病不起，辗转于几个医院住院治疗。

　　可医院的病房怎么能关住父亲关心三峡工程论证的心！当时的父亲，好像又回到了我儿时看到他在书房的情景。不断到病房探视他的领导、同事、专家、人大代表、政协委员、学部委员……又带来了大包小包，除了慰问品外，更多的仍旧是图纸和资料。和儿时略有不同的是：这次，父亲是躺在病床上而不是坐在椅子上。围在病床边或站或坐，或男或女，或年长年少者，均人手一册笔记本，唯恐少记一个字。以致几个医院的大夫均提出抗议，说父亲是最不遵守医院规定的病人。

　　除此之外，父亲一直在考虑以适当的方式向国家领导人汇报自己的思考。1987年的春节前，位于通县的传染病病房几乎再一次成了父亲的工作室。春节过后，一封长信发出，是写给时任国家主席李先念的。在这封信里，除了其他有关问题以外，父亲提出对三峡库岸稳定性、蓄水后可能诱发的地质灾害和水库淤积问题等作进一步论证的建议，同时对在三峡工程之后应该进行的工作提出了自己的想法。据我所知，这是父亲生前在三峡工程问题上最后一篇成文的文章。

李先念收到信后，很快批转给了有关领导，后又批转水电部。水电部领导立即与地矿部领导取得联系。他们考虑到父亲身体欠佳，正在住院治疗，准备待父亲的健康状态好转后前往拜访，听取意见和建议，并拟聘父亲为顾问。

父亲在医院闻知此事，便天天盼着早日出院，早日参加工作。然而可惜的是，天不假时，父亲再也"顾"不上"问"此事了。

时至20世纪80年代末，在革命历史博物馆（现国家博物馆）举办了一场"周恩来生平展览"。在展厅的入口处，我看到了周恩来和父亲踏勘三峡坝址的巨幅照片，在复原的周恩来办公室的办公桌上，我看到了那块周恩来从三斗坪工地取走的岩芯，放在一个玻璃罩中。在一个展柜中，我又看到了周恩来和父亲共同用父亲的钢笔签名的岩芯牌，虽然30多年过去了，但牌子上的字依然清晰、熟悉。

1991年，我陪同时任地矿部行政司司长的计安田去南方出差，初次探访了三峡。在南津关，我找到了"达权坡"，当年父亲在这里用地质锤凿出的姓名依然清晰可辨。在中堡岛上，找到了当年父亲陪同周恩来看岩芯的地方。由于当时三峡工程尚未开工，据陪同的湖北省地矿局的同志介绍，这个地方一直没有大的变动。

1992年4月3日，七届全国人大五次会议通过了《关于兴建长江三峡工程的决议》。翌日夜深人静之时，在处理完日常工作后，我习惯地拿起了当天的《人民日报》，报纸的第一版上报道了七届全国人大五次会议通过的《关于兴建长江三峡工程的决议》，而报纸的第四版用整版篇幅刊登了国家领导人视察三峡的照片。其中周恩来的一张是1958年3月1日父亲陪他刚刚走下"江峡"轮不久的照片。望着照片上父亲那慈祥、深邃、仿佛在看着我的目光，我不禁潸然泪下。

过了两天，时任地质矿产部部长的朱训到我所在的部门参加会议，他一下车便对我说："我注意到《人民日报》在刊登人大决议的同时刊

登的你父亲陪同周恩来视察三峡坝址的照片，这不仅是对你父亲工作的肯定，更是对我们近50万地矿职工的肯定！是对我们几代地质科学工作者的肯定！"

无愧今生

长期辛勤超负荷工作，数次政治运动冲击所造成的心灵苦闷，严重地损害了父亲的身体。他生命的最后四五年，是辗转于几个医院的病房中度过的。

记得在通县的肺部肿瘤医院，一天父亲的挚友、正在参加全国政协三峡工程专题讨论会的关士聪伯伯（时任中国科学院学部委员、全国政协委员）匆匆赶来探望，与父亲单独促膝长谈。送别一脸凝重的关伯伯后，我们兄弟三人中最小的一个——那时还是地质界的"学徒工"，现今早已是高级工程师的姜再新问父亲："您是赞成修建三峡大坝，还是反对修建三峡大坝？"

父亲收起他那惯有的微笑，一脸严肃地对小弟说："好好念书、用心做事。你是三个孩子中唯一一个学地质专业的，这个问题涉及的内容十分宽泛、足够广博，将来用你自己掌握的知识和理解去尝试回答这个问题吧。"停了一下，父亲说："关于该不该修建三峡大坝的争论也许会持续100年或更长时间。但是，作为地质技术人员，我和我的同事们为选择三峡坝址所做的工程地质条件勘查评价和取得的成果，是经得起历史和科学的考验的！"

诚哉斯言

父亲离世后，按照他的遗愿，并经组织批准，在组织派人陪护下，我一捧一捧地把父亲的骨灰撒进了黄河、长江，让父亲最后一次，也是永远地拥抱了这两条养育了我们民族、他为之工作了一生的江河。

返京路上路过武汉。在一个阴雨蒙蒙的下午，我躲开了组织派的陪同人员，独自登上了屹立在江边的黄鹤楼。沿着狭窄的木楼梯向上攀爬，我的眼里在流泪，心里在流血，口里念着"昔人已乘黄鹤去，此地空余黄鹤楼"的诗句。登上黄鹤楼顶层，望着不远处载着父亲骨灰滔滔不息奔向东方的江水，一个问题久久在我脑海里萦绕：将来我用什么告慰父亲？

也许是特有的情结吧，这些年来，我特别注意翻看各种赞成或反对修建三峡大坝的文章。正如父亲所说，到现在为止，我还没有读到一篇文章有对三峡工程现有坝址工程地质条件的异议。

这也许是对父亲最好的告慰。

（原载于《纵横》2013 年第 11 期、第 12 期）

百万建设者的丰碑

——中华人民共和国成立初期导沭整沂工程琐记

吴茂滨

　　1950年至1953年，我是在山东导沭整沂工程上度过的。时间虽然过去了四十多年，但是，当年建设者们在数百里战线上龙腾虎跃、你追我赶的英姿，筑堤打夯队呼喊着有节奏的劳动号子，劈山凿岭隆隆的炮声，广大干部群众为新沭河的诞生和为在汛期安全通过一千多个流量而欢呼的情景，至今仍回荡在我的脑海里。

宏伟的水利建设工程

　　沂河、沭河发源于沂蒙山区。由于自然和历史的原因，两条河流如同两匹烈马，从天而降，信马由缰，冲向鲁南和苏北。中华人民共和国成立前，每逢汛期，洪水汹涌奔腾，湍急异常。由于鲁南、苏北地势低洼，又加黄河在历史上多次决口，造成这一地区泥沙淤塞，河床逐年增高，水系间尾混乱，沂、沭河因此失去了入海的通路，以致造成洪水破堤四溢，泛滥成灾。据记载，1949年鲁南和苏北有1200万亩耕地遭受水灾，500万人流离失所。为了解除鲁南和苏北水灾之苦，实现广大人民群众的愿望，1948年冬季，正当淮海战役在激烈进行、支前任务异常艰巨的时候，共产党和人民政府就派出大批工程技术人员，顶风雪、冒严寒，艰难地进行着河道勘察测量工作，为大规模的治理作准备。

1949年春，是解放军百万雄师渡江南下之时，也是导沭工程开工之始。为了根治沭河，上级决定改变沭河的流向，即由原来流向苏北而改道经临沭、赣榆、新浦（当时属山东省）入海。沭河改道的关键工程是打通马陵山麓，在临沭县大官庄北部的老沭河上修筑拦河大坝，在沈木庄至陈家唐路14华里的丘岭上开一道宽大的引河，把沭河的水由原来流向西南扭过头来下东南，经过140华里的新沙河，在新浦临洪河口处入海。在导沭工程开始之后，于1951年春开始了整治沂河的工程。

为治理沂河、沭河，省人民政府成立了山东省导沭整沂委员会，有关地县也都配备了强有力的领导干部。在三年多的时间里，各地累计动员民工94万人，带队干部6万余人，工程技术人员5000多人，共用劳动工日3745万个，以工代赈支付的小米1亿多公斤，完成土石4216万立方。据专家计算，如果把开挖的土石方连接起来，可绕地球一周。水利部长傅作义和苏联专家亲临视察，给予了很高的评价，傅作义说："有毛主席、共产党的领导，有人民群众的智慧及力量，没有克服不了的困难，没有办不成的事，新中国一定能建设好。"苏联专家说："伟大的中国，伟大的工程，了不起！"最令人感到欣慰的是，1952年汛期连降暴雨，而新沭河通过1100立方米/秒流量的时候，沿河广大干部群众冒雨拥上沭河大堤，面对洪峰滚滚、波浪涛涛的水面，为新沭河经受汛期的考验，尽情地欢呼。

建设者的博大胸怀

导沭整沂起步于淮海战役大决战胜利之后，新中国刚成立之时。当时国家处在恢复时期，要医治战争创伤，恢复发展经济，推进土地改革，巩固人民政权，应革应兴的任务十分艰巨，条件非常困难。导沭整沂是在新中国最困难的时期，最早搞的一项大型水利建设工程。参加这一宏伟工程的百万建设者，绝大部分来自老解放区的翻身农民和新解放

区的劳动群众，占半数以上的曾参加过解放战争支援前线的工作，许多人立功受奖。他们参加导沭整沂工程，是自觉自愿、奋不顾身的。他们认为，"过去，支前打鬼子、打老蒋（国民党反动派），为的是解放全中国，现在，新中国建立了，导沭整沂是国家建设，远离家乡参加水利建设，是第二次支前。天下农民是一家，我们有责任解救鲁南、苏北受水灾的人民"。他们由各级干部带领，从遥远的地方推着独轮车，挑着担子，背着行李，经过长途跋涉，到达指定地点。当地干部群众敲锣打鼓迎接客人的到达。民工们按照规定，在开工的头两三天以最快的速度打工棚、支锅灶，以县为单位带领大队、中队、小队的干部认领工程，明确标准，接受任务。导沭整沂委员会派出工作组，到各单位进行慰问，宣传导沭整沂的重大意义。我多次参加了这一活动。每到一地，都深入工地同民工们一块劳动、一块吃住。使我最受感动的是，民工们为支援国家建设那种全心全意、不怕吃苦的无私奉献精神。许多民工穿的是破袄头子，更多的人穿的是单裤子，脚上的鞋用麻绳捆着；工棚里铺的是稻草或红山草，身子底下垫的是未经加工的狗、羊皮或是草苫子、蓑衣，等等。

冬季寒冷季节施工，干起活来并不怎么冷，但一早一晚，特别是阴雨天气，许多人冻得抱着膀子、抄着手，舒不开身子。为解决少数衣不遮体的民工防寒问题，各单位的党、团组织进行了相互关心、发扬团结友爱的教育，党、团员带头发起借衣互助活动，各尽自己的所能，帮助缺衣少穿的民工解决暂时困难。邳县指挥所二大队的干部和部分党、团员，尽管自己穿得不好，但还是向缺衣的民工借出小棉袄22件、小夹袄5件，单褂子10多件。莒县指挥所八大队五中队崔得胜队长，把自己的棉裤脱给年纪大的张金喜，老张说，你是干部，责任大，怎么也不肯要。新海连指挥所三大队的干部和部分党、团员捐款买棉衣发给朱胜富等人。当干部们把棉衣给缺衣民工披在身上时，全场热烈鼓掌，感动得缺衣少穿的民工热泪盈眶，高呼毛主席万岁、共产党万岁。团结友爱的精神变成了战天斗地的力量，克服了困难，大大加快了工程进度。新海连指挥所的工效由原来的平均每人1.2立方米提高到1.5立方米、2立方米、3立方米……

建设者的高尚品格

导沭整沂工程是为改善生产、生活、生存条件而与自然灾害作斗争的一场有组织的大会战。建设者的主体是不脱产的农民，既要参加水利建设，又要搞好农业生产，所以在施工时间的安排上，一不误农时，二不误防汛。要在春季大忙前搞春季施工，在秋收之后搞冬季施工。这两个季节的施工，对水下作业和开挖龙沟排水工程有较大影响，特别是连续几天的降雨、降雪，既影响工程进度，推迟工期，又会造成交通中断，粮草供应不上的困难。1950年11月26日，我在五莲县指挥所，这天气温骤然下降，寒风刺骨，从午后至夜间大雪纷飞，河沟里的水冻结。第二天，指挥所吴指挥带我去八大队看开挖龙沟的情况，我和吴指挥到达工地现场时，民工们已集合在那里待命。他们托着烟袋锅凝视着面前白雪皑皑、河流结冰的工地，像是在思索什么。吴指挥见状作了动员，他说，"眼前的困难不就是岭和水上结了冰吗？这与红军长征爬雪山过草地，敌人前阻后追，这比志愿军所吃的苦相比，我们眼前的这点困难算什么？"接着，大队长分配了任务，提出了要求，号召大家开始干吧！吴指挥和大队的干部立即脱鞋挽裤子，并号召："是党员，是团员的跟我下水。"在干部和党、团员的带动下，300多名民工都下到泥水里。开挖龙沟的顺序是先下后上，节节开挖排水。说不冷是假，实际上许多民工的脚冻得失去了知觉。经过几天的艰苦奋战，终于完成了开挖龙沟排水的任务，保证了整个工程的进行。

最困难的是，1952年冬季工程。工程11月初开工，干了一段时间，先是下了两天的雨，接着就是大雪封地，施工被迫停了下来，民工们被憋在工棚里。按照上级的要求，就地组织学习，有的读报有的讲故事，有的赛歌唱戏，也有打扑克的。两天之后，由于通往粮站的公路车辆不

通，粮草供应受阻，吃饭成了突出问题。由一天三顿改为两顿、一顿。由于困饥难忍，民工们的情绪波动较大，有的要求放假。针对这种情况，各级指挥机关在加强思想政治工作的同时，决定组织力量突击运粮，选拔年轻力壮的人，每人背20公斤，连续运两天。我当时在日照指挥所挂职，我和指挥所的其他领导带领200多人去赣榆县墩尚车站附近的粮站（为导沭工程专设）执行运粮任务。到那里运粮的单位很多，每天有一二千人，要凭指挥机关的条子排队，最费事的是整取分装，最难的是人多道路拥挤，在泥水交融的路上摆成长蛇阵。有的路段弯曲狭窄，被踩成稀泥塘，人们都想越到前面去，你碰我撞，有些人的鞋被稀泥拔掉，或者滑倒，特别是有的口袋破裂，粮食（高粱、小米）撒在地上。人们都知道这时的粮食是多么的宝贵，不惜一切地把粮食从泥水里捡出来。有的口袋确实不能用了，就脱下自己的裤子扎住两个裤脚装粮食。

作为指挥员，怎么解决吃粮和烧柴，怎么把雨雪延误的时间夺回来，都是十分紧迫的问题。各单位都在召开干部会议，分析恶劣天气造成的困难和问题，议论的主题是等到天晴雪化了再干，还是想方设法、克服眼前的困难早干？这时，半陵指挥所工地上传来了一个令人振奋的消息。该所工地上朱德林分队，在停雪的第一天，趁雪未融化，就一齐出动把工地上的积雪清除干净，为了防止土层冻结，他们用草苫子覆盖在向前推进的作业面上，保持第二天土层松软，便于开挖，省工省力，加快进度，该办法很快在整个工地推广开来，使工程按时完工。

建设者的爱国激情

当时，伟大的抗美援朝运动正在轰轰烈烈地进行。我国的经济建设和各项工作，最大的动力是抗美援朝保家卫国，最响亮的口号是以实际行动支援人民志愿军在前线打击侵略者。各行各业都在大力加强时事政治教育，开展爱国主义劳动竞赛，促进经济建设和各项任务全面超额完成。在这个背景下进行的导沭整沂工程，在稳定情绪，投入正常施工的基础上，广泛深入地进行爱国主义教育，掀起爱国主义创模竞赛运动。

导沭整沂的各级指挥机关根据上级党委的部署，把抗美援朝保家卫国教育激发出来的爱国热情及时引导到搞好水利建设上来，在导沭整沂工地上掀起声势浩大的爱国主义创模竞赛运动。他们共同的誓言是：工地是战场，多挖一方土就是多消灭一个美国狼；谁英雄，谁好汉，导沭整沂比比看；苦干加巧干，工效再翻番，保证任务提前完；抗美援朝看行动，卫国保家拼命干。

费县指挥所担负着在老沭河上修筑拦河大坝的任务，工程质量要求高，进度要快，必须在汛期到来之前完成。这个县的3819名民工和干部，踊跃地投入到热火朝天的劳动竞赛。经过广大民工和干部起早摸黑的艰苦奋战，提前完成了人均85立方米的土方任务，又乘胜完成了额外的2.8万立方米土方的新任务，被评为模范单位。在爱国主义劳动竞赛中，你追我赶，捷报频传，纪录不断刷新，令人非常鼓舞。泗水县指挥所五大队三中队民工张如坤、刘照桐、杜照更三人创造日劈烂石50立方米的纪录。莒南县指挥所五大队民工刘相方一人一天劈硬土59立方米。赣榆县指挥所开展竞赛后，由每副抬子每天在250米的运距上运土70抬，增加到110抬、120抬、130抬……兰陵、峄县、邳县三个指挥所的民工你追我赶比着干，每天晚上只要有月光就干到一更天，早晨不等鸡叫就来干，在二三百米的运距上抬50筐土才天明。最令人鼓舞的是，兰陵县指挥所四大队一中队青年团员朱德林、张广亮二人一天劈土115立方米，创最高纪录。这天，我闻讯赶到兰陵指挥所驻地陈家塘路村了解情况。朱德林所在的小分队共48人（炊事员4人），担负着新沭河引河段南头的开通任务。他们在4米高的土层上面，两人一组，一次劈1.5立方米的土块，先是在下部掏槽，后从顶部开沟，再用木杠子插入沟槽用力向外撬，这样一次可劈一方至两方的土。他们劈土的工效加快，必然带动全队的同志要上（锨）得快，抬得快，要把土运到300米开外的大堤上去。这天很冷，雪花纷飞，民工们为早日完成工程任务，

争当模范，个个光着脊梁，劈土的，上锨的，运土的，都拼命地干。雪随下随在身上与汗水融化在一起，从头往下流。到了收工时间，军号吹了几遍，没有人理会。领导喊着别干啦，民工们的回答是，趁天没全黑下来再干一会，再干一会！我亲眼目睹了这个场面，深受感动。兰陵县两个月的工程，55天完成，又帮助后进单位干了三天。工程结束时，我又来到这里收集了解他们的先进事迹材料。不用多说什么，一看他们的工程是合格的，工程技术人员很满意，二看他们使用下来的工具，供应部门的同志介绍说，一期工程下来，一个指挥所数千人，两人一副抬筐，五六天换一次，筐系子（麻绳）两三天换一次，摆在指挥所场地上的破筐、烂绳、断杠子、磨坏的铁锨、镐头堆积如山。这是百万民工吃大苦、出大力的见证。特别令人感叹的是，民工刨土劈石用的镐头，由开始的尺把长，到工程结束时变成拃把大。再看民工的气色，他们干的是力气活，风餐露宿，确实瘦多了，然而，都说练得结实了，都是铁肩膀、硬骨头。这些都标志着民工们忘我的劳动，无私的奉献，不遗余力的付出。他们用汗水和牺牲（每期工程都有一些同志献出生命）换来的是，改造自然的伟大工程——新沭河的诞生，沂河的疏通加固和分沂入沭的成功。民工们在要告别工地的时候，还要到大堤上转一转，表现出无比的自豪和喜悦，一面面红旗飘扬在返乡的道路上。

建设者的丰功伟绩

1952年11月24日，是一个非同寻常的日子，从1949年春季开始，经过三年半的五期导沭和1951年春季开始的整沂，到此，取得了阶段性的胜利。原来在临沭县大盲庄往西南流向苏北的老沭河，被数万人筑成的高大而宽厚的拦河大坝像一把大铁锁在这里锁住了，沭河从这里改道穿过马陵山麓14华里的引河，经过140华里的沙河，在新浦临洪河口处入海。全长150多华里的新沭河诞生了。为庆祝新沭河的竣工，山东省人民政府于1952年11月24日在导沭整沂委员会驻地陈家巡会召开大会，隆重庆祝。中央水利部、华东军政委员会、山东省人民政府领导同志及各地代表、劳动模范共五千多人参加了大会。各级领导高度评价导沭整沂工程取得的重大成就，表彰了一批先进单位和模范人物，其中包括今枣庄市的宋理忠、朱德林等。

经过导沭整沂和在沂沭河上游修建的大水库以及水土保持工程，大大减轻了鲁南、苏北地区的水灾，为农业的发展和人民生活的改善创造了条件。当时淮阴地区的同志说，1949年全区粮食产量为4.25亿公斤，到1952年全区粮食总产达到22.5亿公斤。他们总结粮食增产的原因是，政治上得到解放，经济上受益于导沭整沂，沭河改道不淹他们了，沂河有出路了。当时临沂地区的同志说，过去沂河每逢汛期从江风口溢出的洪水，使苍山、兰陵、郯城、邳县一带成为一片汪洋，苍山南部的四个区每年只收一季麦子，秋季则十年九不收。经过对沂河的治理和沭河改道，从根本上解决了鲁南的水灾。鲁东南的临沭、东海、赣榆一带的水灾也从根本上得到解决。临沭县大官庄至沈木庄一段，1949年夏季河道决口，1.5万亩粮田绝产，新沭河竣工后，做到安全渡汛，取得农业丰收。1951年秋，我到过邳县一区楚埠村。这个村西靠运河，东靠官湖河，全村150多户，有70多户逃荒要饭。经过导沭整沂，进村看到的是一垛垛的高粱秸、麦秸、豆秸，不少户门前拴着牛、驴，是丰收的景象。一位老大爷说，解放前有三四十头牛，今年增加到上百头了。村干部领我看了一些农户，囤子里、缸里都有麦子、豆子、高粱。61岁的军属沙元兴说：我要过四十多年的饭，解放后虽说不受压迫了，但水灾受不了，治了两年的河才不要饭。我们所到之处，广大干部群众无不称赞沭河修得好，沂河治得好。这是党和政府的英明决策，是百万建设者的丰功伟绩。

（选自《山东农业》1996年第8期）

"南水北调"——从筹划到实施

韩亦方

　　"南水北调"是一项以解决北方地区水资源短缺为目标的特大型跨流域调水项目，是我国进入21世纪后即将实施的国家级重点工程，因而受到国内外各界人士的广泛关注。然而，这一项目的筹划和论证绝非一日之功，而是经历了一个漫长而曲折的过程。早在新中国成立之初，毛泽东主席就以重新安排旧山河的气魄和胆略，提出了"南水北调"的宏伟设想，而后，这一设想即由有关部门开始研究论证，迄今已经历了半个世纪。其间，"南水北调"自筹划直到决定实施的历程，大致分为五个阶段。

探索阶段（1952—1971）

　　根据我国北方水少的特点，在新中国成立初期编制黄河流域规划时，就开始研究跨流域调水问题，并提出将长江水调到西北和淮河、黄河、海河的南水北调设想，这个阶段主要对西线和中线各种可能的调水线路进行广泛的考察和初步探索。

　　1952年8月，黄河水利委员会（以下简称"黄委"）组织查勘了从通天河引水入黄河的线路，编写了《黄河源及通天河引水入黄查勘报告》。10月，毛泽东主席视察黄河时，在听取了黄委主任王化云关于从长江引水接济黄河的设想汇报后，提出了"南方水多，北方水少，如有可能，借点水来也是可以的"南水北调战略构思。黄委在1958—1961年组织勘测设计工作队400多人，进行大面积西线调水查勘，提出四条可供进一步研究的调水线路：从金沙江玉树附近引水至积石山附近入黄河支流贾曲的玉积线，从金沙江恶巴附近引水至甘肃境内黄河支流洮河的恶洮线，从金沙江翁水河口引水至甘肃定西大营梁的翁定线，以及从金沙江石鼓引水至黄河支流渭河的石渭线。这四条线路均为自流引水，初步认为玉积线、恶洮线较优，年引水量可达1400亿—1500亿立方米，其高程可以自流送达大部分缺水地区，从而基本满足三门峡以上地区的缺水要求。如将怒江和澜沧江的水引入，更可以引水到河西走廊和新疆地区，甚至引水到内蒙古解决改造沙漠问题。当时正处于"大跃进"时代，北方14个省（市）要求南水北调的调水量从开始的1000多亿立方米发展到4700亿立方米，使引水线路延伸至澜沧江、怒江。并提出开河1万里、调水5000亿立方米的口号。最长的引水线路超过6000千米，坝高达800—900米，其工程规模和技术要求大大超越了现实条件。

中线的工作是从1953年开始的。1953年2月毛主席视察长江，在"长江舰"上问长江流域规划办公室（以下简称"长办"）主任林一山：北方水少，南方水多，能不能把南方的水调一部分到北方？林一山主任回答说：可以。接着，毛主席用铅笔指向地图上的白龙江，问：这里的水能不能调到北方？林主任说：不行。主席又问：为什么？林主任说：秦岭以南的河，由西北向东南流入四川盆地，越往下游水量越大，但地势低了，引水工程既不经济且不可能；越往上游工程越小，但水量也小，引水价值不大。毛主席又将铅笔指向嘉陵江干流上游的西汉水，问道：这里行不行？林主任说：不行。毛主席问：为什么？林主任说与白龙江的情况一样。接着，毛主席指着汉江问：汉江行不行？林主任说：汉江有可能。主席问：为什么？林主任说：汉江与黄河、渭河隔着秦岭平行向东流，越往东地势越低，水量越大，而引水工程的规模却越小。这时，毛主席用铅笔在汉江上游至下游画了许多杠杠，每一处都问到引水的可能性。林主任说，这些地方都有可能，但要研究哪个方案

163

最好。当毛主席指向丹江口一带时，林主任说：这里可能最好。主席即问：这是为什么？林主任说：河流再往下即转向南北走向，河谷变宽，没有高山，缺少兴建高坝的条件。当时将丹江口作为建设汉江干流防洪工程最理想的位置，对是否可以作为南水北调的引水方案尚未研究。毛主席听后，即说：你回去后立即派人查勘，一有资料立即给我写信。

长江水利委员会（以下简称"长委"）立即组织人员，在汉江丹江口河段先后查勘了三条可能的线路，经过比较认为，在丹江口建水库自流引水向华北供水的线路最有利；同时，也考虑把嘉陵江上游的水引到汉江，增加汉江水量。林一山主任即向毛主席写信汇报了这一查勘成果和规划设想。

1956年，长办完成《汉江流域规划要点报告（送审稿）》，其中第五卷为"引汉济黄济淮"，对引汉济黄济淮的必要性、方案、水量分配、引水时间、投资和经济效益作出了全面分析，提出修建丹江口水利枢纽为汉江综合利用开发的第一期工程，并推荐丹江口—方城线为引汉济黄济淮方案。1957年，长办还专门研究了从怒江、澜沧江250米高程连续抽水至柴达木盆地的设想。

1958年，长办又在《长江流域综合利用规划要点报告（草案）》中提出：南水北调总的布局是从上、中、下游分别调水，上游从金沙江、怒江、澜沧江调水济黄；中游近期从丹江口水库调水，远景从长江干流调水济黄济淮；下游沿京杭大运河从长江调水济黄济淮并从裕溪口、凤凰颈调水济淮。

1955—1960年中央先后在四次全国性会议上提到了"南水北调"的必要性。1955年邓子恢副总理在一届全国人民代表大会第二次会议上作《关于根治黄河水害和开发黄河水利的综合规划报告》时，指出：黄河本身水量不足，约有35％的土地灌溉问题，需要考虑从汉江或其他邻近河流引水补充黄河水量，才能完全解决；1958年在中央成都会议上，毛泽东主席又提出："打开通天河、白龙江，借长江水济黄，从丹江口引汉济黄，引黄济卫同北京连起来了。"再次提出引江、引汉济黄等问题；1958年春，国务院副总理谭震林在兰州召开的西北六省（区）治沙会议上，也提出从金沙江调水50亿—105亿立方米的设想，并责成水电部办理；同年8月，北戴河中央政治局扩大会议在"关于水利工作的指示"中，明确提出"全国范围的较长远的水利规划，首先是以南水（主要是长江水系）北调为主要目的，即江、淮、河、汉、海各流域联系为统一的水利系统的规划……应加速制定"。这是"南水北调"一词第一次见之于中央文献。

这一阶段，东线工程的工作不多。但由于1959年淮河流域大旱，江苏省于1961年开始建设江都泵站。在1966年淮河特殊干旱后，江苏省继续扩建江都站，建设淮安站、淮阴站等。经过40年的建设，已初步建成调水、灌溉、排涝、航运等综合利用的江水北调工程体系，为东线工程创造了条件。

由于黄淮海平原大面积引黄灌溉和平原蓄水，在当时条件下造成了严重盐碱化；同时，黄淮海平原缺水问题尚未明显制约经济社会发展，首先需要治理洪涝灾害。因此，1962年以后南水北调的规划研究一度被搁置。

以东线为重点的规划阶段（1973—1979）

1972年，华北大旱，华北水资源危机开始暴露。为解决工农业用水的困难，水电部首先组织研究引黄河水的方案。对黄河下游河段，共查勘了十多条可能引黄的线路。黄委对黄河可北调的水量进行估算后，认为在灌溉季节黄河下游已无余水可北调，只能在冬春季可向北调出15亿—20亿立方米。因黄河可调水量太少和泥沙难以处理，引黄只能作为解决华北缺水的过渡性应急措施。

1973年9月，水电部"南水北调"规划组成立，专责研究南水北调问题。1974年7月，向国家计委报送了《南水北调近期规划任务书》，提出近期"南水北调"应实施东线调水方案，调水规模为抽江水1000

立方米／秒，过黄河600立方米／秒，一般年份抽江水200亿立方米，送过黄河100亿立方米。认为引汉最大的弱点是水量少，若扩建丹江口水库，需移民40万人。

在有关省市协作下，水电部于1976年提出《南水北调近期工程规划报告》，经国务院批准，1978年对该报告进行现场初审。初审意见肯定了以京杭运河为输水干线送水到天津的东线方案，建议将其作为"南水北调"近期工程予以实施。

鉴于社会上对此规划有一些不同意见。1978年9月，中央领导陈云为此写信给钱正英同志，信中说："南水北调"规划已确定下来，他非常赞成。为了接受过去三门峡工程的教训，他认为还应专门召开几次有不同意见人参加的座谈会，让他们畅所欲言，充分发表意见。另外，还可在各地多设专门的意见箱，公开广泛听取广大群众意见，把南水北调工作做得更好。

根据陈云的指示，1979年3月29日至4月11日，中国水利学会在天津召开"'南水北调'规划学术讨论会"，参加会议的有专家、学者100余人。会议听取了水电部关于《南水北调近期规划报告》的介绍，报告推荐东线优先建设；长办在会上介绍了《南水北调中线引汉工程规划要点》。会上大家讨论热烈，对黄淮海地区的水资源开发状况，究竟缺多少水，什么时候需要从外部调水等发表了各种意见。

1979年6月，中国科协党组将科协周凯歌、陈忠二人参加南水北调问题学术讨论会后写的《关于南水北调规划学术讨论会情况和我们的意见》，报告方毅转陈云再报党中央。周凯歌、陈忠二人提出当前"南水北调"规划工作依据不足：水资源不清，盐碱化问题没解决，调水路线选择，调水后的生态平衡等很多重大问题都没解决。建议建立"南水北调"统一领导机构，广泛开展"南水北调"科学研究。

6月20日，于光远写信给有关部门，提出建议：鉴于"南水北调"不仅要耗费大量人力物力，而且会引起自然环境很大变化，因此要特别谨慎。主张水利部门把选择方案的全部资料和论据发给各方面的专家、有关部门和有关地区负责同志，让别人提出各种责难，由方案起草者答辩，如不能做出令人满意的答复，就应考虑改变原方案。水利部门还要提出若干比较方案。

6月28日，中国社会科学院农业经济研究所向中财委报告："南水北调"不宜仓促上马。主要有以下三条原因：其一，水资源和调水量不清；其二，"南水北调"走哪条线不清，因中线工作少，中、东线不能全面比较，难论孰先孰后；其三，调水后的效果和影响尚未作出科学回答。应建立"南水北调"统一领导机构，广泛开展"南水北调"的科学研究。"南水北调"必须以农业为基础，适应2000年时工农业生产发展水平的需要。

7月12日，国务院将于光远及周凯歌、陈忠同志的信印发党中央政治局成员、各副总理、财经委员会负责同志，以及有关省、市、自治区和有关部门领导同志阅。李先念作出批示：要求认真研究于光远、周凯歌、陈忠同志的信和农研所的意见。

12月，水利部决定：规划工作按西线、中线、东线三项工程分别进行。为了统筹各线调水规划工作，并对整个"南水北调"进行综合研究，成立"南水北调"规划办公室。从此，"南水北调"进入全面规划和论证阶段。

全面规划研究阶段（1980—1994）

水利部根据有关部门和专家的意见，组织全国水利系统进行水资源调查和评价，重点对黄淮海流域水资源进行调查、评价和研究如何合理利用。

在这一阶段，有关部门对中线、西线都进行了深入的规划研究，中线工程被列为国家"六五"前期工作重点，西线工程列入"七五"超前期工作项目。

1980年和1981年海河流域发生了连续两年的严重干旱，国务院在

"京津用水紧急会议"上决定，官厅、密云水库不再供水天津、河北，临时引黄接济天津，同时决定开工建设引滦工程。

水电部考虑到社会上对调水到黄河以北存有较大争议，主要是担心灌区土壤次生盐碱化和可用引黄代替引江等，决定第一期工程暂不过黄河，并于1983年将《关于南水北调东线第一期工程可行性研究报告审查意见的报告》报国家计委并国务院。

1983年，国务院第11次会议听取水电部关于南水北调东线第一期工程方案的汇报后决定：批准南水北调东线第一期工程方案，第一步通水、通航到济宁，争取今冬开工。并在《关于抓紧进行南水北调东线第一期工程有关工作的通知》中指出：南水北调引水工程已酝酿多年，并做了大量勘察、科研工作，是一项效益大而又没有什么风险的工程。它不仅能解决北方缺水问题，而且对发展航运有重要意义。1985年到1986年要通航到济宁，与新乡到菏泽的铁路水陆联运。

对此通知，河北省要求东线第一期工程送水到河北，解决河北的严重缺水。江苏、山东也分别对这项工程提出许多意见和要求，且两省意见差距很大，需进一步补充完善，这使原定于1983年6月完成的《东线第一期工程设计任务书》，推迟至1985年1月才正式上报。

1986年11月，中国国际工程咨询公司开始评估《南水北调东线第一期工程设计任务书》，历经一年多时间，于1988年2月将评估意见报国家计委。1988年5月，国家计委又将《关于南水北调东线第一期工程设计任务书审查情况的报告》报国务院，报告的主要意见：南水北调工程应以解决京津、华北缺水为重点。建议水电部抓紧编制东线工程的全面规划和分期实施方案，补充送水到天津的修改方案，再行审批。近期采取应急措施，建设引黄入淀和引拒济京工程，缓解华北北部平原的缺水局面，同时继续南水北调东线和中线的前期工作。接到国家计委的报告后，李鹏总理在报告上批示：同意国家计委的报告。按照国务院领导批示，水电部对南水北调东线工程规划进行修订。

这一阶段还抓紧了中线工程的前期工作。1980年4月，水电部组织国务院有关部、委和沿线省（市）等单位专家共60余人，从中线工程水源地丹江口水库至终点北京全线，进行为期一个月的中线查勘。一致认为，华北缺水客观存在，南水北调势在必行，中线工程水源条件好，总干渠沿线地势平坦，地质条件简单，是一条较好的跨流域调水线路，应尽快提出规划报告。随即下文，指定长委负责中线规划。

1983年，国家计委正式把南水北调中线工程规划列入国家"六五"前期工作重点项目。长委在有关省、市和部门的密切协作下，开展了勘测、规划和科研工作，取得了大量的基础资料，于1987年完成了《南水北调中线工程规划报告》，推荐丹江口大坝不加高，调水主要供农业，输水线路高线，调水结合航运，输水渠作为新的大运河的方案。《南水北调中线规划报告》第一阶段审查会于1987年9月在北京召开。

1990年，国家计委会同水利部（水、电两部再行分设）对南水北调中线工程进行调查，听取了长江水利委员会、湖北省、河南省等单位关于丹江口大坝加高水库淹没情况及对工程的建设意见。实地考察丹江口水库及库区淹没情况和汉江中下游防洪与用水等状况，进行座谈，并对不同意见进行协调，促使各有关方面对加高丹江口水库大坝调水取得共识。

根据国家计委意见，水利部要求长委研究丹江口水库加高大坝调水方案。长委于1991年编制了《南水北调中线工程规划报告（1991年9月修订）》及《南水北调中线工程初步可行性研究报告》。明确了以加高丹江口水利枢纽至后期规模，年调水150亿立方米，总干渠采用高线全线自流，为保证水质不结合航运的基本方案。同年11月，水利部对上述两个报告组织了审查，原则上同意两个报告。并认为：南水北调中线工程已经有了一个基本格局，各种主要问题也基本清楚，提出的成果和会议的审查意见可以作为论证和决策南水北调工程方案比选的基础，也提出了若干需进一步研究的问题。

1992年3月，国家计委组织召开了南水北调研讨会，邹家华副总理到会听取了东、中线工作的汇报以及有关部门的意见后，提出中线工程可解决湖北、河南、河北、北京、天津的问题，要求加强和加快中线工程的前期工作。

根据邹家华副总理的批示和水利部的审查意见，长委于1993年1月将《南水北调中线工程可行性研究报告》和若干专题材料上报水利部和国家计委审查。1994年1月，水利部审查通过了该报告（含专题材料），并将审查意见报送国家计委。这阶段，长委根据一些建议，也研究了暂不加高丹江口水库大坝，从长江干流引水的方案，经水利部讨论后认为，从调水和防洪考虑仍按从汉江引水、加高丹江口大坝的方案好。

这阶段西线的前期工作也得到加强，并提出现实可行的方案。1978年、1980年和1985年，黄委三次组织从通天河、雅砻江、大渡河引水入黄的线路查勘，并建议西线先从这三条河调水。1987年国家计委决定将南水北调西线工程列入"七五"超前期工作项目，要求1988年底完成西线工程初步研究报告；1990年底完成西线工程雅砻江调水线路的规划研究报告；"八五"期间继续完成通天河和大渡河调水线路的规划研究工作，并于1995年完成西线工程规划研究。

在有关部门和省市的协同配合下，到1996年完成了大量勘测工作。黄委于1989年、1992年和1996年分别提出《南水北调西线工程初步研究报告》《雅砻江调水工程规划研究报告》和《南水北调西线工程规划研究综合报告》。1996年西线进入规划工作阶段。

工程论证阶段（1995—1998）

1995年6月国务院第71次总理办公会议，专门研究了南水北调问题。指出：南水北调是一项跨世纪的重大工程，关系到子孙后代的利益，一定要慎重研究，充分论证，科学决策。遵照会议纪要精神，水利部组成南水北调论证委员会（委员41人），在多年前期工作的基础上开展论证。论证分规划、线路、环境、经济、综合五个专题组进行，聘请专家、顾问78人。1996年3月底，论证委员会提交了《南水北调工程论证报告》和东、中、西三线论证报告。《南水北调工程论证报告》建议，"实施南水北调工程的顺序为：中线、东线、西线"，将中线工程"列入'九五'计划，早日兴建"。论证报告推荐的中线工程是丹江口加高大坝、总干渠按年调水145亿立方米一次建成的方案；东线从2000年前后开始，分三步实施完成1990年修订规划和送水到山东半岛；西线从通天河等三条河流调水入黄河，年调水量可达145亿—195亿立方米，推荐雅砻江自流引水方案作为规划研究阶段先期开发方案，年调水45亿立方米。

经国务院领导批准，于1996年3月31日成立了由邹家华副总理任主任的南水北调工程审查委员会（委员86人），并聘请专家40余人，对《南水北调工程论证报告》（以下简称《论证报告》）进行审查。1998年初，审查委员会完成了《南水北调工程审查报告》（以下简称《审查报告》），并上报国务院。《审查报告》同意《论证报告》提出的主要结论意见，即：三项工程按照中、东、西顺序实施；推荐中线工程加高丹江口水库大坝，对汉江中下游实行补偿，调水145亿立方米建设方案；中线工程按统一规划、分步实施的办法，先建水源工程，加高大坝，动迁水库移民，输水工程先建河南一段。南水北调审查委员会委员共86人，第三次全体会议上及会后共收到85人的意见，其中同意《审查报告》的59人，原则同意的20人，不同意的3人，不表示意见的3人。

全国政协副主席、水利专家和长期负责我国水利工作的老领导钱正英在会上转述了清华大学张光斗教授的书面意见后，谈了几点意见：（1）由于调蓄、配套工程、穿黄工程和汉江中下游补偿等工作深度不够，不能批准中线工程立项，在工程立项前也不应成立专门机构。（2）应当遵照全国人大批准的《国民经济和社会发展"九五"计划和2010年远景目标纲要》，在21世纪前10年兴建南水北调工程。（3）目前可以把丹江口水库大坝加高作为一个单独项目先行建设。会后，钱正英又写信给计委领导陈锦华转邹家华、姜春云、陈俊生等领导同志，提出：中线方案还有若干重要问题必须补做工作，在条件尚未完全成熟的情况下，丹江口大坝加高可作为单独项目按基建程序进行。

党和国家领导人江泽民、李鹏、朱镕基等也分别在全国政协钱正英副主席给朱镕基副总理的信上批示了意见。江泽民总书记批示："我也同意要充分发扬技术民主，认真搞好科学的、实事求是的可行性研究，这样的大项目，切不可仓促决定。"

总体规划阶段（1999—2001）

1998年5月，江泽民、朱镕基、温家宝等党和国家领导同志再次对我国水资源问题作了重要批示。江总书记指出："南水北调的方案乃国家百年大计，必须从长计议、全面考虑、科学比选、周密计划。在开源的同时要注意节流，认真做好工业、农业、日常生活的节水工作。"为了贯彻落实江泽民等领导同志的指示精神，原"水利部南水北调规划办公室"于1999年5月更名为"水利部南水北调规划设计管理局"（以下简称"调水局"）。调水局成立后，在水利部党组的领导下，专责组织有关单位和各方面专家积极开展工作。

调水局首先组织开展《北方地区水资源总体规划》，将长江、黄河、淮河、海河、内陆河的水资源统一规划配置。考虑部分专家的意见，同时开展了《近期解决北方缺水问题专题研究》。

鉴于1999年至2000年北方地区连续干旱，京津地区和山东半岛严重缺水，海河平原生态环境日益恶化，社会各界对北方地区水资源短缺的严峻形势已达成共识，迫切希望实施南水北调工程。

根据北方地区水资源总体规划初步成果和对南水北调工程前期工作的总结、分析和补充，水利部于2000年7月组织编写了《南水北调工程实施意见》（以下简称《实施意见》）。重点分析了北方的缺水形势，提出了南水北调工程的总体布局和近期实施方案、投资结构与筹资方式等八方面内容。《实施意见》先后征求了国家计委、中国国际工程咨询公司及部分资深专家的意见，多次进行修改。同年9月6日，温家宝副总理专门听取汇报，对南水北调工程的前期工作作了重要指示。

9月27日，朱镕基总理主持召开了南水北调工程座谈会，专门听取了水利部关于南水北调工程实施意见的汇报，并针对南水北调工程作出了重要指示。朱总理强调，南水北调工程是解决我国北方水资源严重短缺问题的特大型基础设施项目。朱总理并要求必须正确认识和处理实施南水北调工程同节水、治理水污染和保护生态环境的关系，务必做到先节水后调水、先治污后通水、先环保后用水，南水北调工程的规划和实施要建立在节水、治污和生态环境保护的基础上。要求于2001年提出南水北调总体规划报告。

国家计委、水利部按照党中央、国务院对南水北调工程前期规划工作总进度的要求，于2000年12月21日在北京召开了南水北调工程前期工作座谈会，要求南水北调工程沿线各城市开展水资源规划，把节水、治污和水价改革工作真正落到实处。同时，布置南水北调工程总体规划工作。

南水北调工程总体规划按照新的要求，从四方面着手总体规划，即："三先三后""资源配置""四横三纵"和"机制体制"。从节水、治污和生态环境保护等方面全面分析研究北方地区缺水现状和水资源的合理配置，据此，确定南水北调工程的布局和规模。"南水北调"的根本目标是要使黄淮海平原日益恶化的生态环境逐步得到修复和改善，近期从解决城市缺水为主，兼顾农业和生态环境。根据京津、华北和胶东城市缺水严重状况，东、中线要同时实施。计划2010年以前先建成东线和中线第一期工程，调水量为48亿立方米和95亿立方米。总体规划包括《南水北调工程总体规划》报告、12个附件和45个专题研究报告。到2001年12月，这些附件和专题研究报告全部通过了专家评审。

2001年春，在全国人大九届四次会议通过的《国民经济和社会发展

第十个五年计划》中曾提出：要"加紧南水北调工程的前期工作，在'十五'期间尽早开工建设"。从目前情况看，该项工程作为解决我国北方缺水的重大基础设施已具备了于2002年开工建设的基本条件。

至此，南水北调工程前期工作的历史翻开了崭新的一页。

（原载于《纵横》2002年第3期）

李伯宁的水利梦

解力夫

"水是生命之源。但人类生存与发展的致命威胁，也来自水，水，水！"这是李伯宁1995年在纪念第三届"世界水日"时发出的紧急呼吁。

李伯宁同志是我国水利战线上一位德高望重的老领导，40多年来，他把毕生精力投入了新中国的水利事业。他几乎跑遍了祖国的大江大河，跑遍了所有的重点水利建设工地，并为之呕心沥血，出谋划策，为治理江河和农田水利作出了重要贡献。

他从战火中走来

1937年，正当李伯宁以优异的成绩从河北一所师范学校毕业，留校任教只半年的时间，七七事变爆发。为了抗战救亡，李伯宁毅然投笔从戎，先在本乡组织抗日游击队伍，后又经过在冀中人民抗日自卫军政治训练班和河北抗战学院的短训和学习，就置身到了抗日斗争的洪流中。由于他工作积极，机智勇敢，善于组织群众和发动群众，因此，他23岁的时候，就担任了河北省肃宁县的县长兼县游击大队长，是当时冀中抗日根据地最年轻的县长之一。

肃宁县位于河北中部，地处保定、石家庄和沧州的腹心地带，这里的人民富有革命传统，富有燕赵的豪勇赤胆之风。1941年7月，李伯宁来到这块热土之后，决心在党的领导下，进一步发展和巩固抗日民族统一战线，调动各方面的积极性，充分发动群众，力求把肃宁建设成冀中的抗日模范县。

然而，正当李伯宁大展宏图的时候，不到一年时间，冀中抗日根据地就由于日寇的"五一大扫荡"，变为抗日游击根据地了。

1942年，日本侵略者因长期战争的消耗，人力、物力已到了山穷水尽的地步。特别是太平洋战争爆发后，节节失利。敌人为了摆脱后勤补给的困难，遂对我华北加紧了经济掠夺，处心积虑地急于把华北地区变成为日本"大东亚圣战"的后方兵站基地。

1942年5月1日，冈村宁次纠集了日军三个师团、两个旅团及数万伪军，配备了飞机、坦克，向冀中抗日根据地开始了空前残酷的大扫荡。通过扫荡，日军在冀中抗日根据地建起了1700多个据点，修筑了7500公里的公路，挖了4000多公里的封锁沟。作为冀中腹地的肃宁县，300多个村庄修建了60多处据点，平均每五个村庄就有一个炮楼，形成了"抬头见炮楼，迈步登公路"的封锁区。

在这黑云压城城欲摧的情况下，李伯宁像一只矫健的雄鹰，带领县政府干部和手枪队穿梭于敌人的点线之间，根据地委和县委的反"清剿"指示精神，顽强地与敌人展开了针锋相对的斗争。他神出鬼没地活跃在敌占区和岗楼附近，打击镇压死心塌地的汉奸、特务，教育伪军要"身在曹营心在汉"。李伯宁还以县长的名义到处发布布告，或通过各种形式的会议，宣传形势，坚定大家抗日的信心。日寇对李伯宁又怕又恨，到处张贴布告，重金悬赏捉拿他。夜里老百姓撕下布告送给县区干部，李伯宁看了笑着说："叫鬼子汉奸自己来抓吧！赏金太少了，我自己都觉得比他们的悬赏价值钱！"

智勇双全的李伯宁，经常与敌人进行巧妙的周旋。他和县区干部利用堡垒户和地道，昼伏夜出。他带领县区干部和地方武装，很快地把敌人的村维持会争取过来，建立起了"革命的两面政权"。在抗日政府的领导下，隐蔽地同敌人进行斗争。他们监视敌人，传递情报，掩护干部，还暗中为人民武装征集粮草。从此党政群众组织和县区游击队又逐渐恢复起来。人民武装频频出击，越战越强，由小到大，胜利一个接着一个。肃宁县大队逐渐锻炼成一支威震敌寇、名扬冀中的抗日武装。由于县委书记王耐林和县长李伯宁坚持武装斗争，开辟敌占区有功，九地委和军分区特对他俩通令嘉奖。1944年9月，肃宁县大队配合分区武装，在军分区领导下，一举攻克肃宁县城和残余的梁村、付家佐两个据点，全歼守敌，无一漏网。这一大捷，使肃宁县成为冀中和晋察冀边区解放最早、且全境无敌寇的第一个县。《晋察冀日报》和延安《解放日报》都发表了社论热烈祝贺。

肃宁大捷后，李伯宁调到冀中行署工作，他随慰问团慰问胜芳保卫战前线子弟兵时，写了《胜利的胜芳保卫战》一文，登在《冀中导报》上。他的文采被区党委发现了，由此被调入《冀中导报》社工作，先任编辑科长，后任副总编辑。《冀中导报》在革命战争年代，在宣传抗日、动员群众、组织群众参加人民革命战争中，发挥了极为重要的作用。当时《冀中导报》在全国所有解放区中，是办得最出色的报纸之一。

1948年5月26日，在战略决战前夕，以毛泽东主席为首的党中央统帅部由陕北来到河北省平山县西柏坡。中央向冀中要两名具有相当理论水平和政治水平的干部，充实中央政策研究室。当时，中央政策研究室主任是彭真同志。李伯宁从此由冀中调来中央政策研究室，随后参加了和平解放北平的接收工作。

与水结下不解之缘

新中国成立后，在1949年底，李伯宁随同李葆华同志参加了与傅作义先生组建共和国水利部的工作。用他自己的话说，"从此一个猛子扎进水里，一晃就是46年。"在此期间，他历任水利部、水电部的司长、副部长、部党组成员，水利部常务副部长、部党组副书记，三峡省筹备组组长、党组书记，国务院三峡地区经济开发办公室主任、党组书记，国务院三峡工程建设委员会副主任等职务。他还是全国政协第六、第七届委员和经济委员会副主任。他不管在什么岗位上，都是为水利奔走呼号，为水利忘我拼搏。人们称他是新中国水利界的老领导，而他自己只认为是一个普通的、与水利相依为命的老水兵。

李伯宁是一个责任心和事业心极强的人。40多年来，他一直在水利战线上尽心尽力，希望水利事业能为振兴中华、增强国力、为民减灾除灾作出应有的贡献。每当汛期，他就悬着一颗紧张的心，在连年不断的水患恶魔中，没有得到片刻的安宁。哪里有灾害，他就奔向哪里。

1954年，长江发生了特大洪水，直接威胁着武汉市和长江沿岸数千万人民的生命财产安全。中央防汛总指挥部派李伯宁前往武汉，协同湖北省委参加防汛工作。在长达一个多月的日夜难眠的日子里，他亲眼目睹武汉像风雨飘摇的一叶扁舟。当时天降大雨，城里土料匮乏，为了保住中南这最大的城市，有时为了抢险，只好将商店的布匹和粮店的白面都用上去堵窟窿。多亏党政军民奋力抗灾，也多亏了老天爷没刮大风，才侥幸保住了武汉市。这场洪水影响京汉铁路的正常运行达100天，按当时铁道部提供的资料，铁路中断一天，国家损失1亿元。这场洪水淹没耕地4700多万亩，受灾人口1800万，死亡3万多人。至今想起来还令人胆战心惊。从此，他也深刻地体会到，长江上游迫切需要有长江三峡这样的一个控制工程。

1981年，黄河上游发生大洪水，李伯宁被留在机关主持防汛工作。当时，正在施工中的龙羊峡水电站围堰面临着被漫坝冲毁的危险。如果出现这种局面，后果不堪设想。有人提出为保刘家峡水电站，不顾下游承受洪水的能力，要提前加大泄洪量。李伯宁和一些专家分析、运筹，认为既要千方百计保卫龙羊峡围堰和工程的安全，更要考虑下游兰州市、铁路和群众的安危。他果断地提出了在龙羊峡围堰上抢筑三米高的子埝，并严格控制刘家峡泄洪流量的主张。但这一主张当时受到了一些人的强烈反对，他们认为：围堰越高，一旦垮了对下游威胁越大；刘家峡若不提前加大放流，等龙羊峡围堰垮了，刘家峡的安全就会受到严重威胁。当时，主管防汛的国务院副总理余秋里认真听取了两方面的争论后，果断地采纳了李伯宁的意见。这样，既保住了龙羊峡水电站大坝围堰的安全，又保住了下游兰州市、京兰铁路和广大人民群众生命财产的安全，取得了那年黄河防汛斗争的胜利。

1983年汉江发生水灾，安康城被淹，损失惨重，死亡数百人。李伯宁随同万里副总理赴安康视察灾情。当时有人主张放弃安康城，另迁新址。李伯宁以其多年的防汛经验，深知汉江后期来水较多的规律，提出应迅速组织力量抢堵城墙缺口，以免安康城再次被淹。万里同志采纳了他的意见，迅速组织力量，堵复了城墙缺口。果然，当年汉江又来了两次洪水，但安康城却安然无恙。

汉江水患过去两年之后，1985年长江沿岸的秭归县新滩镇，又发生了山体大滑坡。6月1日湖北省政府根据山体滑动情况发出命令，要求新滩镇1300多名群众全部撤离。但时至6月9日，仍有300多人夜里在家看守财物，迟迟不肯离开。刚到宜昌的李伯宁听取了汇报之后，他联想到历史上长江沿岸的多次大滑坡，意识到情况危急和事情的严重性，他在10日召开了紧急会议，下死命令必须在当日晚10时前，将滞留在新滩镇的300多名群众全部强行撤出，否则追究地、县领导的责任。在他坚决果断的指挥下，公安干警和当地驻军一齐出动，挨门挨户清查，使滞留人员终于按时全部撤出。6月12日凌晨3时，果然山体发生了大滑坡，整个新滩镇瞬间被推入长江。而新滩镇群众却无一伤亡，创造了历史的奇迹。事后李伯宁去慰问灾民时，群众拉着他的手，眼含热泪，高呼"共产党万岁"！当时的李鹏副总理打电话对他进行了表扬。

水利事业上的喜与忧

作为水利战线的一名"老兵"，李伯宁深知水的重要性。

新中国成立以后，李伯宁几乎参与了所有重大水利工程的建设，在中国共产党和中央人民政府的领导下，我国的水利事业取得了举世瞩目

的成就。

新中国的大规模的水利建设，是从1958年"大跃进"开始的。李伯宁说：1958年"大跃进"是从"大办水利"开头的。由于当时出现了超越社会主义初级阶段的"左倾"冒进、大炼钢铁和人民公社、公共食堂的共产风，对当时的社会经济起了很大的破坏作用。但在"大办水利"上却有所不同，它既有铺的面过大，技术水平跟不上，也有工程质量不好和浪费损失等问题，但在主流方面，却给新中国的水利事业打下个坚实基础。直至今日，"大跃进"中修建的大部分水利工程，还在我国频繁的水旱灾害斗争中发挥着重要作用。这应给予充分肯定，而不能像大炼钢铁那样全面否定的。但存在的主要问题是，在"大跃进"中修建了大批水利工程后，由于缺乏经验，随即发生了重建设，轻管理；重主体，轻配套；重大型，轻小型；重工程，轻效益的"四重四轻"问题，影响了工程效益的发挥。

李伯宁认为："四重四轻"主要是轻视发挥效益，而其核心又是轻视管理的问题。修建一个工厂，建成后，就有相应的人员编制和必要的管理经费和物资，在加强管理下，按照设计生产合格的优质产品。但水利上就不是这样，在建设时千军万马，书记挂帅，建成后则冷冷清清，留下一些老弱病残看闸守库。没有编制，没有管理经费和物资，工程得不到必要的维修，管理跟不上，因而不能正常发挥工程效益。有的还遭受到破坏或堤坝失事，造成重大损失。在这种情况下，是单纯等待和依赖国家？还是走艰苦奋斗，自力更生，自我维持，自我积累，自我发展的道路？李伯宁坚决主张走后一条道路。他经过反复的调查研究，发现典型，总结经验，积极倡导在水利系统大力开展综合经营，推进水利改革，发展水利经济。因地制宜地利用水利工程管理范围内的水土、人力、技术与现有工程设施，积极开展水利综合经营，发展水利经济，多门路地开展水面养殖和农、林、牧、副、加工及旅游服务等项事业，逐步做到以水养水和开辟筹集发展水利资金的新渠道。使水利建设适应社会主义市场经济新体制，从而创造一套新型的水利运行机制。

为此，李伯宁坚决顶住来自各方面的习惯势力的种种阻挠和非难，戴着"不务正业"和"文革"时期"走资本主义道路当权派"的帽子，义无反顾地五下湖南桃源县，对这个新发现的典型调查研究。1978年，在他的倡议下，水电部在湖南桃源县召开了全国水利管理会议，学习推广桃源水利管理和开展综合经营的先进经验。这次会议，明确提出了所有水利工程，要在保证工程安全和充分发挥效益的前提下，积极开展综合经营，并根据不同情况，限期达到管理经费自给的要求。这就为水利综合经营取得了合法地位，成为我国水利综合经营发展的第一个里程碑。桃源会议之后，水利综合经营迅猛发展，紧接着在1979年和1982年，在李伯宁的主持下，水利部分别在广东东莞和江苏镇江召开了两次水利综合经营会议，从而大大调动了广大水利职工发展生产的积极性。如今，全国水利综合经营产值已由1978年的3亿元，增加到了1996年的770亿元，在18年间增长了257倍。这不但大大加强了水利经济实力，改善了职工生活，稳定了职工队伍，加强了水利管理，发挥了工程效益。更重要的是，这个路子大大解放了广大水利职工的思想，有利于突破计划经济和习惯势力所形成的重重枷锁。开辟了一条水利由计划经济转向社会主义市场经济，和由水利这个贫困行业，转向富裕行业，并且使水利职工先富起来的改革新路。这对水利事业的发展，具有深远意义。由于李伯宁在倡导开展水利综合经营、发展水利经济上所做的突出贡献，所以他被人们称为"水利综合经营的创始人"。

李伯宁说：在充分看到我国水利建设所取得的伟大成就的同时，还必须清醒地看到，我国的水利建设还不能适应我国经济高速度发展的需要，仍有诸多问题亟待解决。一是由于我国七大江河，甚至一些中小河流尚未得到根治，我们仍面临着洪水的严重威胁。二是随着国民经济建设的发展和人民生活水平的提高，特别是工农业用水的大量增加，我国水资源日感紧缺。全国600多座城市有300多座缺水，其中严重缺水的108座。三是水资源污染严重。我国本来就是一个贫水国家，目前，全国每年工业和生活排放的废水为385亿立方米，而经过处理的只

有15%—20%，因而造成了江、河、湖、海、水库和地下水多处遭受到不同程度的污染。四是水利工程老化，效益下降，我国水利骨干工程大部分是在50年代至70年代修建的，由于年代已久，再加上管理不善和自然与人为的破坏，效益日益下降，急需更新改造。

为了解决上述问题，李伯宁曾多方奔走呼吁，并建议在注意开发水资源的同时，十分注意保护水源，治理污染，并提倡大力推广节约用水。目前我国农业用水近4000亿立方米，占总用水量的80%。李伯宁说：目前我国农田灌溉渠系的有效利用率只有40%左右，浪费极大。而发达国家则达到70%—80%。我国每立方水粮食生产能力只有1公斤，而发达国家一般为2公斤，以色列则是2.35公斤。我国工业用水重复利用率在40%左右，工业万元产值用水210立方米，至少比发达国家高出1—2倍。因此，我国现有工程和水的潜力，还是大有文章可作的。

情系三峡

奔腾不息的长江，是中华民族的摇篮，它养育了我国三分之一的人口，创造着灿烂的文化。特别是长江中下游地区是我国的精华地带，工农业总产值占全国的二分之一，粮食产量占全国的五分之二。但是，长江的洪水灾害历来是中下游地区的心腹大患。据史料记载：1499—1949年的450年间，仅湖北境内就发生水灾186次，平均不到3年1次，每次水灾都给人民的生命财产造成巨大损失。

三峡水利枢纽是从根本上治理长江洪水的关键工程。立志要"高峡出平湖"，是中国几代人的梦想。孙中山先生在他的建国大纲中，就曾经明确提出要搞长江控制工程。新中国成立以来，1958年，在中央的成都会议上就决定要兴建三峡工程。毛泽东主席曾赋诗抒怀，要"截断巫山云雨，高峡出平湖；神女应无恙，当惊世界殊"。但是，由于多种原因，多少年过去了，直到1992年前，三峡工程只是一个可望而不可即的幻影。

李伯宁的三峡梦，始于1954年那次长江大水之后。为了使这一工程早日上马，他日夜忧思，到处奔走呼号。经过专家的多次论证，三峡水利枢纽工程，大坝建筑在湖北省宜昌市三斗坪镇，可以控制长江上游100万平方公里的洪水，通过三峡水库有效地控制调蓄洪水，加上堤防、蓄滞洪工程和防汛等综合措施，能使荆江河段的抗洪能力，由现在的抵御10—20年一遇的洪水，提高到抗御100年一遇的大洪水，遇到千年洪水，也可以确保荆江大堤的安全。

这项工程的第二大功能，是开发利用长江的巨大水能资源。这座世界第一的大电站，总装机1820万千瓦，每年发电847亿千瓦时，可为华东、华中和川东地区的四化建设提供强大的电源。李伯宁说，这相当于每年生产5000千万吨原煤的能源，而且这是无污染的清洁电能，与同样规模的燃煤火力发电站相比，可以减少排放1亿吨的二氧化碳，15万吨的烟尘和大量的废水、废渣等污染物，其减轻大气环境污染方面，不仅有益于华夏，而且有益于环球。巨大的电力所产生的经济效益，也是极为可观的。

三峡枢纽工程的第三大功能是改善长江的航运。目前，长江中下游在冬季常因枯水而碍航，三峡大坝完工后，长江水位抬高70—100米，万吨级船队可以直抵重庆。航运的单向通航能力，将从目前的每年1000万吨，增加到5000万吨，并可使航运成本降低35%—37%。李伯宁特别强调，这样一来，长江这条"黄金水道"可充分发挥作用，有利于加强华东、华中和西南三省大经济区的联系，缓解交通运输的紧张状况，促进长江经济带的健康发展，这对我国的四化建设具有重要意义。

在水利部门的积极呼吁下，1984年，中央把三峡问题提到了议事日程，决定按"150方案"兴建三峡工程。为解决大量移民问题，中央曾决定成立三峡省，并任命李伯宁为三峡省筹备组长和党组书记，负责进行三峡省的筹组工作和首先进行开发性移民的试点工作。李伯宁深知三峡工程和库区移民是一项关千秋万代的宏图大业，其任重而道远。为着解决百万移民的大难题，他废寝忘食，冒严寒酷暑，踏遍三峡库区，走村串户进行调查研究，经过八年扎扎实实的移民试点实践，总结出了一系列开发性移民的成功经验。他的思路很快得到了库区广大干部群众的热烈拥护，从而使库区移民找到了一条搬得出、安得稳、富得起来的有效途径。所以，有些人把八年创造性的开发性移民试点工作，称为"李伯宁工程"。党中央、国务院充分肯定了八年三峡移民试点经验，并在此基础上制定了《长江三峡工程建设移民条例》。

这期间，李伯宁一方面在三峡库区积极搞开发性移民试点，另一方面在中央、国务院和政协举行的有关会议上，总是旗帜鲜明地坚决主张三峡工程要早上快上，并不断上书中央和有关部门，陈述他的观点。据李伯宁的秘书统计，为了阐述他的观点，促使三峡工程早日上马，1990年，李伯宁给中央领导和有关部门负责同志信件及建议达400多封，1991年达700多封。这些建议得到了中央领导和有关部门的重视，有的已成为中央重大决策的依据。

李伯宁为了进一步促使三峡工程上马，还组织编辑了《三峡在呼唤》《开发性移民好》等录像片，分送给中央领导，在中央和有关部门引起了很大反响。王震副主席观看录像片的当晚，即表示他的心情"极不平静"，并写信告诉李伯宁，说他自己是《三峡在呼唤》的拥护者。随后，王震副主席和政协王任重副主席共同组织了专家会议，讨论三峡工程问题，并上书中央，发出了强烈呼吁。

在各方面的共同努力下，这个功在当代、利在千秋的三峡工程，在1992年4月3日被全国人大七届五次会议顺利通过。两年之后，全国人民盼望已久的三峡工程终于开工了。1994年12月14日，在李鹏总理的主持下，在三斗坪响起了三峡开工的震天礼炮。听到炮声，面对欢呼的人群，李伯宁流下了激动的热泪，几十年的努力，他的三峡梦，终于如愿以偿了。在《长江三峡工程胜利开工有感》一诗中，李伯宁写道：

魂牵梦绕四十冬，
十年拼搏尽愚忠；

春雷喜圆千年梦，

普天同庆筑国魂。

淹没贫困断洪祸，

换来金库聚宝盆；

万里长江万丈碑，

千古流芳荫子孙。

为南水北调而鼓

我国的水资源由于时空分布不均，人均占有量比较贫乏。特别是北方少雨偏旱，因此约有数亿人口生活在干旱和半干旱地区，经常面临着严重的缺水威胁。李伯宁认为，要解决这一问题，特别是首都北京的缺水问题，经过几十年的研究，不进行南水北调，特别是不首先进行南水北调的中线工程是无法解决的。

当前在南水北调工程中，争议最多的是东线、中线哪个先上的问题。经过专家论证，中线工程虽然难度较大，但供水覆盖面广，水质好，1200多公里能够全线自流，且为北方各省市的一致要求。这四大优点，远胜于东线，这是争论双方公认的。而东线则需要13级提水，江水穿黄后，覆盖面窄，只能解决河北东部和天津用水，不能解决河南、河北西部用水，特别是至关重要的首都北京用水。而且东线水质污染严重，不经过彻底处理，不宜工业和人民生活用水，并为有关各省、市一致反对。

李伯宁力主中线工程早日上马。他说：中线工程是解决我国北方缺水和汉江防洪两大效益的战略工程。过去我们强调解决北方缺水问题，而对解决汉江下游防洪的作用讲得很不够。他强调说，南水北调中线工程先不说解决北方供水效益，而即使单为解决汉江下游的防洪问题，加高丹江大坝也势在必行，应该迅速上马。他这一观点，得到了大多数专家的赞成。至于工程中存在的困难，也不是不可克服的。

而北方缺水，特别是河北西部，尤其是北京缺水，不修中线工程，则是难以解决的困难。海河流域，每亩耕地占有水量仅127立方米，为全国平均值的十五分之一；人均占有量仅186立方米，为全国平均值的十三分之一。河北地下水计超采170多亿立方米，形成漏斗30多处，地下水下降幅度一般15—40米，邯郸50米，沧州达70米，这种状况是不应该继续下去的。

同时，京广沿线的大中城市，80年代以来都曾发生过因供水不足迫使工厂停产的情况。据河北估算，由于缺水，每年工农业生产损失共达220亿元，并且限制了当地的煤炭、石油、盐业等资源的开发和工业发展。以上这些困难，是东线引水所无法解决的和无法代替的。李伯宁再三呼吁，新中国成立以来一个跨越鄂、豫、冀、京、津并涉及陕西六省市的战略工程，思想认识这样一致，积极性这样高，要求这样迫切，资金自筹能力这样强（地方占大头，中央占小头），过去没有任何一项跨省工程能做到这点。因此，从国家全局和战略上看，他力主先于东线，及早修建南水北调中线工程。希望能早点立项，以便加快前期准备工作，继续研究解决有关科学技术问题。东线当前要下大力解决水质问题，力争早日达到工业和人民饮水的标准，以便为北调创造条件。

老骥伏枥，壮心不已

几十年来，李伯宁为我国水利建设，为三峡工程的顺利兴建，为了探索开发性移民的成功经验，呕心沥血，奋力拼搏，做出了重要贡献。如今他已年近八旬，但仍壮心不已。他常对朋友们说："生命不息，战斗不止。"

李伯宁在关心水利建设的同时，还在业余时间奋力著书立说。他先后出版的作品有：反映水利问题的论文集《论三峡工程和开发性移民》和《我的水利梦》。水利艺术片11集电视连续剧《水困古城》（最近被中国电视艺术家协会评选为一等奖）。并组织拍摄了水利专题电视片

《穷山在呼吁》《三峡在呼唤》和《开发性移民好》。文艺作品有报告文学《随中国农民代表团赴苏参观记》，诗集《感时吟》，中篇小说《梅香如》，儿童文学《铁娃娃》（曾获宋庆龄儿童文学奖）。最近，由作家出版社出版了反映河北冀中抗日战争的长篇小说《血染梨花红》（第一部）。此外，还发表过多篇诗歌、杂文及报告文学等。他的作品，引起了社会和文艺界的很大兴趣和反响。

李伯宁的晚年生活过得非常充实而富有意义，正如人们所说的："莫道桑榆晚，为霞尚满天！"

（原载于《纵横》2000年第 12 期）

深圳盐田港的起步

周溪舞

深圳港的集装箱吞吐量，2004年的时候，在世界各个港口中已经排在第四位，其中盐田港区在深圳港中占有半壁江山。

我曾到欧洲参观过几个港口，去过德国汉堡港，坐船在港区转了一圈，但见海岸吊车林立，各国货轮密聚。我曾想过深圳也会成为一个港口城市，但我从未敢想，深圳港有一天集装箱的吞吐量会超过汉堡港。

我还去过荷兰的阿姆斯特丹和鹿特丹，这些都是历史悠久的欧洲国际大港。现在，深圳港集装箱的吞吐量都超过了它们。

为开发盐田港成立的一个公司

20世纪80年代初，深圳特区刚开始建设的时候，市委、市政府的领导班子就知道，在深圳东部，大自然赐给了我们一笔天然财富，就是大鹏湾畔盐田那个地方，九径口至正角咀约6公里的海岸线，水深负16米左右，是一个能够建设停泊万吨巨轮码头的地方。这里不回淤，不结冰，前边有小山拱卫着，可以避风，真是建设大港的好地方。

据说，中国革命先行者孙中山先生，在《建国方略》中就曾谈到，要建设南方大港，也包括这个地方。

特区建设初期，百事待举，百业待兴，无论从领导精力、建港经验、资金筹集上都没有办法启动盐田港的建设。不过，意识到这个地方的重要，就要强调保护好这一带的海岸线，不允许建设简单的小型码头破坏这里的自然环境。

中国改革开放的大潮，各路想到深圳来一展身手的企业家、建港专家，以及深圳引进外资和内部经济联合的政策，推动了盐田港的起步。

话要从北京说起，中国交通部有一个水运科学研究所（以下简称"水运所"），是从事港口建设可行性研究的单位，它的领导人叫苏宁。他们想到深圳来显身手，当时便和蛇口工业区合作，成立了科学技术服务公司。他们派出了一个干部当经理，他就是王维柏。

王维柏的父亲是王首道同志，他是中国老一辈无产阶级革命家，1926年参加了毛泽东同志在广州举办的农民运动讲习所并加入了中国共产党。1927年，在湖南参加农民运动和武装斗争，是湘赣苏区的主要创始人。新中国成立后，长期担任中国的交通部长。20世纪六七十年代，在中共中央中南局和广东省委当过书记处书记，当时担任中共中央顾问委员会常委。在交通部工作过的职业本能和在广东工作过的感情，使他积极支持自己的小儿子，到深圳为港口建设干一番事业。

1982年底的一天，王维柏到深圳后便去拜访当时的市委书记、市长。他是王首道的老下级，热情地接待了王维柏，表示大力支持他们来参加开发盐田港。这件事的具体操作便落到了我和市政府分管交通运输的副秘书长李新亭的身上。

我了解了他们的来意后，知道他们是担任港口的可行性研究和设计工作的，不是来投资建港口的。但是，启动港口建设的一个重要条件是要有资金，港口建设动辄要几十亿，没有资金也很难起步。

这个时候他们介绍了一个情况，日本东京有一个新土木研究所，在北京有一个中国市务部，他们之间有密切的业务来往。他们带来了一位该单位的负责人，是一位叫矢尾板忠雄的日本朋友。这个人能讲一口比较流利的中国话。他在抗日战争时期曾参加过日军，战败后参加了中国人民解放军，跟我还拉上了"四野"（解放军第四野战军）的战友关系。据他介绍，有一个日本海外协力基金，可以向它进行低息贷款。后

来才知道，原来这项基金的来源是这样的：日本战败后，中国从人道主义出发，没有要他们的战争赔款，日本政府便成立了这么一个基金，以表示对中国的谢意。同时我们也知道，日本新土木研究所对于使用该项低息贷款负有直接审查责任，我认为我们可以争取这笔贷款。

有一次，国务院副总理谷牧到深圳来检查工作，我便向他当面汇报了关于建设盐田港和利用海外协力基金的设想。他支持盐田港的建设，但是他向我解释，日本海外协力基金数额有限，要求使用的单位很多，条件很严格，必须列入国家计划，你们不能完全指望这笔钱。我想就盐田港的条件，应该可以积极争取这笔基金。

我清楚地知道，要建设盐田港，深圳要成立一个经济实体，担负起盐田港的建设任务。当时市政府根据业务对口的原则，确定由深圳市航运总公司担负起建设盐田港的任务。后来经过研究认为，航运总公司只是一个使用码头的单位，根据它当时的经营范围和经济实力是没有能力单独担负起建设盐田港的重任的，便由我负责召开会议来解决这个问题。

我找了深圳经济特区发展公司，公司派了副总经理高林来开会。该公司是当时深圳市最大的国营公司之一，凡是涉及以土地来投资入股的，市政府都要该公司负责，它参加对解决资金问题很有好处。第二个是通知了中共沙头角区委书记刘斌，他是盐田地区的父母官，对盐田港建设会提供很多便利条件。第三个是通知航运总公司总经理庞震。李新亭和水运所的苏宁、王维柏也参加了会议。

会上我传达了市政府要开发盐田港的意见，并提出要他们三家成立一个公司担负起开发盐田港的任务。这个公司叫什么名字呢？开始想以盐田来命名，但当时盐田不像后来那么有名气，也有点土里土气，我便提出来盐田在深圳市东部，面临大鹏湾，就以"东鹏"来命名吧，也寓意了大鹏起飞这样一个好兆头。这时大家便同意了这家公司叫"深圳市东鹏实业有限公司"（以下简称"东鹏公司"）。

1984年底，这三家公司开会，深圳市沙头角实业发展公司、特区发展公司和航运总公司三家合营，注册资本300万元人民币。刘斌、符达章（特区发展公司部门经理）、庞震，分别代表三方股东在合同书上签字。

1985年1月24日，深圳市人民政府批准东鹏公司正式成立。该公司便担负起了建设盐田港的任务，这是建设盐田港具有起步意义的一件大事。

在长达10年的时间里，一直是以东鹏公司的名义来建设盐田港的。后来由于业务的发展便跟香港和记黄埔有限公司进行合营，1994年11月4日，东鹏公司改名为深圳盐田港集团有限公司。在长达10年的时间里，是以东鹏公司的名义来建设盐田港的。

盐田港建设一步步走向成熟

盐田港的建设要起步，一项重要的事情就是向国务院报告要求批准立项。因此，深圳市人民政府于1984年1月向省政府和国家计委、交通部上报《关于建设大鹏湾盐田深水港第一期工程的初步可行性研究报告》。

报告中说："深圳市委托交通部水运所进行了大鹏湾建港可行性研究，并邀请了与该项低息贷款负有直接审查责任的日本新土木研究所参加，联合进行了调查研究。认为大鹏湾是南海自然条件最好的深水港之一，而且地理位置十分重要，港口建成后可以沟通连接港澳地区，便于我国沿海和内地广大经济腹地的运输往来。对于发展我国对外贸易，促进本省和华南地区经济繁荣有重大意义。"

国家计委于1988年5月，复函广东省和深圳市，同意建设深圳大鹏湾盐田港一期工程，投资额3.3亿元，争取利用日本海外协力基金贷款5000万美元。

盐田港要起步，筹集建设资金是一项十分重要的工作。实际上，深圳市政府抓盐田港的起步，首先就是抓筹集资金。深圳市政府给上级的

第一份报告，就是1983年6月给省政府并由省政府转报给国家科委，要求向日本低息贷款的报告。

但正如谷牧副总理讲过的，用上这笔钱并非易事，经过将近八年，到1990年底才拿到了第一笔贷款。这中间经过了复杂的报批、审核、考察、论证等一系列过程。

先是由深圳市政府报广东省政府，再报交通部、国家计划委员会和国家科学技术委员会共同审定并提请国务院列入1984年向日本政府贷款的项目。1984年6月，国家科委国际科技合作局致函省政府，同意深圳市大鹏湾深水港建设开发调查项目列入1984年度中日间政府科技合作计划。一年后的1985年9月，经国家科委批准，市政府与日本国际协力事业团签署《关于日本国际协力事业团协助开发大鹏湾盐田港区调查及最终利用日本国政府贷款建设盐田港区问题的会议纪要》。主管财贸金融的副市长李广镇参加了签字仪式。1985年底到1987年初这段时间，日本国际协力事业团曾派出大鹏湾港建设计划调查团，对这项贷款进行了14个月的详细考察和评估。到了1988年12月，国家计委和经贸部才将盐田港列入了第三批日元政府贷款项目，同意1990年开始使用这笔贷款。实际上，到1994年底盐田港一期工程结算时，包括疏港铁路和公路共使用日元贷款约1亿美元。

在这段时间，盐田港的建设并没有等拿到日元贷款才动手，而是由东鹏公司出资、贷款和市政府、交通部拨款共筹集2300万元，于1988年便动工了。

为了加快盐田港的起步，市委、市政府一直都抓得很紧。1985年8月1日，深圳市委召开常委会，我以常委的身份参加了这次会议。

这次会议有关盐田港的问题主要是讨论港区的总体规划。会议原则通过盐田港的总体规划，并提出邀请国内外有名专家做进一步研究修订并要规划部门落实；会议还提出建港应以引进外资为主，多渠道融资方式进行，采用滚动式的，由小到大，分期开发，逐步建设。

根据这次常委会的精神，市规划局于1985年9月4日专门召开了盐田港区总体规划评审会。这是市政府首次对盐田区的总体规划进行专家评审并予以批准。这是盐田港区（包括铁路、公路、功能区划分）的第一张蓝图。会议结束前，我会见了专程参加这次会议的交通部计划司长远规划处处长林平亚。他代表交通部对盐田港区总体规划予以肯定，并建议市政府启动中日政府间科技合作项目——大鹏湾港开发计划调查，我当即表示同意。

1987年1月，中央、省和市有关部门在市竹园宾馆召开大鹏湾港建设评议会。市委书记、市长李灏，主管城市建设的副市长李传芳等到会祝贺，主管工业交通的副市长朱悦宁讲话，由我做了总结。我对专家们就日本国际协力事业团派遣的大鹏湾港建设计划调查团报告的评议给予肯定，根据市委、市政府对建设盐田港的指导思想，我提出了盐田港的建设方针是"全面规划、由小到大、分期建设、逐步发展"。为什么我强调全面规划呢，因为根据当时的资金和建港经验不可能一下子展开全面建设，只能从小到大、分期展开。但是这个由小到大是在做好全面规划前提下的由小到大，不能随便选一个地方动工，否则就会造成对港口资源的破坏。

1987年8月，市政府召开市长办公会议，会议由我主持，讨论了市交通办公室提出的《关于加速我市盐田港区开发有关问题的请示》。大家认为，前一段对加速盐田港区的建设做了大量的工作。当前的问题是如何进一步加快开发、建设盐田港的步伐。对交通办公室提出来的问题，逐项给予了解决。会上，我再次强调了贯彻"全面规划、分期建设、由小到大、逐步发展"的建港方针。

从1983年市政府把建设盐田港列入议事日程后，到1987年12月已经过了将近五年的时间，这段时间为盐田港的正式动工做了大量的准备工作：首先是成立了建设盐田港的经济实体——东鹏公司；由市政府上报省政府、国务院，申请盐田港一期工程的立项报告，已得到国家计委的原则同意；盐田港的总体规划已获得市委、市政府通过；起步建设的资金已经到位，日元贷款也在逐步落实；交通部水运所对盐田港的建设做

了大量的可行性研究和工程的设计工作。因此，于1987年12月14日在沙头角九径口举行了隆重的奠基典礼。

交通部老部长、中共中央顾问委员会常委王首道，交通部部长钱永昌，广东省顾问委员会委员魏震东（原省经济委员会副主任），我代表市政府，刘斌董事长代表东鹏公司参加了奠基仪式，到会共有500多人。这是盐田港起步的又一件大事。

打下的第一根桩，进来的第一艘船

半年后的1988年6月15日，由交通部四航局第一工程公司在盐田港区打下第一根桩。

按照国际惯例，一个工程的开工日期是从打下第一根桩、浇灌第一桶混凝土算起，那么盐田港正式动工日期应该是1988年6月15日。

八个多月后，即1989年3月2日港口建成举行试产仪式，"重任506"货轮顺利进港。市交通局局长孙桢，及东鹏公司领导吴显基、陈大强、李海涛、王维柏、苏宁等参加了仪式。

这是一个千吨级的小泊位，建港方针中我们提到"由小到大"，虽然它小，但是更大规模的建设是从这里开始的。

我所讲的盐田港的起步是指从1982年底，交通部水运所的苏宁、王维柏来深圳谈参加盐田港建设问题开始，到1989年3月2日盐田港建成第一个码头后，第一艘货轮顺利进港止这七年间的事情。关于盐田港起步的许多重大活动我都亲自参加过。后来由于工作的变动（由市政府到政协），我便没有再参与盐田港的建设活动了。

一个新崛起的国际大港

在起步之后，盐田港迅速地发展成了一个国际性大港，对中国的改革开放、深圳市的经济发展、把深圳市建成国际化大都市，起了越来越明显的作用。

盐田港能迅速地成为国际性大港有三件事是起决定性作用的：

第一，从1989年4月盐田港一期工程万吨级泊位正式动工，到1996年12月盐田港第二期工程正式动工，再到2002年11月盐田港第三期工程正式动工，在10多年的时间里连续进行了三期工程。它不仅建成了从1000吨到5万吨的泊位和集装箱专用泊位，还建设了疏港铁路、疏港公路、梧桐山隧道和扩大了港口的腹地，还装备了一批具有国际水平的港口专用设备，这就为盐田港成为国际大港打下了物质基础。

第二，1992年11月，盐田港作为国家一类口岸正式对外开放。大鹏海关和盐田口岸各联检单位同时正式挂牌办公，并隆重举行了开港典礼仪式，这就为盐田港成为国际大港在政策上提供了有利条件。

第三，1992年7月31日，香港长江实业有限公司董事长李嘉诚先生致信深圳市政府，表明他们愿意投资共同发展盐田港。1993年10月5日，东鹏公司与香港和记黄埔盐田港口投资有限公司在北京钓鱼台国宾馆签约，合资成立深圳盐田国际集装箱码头有限公司，深圳方占30%，香港方占70%，合作50年。李鹏总理、邹家华副总理等中央、省、市领导和李嘉诚先生出席了签字仪式。江泽民主席接见了李嘉诚先生。

邓小平1984年第一次视察深圳的时候曾提出，经济特区要起"四个窗口"的作用，即技术的窗口、管理的窗口、知识的窗口、对外政策的窗口。深圳东鹏公司和香港和记黄埔有限公司合资经营国际集装箱码头有限公司，充分地体现了经济特区"四个窗口"的作用。它对于我们学会管理国际大港，掌握港口运作技术，与国际上的航运业建立广泛、密切的联系起了有利的作用，推动盐田港加速成长为一个国际性大港。

到2004年底，深圳港的货物吞吐量已达到4000万吨，集装箱吞吐量1365万多标箱，集装箱的吞吐量在全国排第二位，稳居世界第四集装箱大港，其中盐田港区648万多标箱。

到2004年底盐田港的总资产108亿元，净资产69亿元，实现利润10.5亿元。目前已建成从1000吨级泊位到3.5万吨级泊位共7个，3.5万吨

级到5万吨级集装箱专用泊位9个。挂靠盐田港的国际航线58条,其中美洲线33条,欧洲线18条,亚洲线5条,澳洲线2条。

应该说,现在的盐田港区已成为了一个名副其实的国际大港。

(选自《大潮·口述:书记、市长与城市》,

中国文史出版社 2018 年 7 月版)

"华龙一号"问世记

—— 国际视野下的中国第三代核电技术之路

李鹰翔

世界核电发展的前世今生

全球范围内的核电发展，如果从1954年苏联建成奥布宁斯克——世界第一座核电厂算起，已走过了60多年的历程。一般来说，我们把20世纪50、60年代初，凭借早期原型反应堆而建成的核电厂称为第一代核电技术，其主要目的在于通过试验示范形式来验证核电在工程实施上的可行性。

20世纪60年代末，核电技术趋于成熟。特别是到了70年代，鉴于当时全球石油危机的影响，核电发展从北美到西欧猛然兴起，亚洲的日本也顺势而上，一下子扩展到世界近30个国家和地区。反应堆堆型出现多样化，有压水堆、沸水堆和重水堆等；单机功率规模也从几万、几十万提高至上百万千瓦。这被称为第二代核电技术，在第一代基础上实现了商业化、标准化、规模化。

1979年3月和1986年4月，相继发生了美国三哩岛核电事故和苏联切尔诺贝利核电事故，特别是后者造成人员伤亡和放射性污染，在世界范围引起对核电安全的担忧和恐慌。国际原子能机构为此组织多国核能专家，对切尔诺贝利核电事故进行了大量深入、细致和长期的调查、监

测、分析，发表了翔实、科学、可信的报告，说明事故的原因主要是违章操作所致，并由此提出了"安全文化"的概念，以及一整套与安全文化建设有关的政策、体制、职责、规范、培训、教育、素养、管理等要求。在此基础上，各国在安全技术方面也采取了一系列改进措施，使之在技术保障上更加完善可靠，形成了二代加改进的核电技术。我国核电建设正是在这样一个背景下起步，主要采用了"二代加"核电技术，因此在技术本质上已经胜过其他国家一筹。

随着世界核电的发展，为进一步提高核电的安全性和经济性，美国和欧洲先后制定了《美国用户要求文件（URD）》和《欧洲用户要求文件（EUD）》，对新建核电站的安全性、经济性提出了更高要求。因此，所谓"第三代核电技术"就是指能够充分满足URD或EUD的要求，具有更好安全性的新一代核电技术。现今，能够代表第三代核电技术的大致有六种堆型，其中最有代表性的就是美国的AP1000和法国的EPR，中国在发展核电过程中也曾引进过这两项技术。

"华龙一号"，中国制造

总体而言，我国核电发展采取的是"以我为主，中外合作"的方针。1991年，我国自主设计建造的30万千瓦机组秦山核电站，突破了中国大陆无核电的历史，为中国核电起步树立了一个里程碑。与此同时，我国又以中外合资形式引进法国M310技术建造了百万千瓦机组的大亚湾核电站，开创了高起点商用核电的先例。随后，我国又自主设计建造了60万千瓦机组的秦山二期商用核电工程，为"以我为主，中外合作"开拓了道路，大幅度降低了核电站的工程造价。与此同时，又沿用M310技术加改进建造了岭澳核电站，引进俄罗斯技术建造了田湾核电站，引进加拿大技术建造了秦山重水堆核电站。

进入21世纪后，我国核电建设全面展开，驶入快车道，在广东阳江、福建福清、宁德，大连红沿河、海盐方家山建设"二代加"技术核电站，并引进美国AP1000和法国EPR核电技术在浙江三门和广东台山建造第三代技术核电站。

AP1000堆型采取非能动的安全设计理念，技术方案有较大突破和革新，简化了系统设置和工艺布置，进行模块化式施工，在设计理念和施工模式上应当说是相当先进的。但是，由于AP1000在世界上尚属首堆，缺乏工程实践验证，设计没有固化，因此在实际施工中进行得并不顺利：累计设计修改已超过10000多件，特别是关键设备屏蔽泵研制试验耽误了很长时间，这将使整个工期延长两年以上，给业主造成极大损失。广东台山核电站采用法国EPR技术建设时同样出现了类似情况，也导致工程拖期。

为此，在多年核电建设的实践中，我国核电科技人员也更加理解了胡锦涛同志在视察秦山核电基地时曾讲过的那番话："核电产业是高技术的战略产业。实践证明，高技术特别是核心技术拿钱是买不来的。要坚持以我为主，这是发展核电的必由之路。"在认真总结自己的实践经验并充分吸收外国先进技术和管理的基础上，几代核工业人通过不断深入钻研、自主创新，终于研究设计成功"华龙一号"这项具有完全自主知识产权的中国品牌第三代核电技术，从而继美国、俄罗斯、法国之后进入世界核电先进技术的"第一阵营"。这不仅推动我国核电迈向新的发展阶段，并在核电领域为贯彻执行国家"一带一路"和"走出去"的战略方针，提供了坚实基础和技术实力，成为进入核电国际市场的中国品牌先进核电技术。

"华龙一号"的"中国特色"

在当今世界第三代核电技术中，"华龙一号"独具特色，也是中国核电科技坚持走"自力更生"道路后所交出的一份优异答卷。在设计理念上，"华龙一号"独树一帜：它采取了"能动+非能动的安全设计原则"，既不是对引进机型的翻版复制，也不是对引进技术的简单模仿，而是一套具有原创性和独特性的技术方案，能动加非能动，避免了采用单一非能动的安全设计在应对特殊事故和极端外部事件时可能出现的局限性。在核燃料布局上，"华龙一号"也有重大突破和创新：反应堆堆芯从157个核燃料组件扩增到177个，不但将发电功率提高了5%—10%，而且使线功率密度大幅度下降，从根基上提高了安全性能。在系统设置上，"华龙一号"采取多重安全系统、单堆布置、双层安全壳，以及全数字化仪控。在工艺布置上，堆芯测量从堆顶引入，通过蒸汽发生器二次侧进行能动+非能动的堆芯余热导出，通过压力容器外表面进行能动+非能动的堆腔注水冷却，通过安全壳喷淋和非能动冷却回路进行能动+非能动的安全壳热量导出，等等。所有这些，都为高标准安全性提供了有效的支撑。

"华龙一号"不仅安全可靠，技术先进，而且在经济性方面也有显著优势。体现在设计方面，首先，充分考虑了国内核工业基础和核电装备制造能力，能够最大程度实现设备国产化：首堆示范工程的设备国产化率预计可大于85%，这就可大大降低核电工程造价，同时也可降低电厂运行期间设备和零部件的更换成本。其次，采用18个月的循环换料周期，减少停堆时间，可以大幅度提升电厂可利用率。再次，采取有效措施，确保电厂设计寿期60年，提升电厂的运行期。所有这些，使"华龙一号"经济性具有较强竞争力。

由于"华龙一号"拥有完整的自主知识产权，可以自主出口，不受外国知识产权的制约，一改过去长期依靠"引进"，只能翻版复制、不能自主出口的尴尬局面。"华龙一号"的出口将带动中国核燃料和核装备制造的发展：出口实行设计、设备、燃料、建造、调试一体化服务，并对进口国承诺提供全寿期核燃料的供应和服务，可使单台机组出口创造的产值（包括工程、设备和全寿期核燃料等产值在内）达到人民币1300亿元以上，大大提升了核电出口的经济规模。

"华龙"下一步：打破首堆拖期的怪圈

2015年5月7日，"华龙一号"首堆示范工程在福建省福清市正式落地开工。近一年来，总体开局良好，工程进展顺利，每个工程节点都按计划进度圆满实现，安全质量可靠。为此，担任首堆示范工程总承包的中国核电工程公司总经理刘巍说："当所有的人都在为'华龙一号'欢呼的时候，我们则应该谨慎地考虑，如何把'华龙一号'建成一个精品工程。别人欢呼的时候，我们要冷静。尤其当总理在考察'华龙一号'的时候，特别指示安全上要做到万无一失，经济上要做到有竞争力，这就需要我们更加精心管理和设计，进一步把研发落到实处。""华龙一号"总设计师邢继曾当选中央电视台2015年度十大科技创新人物，面对示范工程的可喜进展，他头脑里时刻装着的也是工程下一步可能会出现何种挑战，又该如何应对和解决。"首堆拖期"就是"华龙一号"所面临的挑战之一。

"首堆拖期"似乎已经成为国际上第三代核电项目建设当中跳不出去的"怪圈"。无论是美国AP1000或是法国的EPR，无论在中国三门项目（利用AP1000技术）或是在芬兰奥尔基洛托项目（利用EPR技术），其首堆工程进展都不很顺利，建设中出现过严重拖期现象。究其原因：一是设计没有固化，导致设备采购、制造和建造过程中的不断变更，因而造成拖期；二是新的设备制造工艺没有跟上，导致反复试验不过关，最终造成工程整体拖期。

对于拖期等可能出现的各种风险与挑战，中核集团福清基地对"华龙一号"首堆示范工程做了相当充分的准备。而支撑"华龙"团队应对挑战的，正是中国核工业人几十年锤炼出的品质：把事业视为高于一切，把责任担当看作重于一切，任何时候都不会松懈懒怠。正如邢继所说，这支团队"内心一直保有一种闪光的东西"，这就是为国家争光，在关键时刻能攻关、突破和冲刺。

事实上，早在2011年"华龙一号"首堆负挖工程就已经开始，只是后来受日本福岛核事故影响而暂停。这次开工前，为确保示范工程建设质量与进度，"华龙"团队创造性地开展了沙盘推演行动，制定出严密的风险防范措施。"华龙一号"技术创新点多，除成熟堆型建设已知的大量风险外，还有未知的众多不确定性。在沙盘推演过程中，"华龙"团队对重点环节的预警、报告、组织、沟通、领导、控制、可调动资源，以及相应的制度程序等八大领域的各种风险进行测试，由此形成26项待改进项目，分别提交设计、施工单位进行讨论并提出整改计划。由于设计尚未固化，首堆工程在实施过程中发生设计变更是难免的；如同爬山，没有爬到那个高度，就看不到山后是个什么样子，就发现不了前进中的坎坷和难点，而这些问题只能在实践中不断发现并解决。对此，"华龙一号"采取总承包模式，实行设计、采购、建造、调试一体化，这样就能更好地协调业主、设计、设备制造、施工等项目各方的关系，处理好各种接口，从而有效地确保示范工程顺利进行。此外，对于当年在三门AP1000项目中发生的因屏蔽泵研制试验不过关从而产生拖期的教训，"华龙"团队也有充分信心不会重蹈覆辙。因为"华龙一号"的主要大型关键设备是已经在"二代加"核电工程上采用过的，制造工艺比较成熟，不存在制造难的"卡脖子"问题。

现在，福清现场项目各方正齐心协力、团结合作，他们决心要打破世界第三代核电建设史上首堆拖期的怪圈，保证"华龙一号"首堆按期建成发电，为中国品牌树立一个新的全球典范。

"华龙"之梦：中国核电"走出去"

中央十分重视"华龙一号"的研究设计成功，并把它列为实施"一带一路""走出去"大战略的重要项目，推介给世界各国。在维也纳国际原子能机构的核能技术展、巴西里约热内卢的中国装备制造业展、俄罗斯莫斯科的国际核工展等一系列国际展览上，"华龙一号"模型和图片的展出，受到各国政要和同行高度重视和仔细观察，习近平主席和李克强总理也都亲临现场助力。在南非，习近平向南非总统祖马介绍："这是我们自己的技术，我们要把它推向非洲和全世界。"在开罗，习近平对埃及总理谢里夫·伊斯梅尔说："'华龙一号'机组单台功率一百万千瓦，中国核电建造规模世界第一。"在里约热内卢，李克强总理表示支持"华龙一号"落地巴西，并表示还将向其他国家推介。目前，"华龙一号"作为第三代核电先进技术新军，已同英国、巴基斯坦、罗马尼亚、阿根廷、巴西、南非、埃及等国达成合作协议，并将进一步向欧洲、拉丁美洲、非洲和南亚地区有意发展核电的国家积极推进。

世界核电在继续发展。截至2016年1月1日，我国在运核电机组已有30台，装机容量2830万千瓦；同时还有24台核电机组在建，装机容量2636万千瓦，在建规模世界第一。如今，我国又将第三代核电技术"华龙一号"投向国际市场，国际同行认为，中国已成为世界核电发展当之无愧的领跑者。

（原载于《纵横》2016年第5期）

第一个五年计划与156项建设工程

刘庆旻

中国新民主主义革命的胜利以及中华人民共和国的成立，为中国发展经济、实现民族富强开辟了广阔的道路。毛泽东曾经预言：中国经济建设的速度将不是很慢而可能是相当快，中国的兴盛是可以即日成功的。

为什么要编制"一五"计划

新中国成立之后，以毛泽东为代表的中国共产党人，以从来就有的能够战胜一切困难的英雄气概，带领全国人民开始了经济建设的新长征。但也必须看到，新中国在解放之前的经济发展水平是极为低下的。因而，三年恢复时期刚结束时的我国国民经济，仍然显得十分薄弱和落后。

1952年，我国许多重要的工业产品人均产量，不仅远远落后于工业发达国家，也落后于1950年的印度。如人均钢产量，中国为2.37公斤，印度为4公斤，美国为538.3公斤，日本为81.7公斤，苏联为164.1公斤；人均发电量，中国为2.76度，印度为10.9度，美国为2949度，日本为604.1度，苏联为553.5度。这是因为，那时我国许多工业部门还没有建立起来，农业生产手段还处于十分原始的状态，还没有现代化的国防工业，因而国民经济整体水平总的来说仍然是非常低下的。

针对上述情况，毛泽东十分感慨地说："现在我们能造什么呢？能造桌子椅子，能造茶碗茶壶，能种粮食，还能磨成面粉，还能造纸。但是，一辆汽车、一架飞机、一辆坦克、一辆拖拉机都不能造。"为此，毛泽东语重心长地告诫大家：牛皮不要吹得太大，尾巴不要翘起来。中国人还得谦虚谨慎，发愤图强，继续奋斗。

为了进一步加速国家的经济建设，就在国民经济恢复阶段即将结束的时候，党中央根据毛泽东的建议，提出了以工业化为主体、以三大改造为两翼的过渡时期的总路线。随即，根据过渡时期总路线的要求，党中央决定制定发展国民经济的第一个五年计划。

那么，"一五"计划是怎样编制的呢？

1951年2月，中央在北京召开了政治局扩大会议，这次会议主要讨论了8个问题，其中最主要的是提出了"三年准备，十年计划经济建设"的重要战略思想。会议明确指出，这个思想"要使省市级以上干部都明白，准备时间，从现在起，还有22个月，必须从各方面加紧进行工作"。在这次会议精神指导下，中央财经委员会于当年春天提出了五年初步设想，这个设想后来成为编制"一五"计划的最初尝试。第二年初，根据周恩来的提议，中央决定成立由周恩来、陈云、薄一波、李富春、聂荣臻、宋劭文组成的领导小组，组织领导"一五"计划的编制工作。同年8月，仍由中财委具体负责，试编出《五年计划轮廓草案》。这一草案，虽然只是粗线条地勾勒了计划轮廓，提出的计划指标还略显过高，但它为以后修订计划奠定了坚实的基础，提供了一个很好的蓝本。

当时，中国共产党人对于如何发展经济建设心里是没有底的，而最早实行计划经济并且取得显著成绩的是当时的社会主义国家苏联，中国那时实行的是"一边倒"的外交政策，这就决定了只能向苏联学习经济建设经验，并希望能够得到苏联的帮助。在这样一种大的环境下，《草案》编出后，中国马上派出以周恩来为团长的政府代表团携带《草案》赶赴苏联征询他们对计划的意见。苏联政府领导人看过《草案》后认

为，这还不能算是五年计划，不仅不是计划，即使作为指令也不够。他们表示愿意对我们的《草案》加以进一步研究，并提出修改意见。

这次赴苏，周恩来、陈云在苏联逗留了一个多月，其间，两次拜会了斯大林并专就"一五"计划问题向斯大林进行了请教。斯大林听了中国同志的请求后诚恳地对"一五"计划谈了一些原则性的意见，他说，中国三年恢复时期的工作给我留下了很好的印象。但五年计划草案中规定工业总产值，每年递增20％，我认为太高了，应该降到15％或14％。他还说，计划不能打得太满，要留有后备力量，以应付意外困难和事变。周恩来等对斯大林提出的意见非常重视并认真加以分析和研究，后来这些意见在定型的计划中大都得到了采纳。

1952年底，中央领导层在讨论《五年计划轮廓草案》时，细致分析了当时的形势并结合实际作出了四项指示：一是要执行"边打、边稳、边建"的方针；二是要把有限的资金用到国家重点建设中去；三是要合理利用现有工业基础，充分发挥现有企业的潜力；四是要以科学求实的态度从事计划工作，使计划能够反映出经济发展的客观规律。中央的这些指示，在后来的计划编制工作中得到了很好的贯彻。翌年初，国家计委、中央各部、各大区又进一步广泛收集了有关经济发展状况的资料和数据，中财委根据这些资料和数据，对上年编制的计划草案又做了必要的充实和调整。6月，国家计委根据中央的要求，按照"计划指标应留有余地"的精神，又进一步下调了原计划中的工业年均增长速度等各项指标，并在计划中强调在重点发展重工业的同时要加快发展农业和交通运输业等。这些重大修改对后来计划编制工作的最终完成应该说是起到了关键作用。

周恩来和陈云离开苏联回国后，李富春率领代表团继续留在莫斯科与苏联有关部门进行广泛接触，征求意见，并商谈苏联援助我国的具体项目。

几个月后，苏共中央、苏国家计委和苏有关专家终于从总体上对中国的"一五"计划拿出了意见，米高扬为此向李富春作了通报，苏联提出这些意见大体要点是：一是认为"一五"计划的工业化和发展重工业是正确的；二是从政治上、舆论上、人民情绪上考虑，计划不仅要保证完成，而且一定要超额完成；三是要注意培养自己的专家；四是要加强地质勘探等发展经济的基础工作；五是要注意农业、手工业和小工业的发展等；六是要巩固人民币，扩大购买力，发展商品流通；七是要提高工业总产值、劳动生产率以及技术人员的增长速度，以保证劳动生产率的提高、保证国家的积累和保证技术水平的提高。这些意见虽然是根据苏联经验而谈的，但基本上也符合中国实际，由此成为修改"一五"计划的重要参考。

1954年4月，根据工作发展的需要，中央决定调整编制"一五"计划工作的领导班子，成立了由陈云为组长的8人小组，其成员有高岗、李富春、邓小平、邓子恢、习仲勋、贾拓夫、陈伯达。这一年的8月，在陈云和李富春的主持下，8人小组对"一五"计划草案的初稿进行审议，他们接连举行了17次会议，对草案逐章逐节地进行讨论和修改。10月份，毛泽东和刘少奇、周恩来聚会广州，用了一个月的时间，也对修改后的"一五"计划草案进行了审议。11月，在陈云主持召开的中央政治局会议上，与会者仔细讨论了"一五"计划的方针任务、发展速度、投资规模、工农业关系、建设重点和地区布局。随后，对"一五"计划草案又提出了许多修改意见和很好的建议。1955年3月，党的全国代表会议讨论通过了"一五"计划草案，并建议由国务院提请人大审议批准，颁布实施。7月，全国人大一届二次会议审议并正式通过了"一五"计划。至此，编制"一五"计划的工作圆满结束。

156项建设工程是"一五"计划的中心

第一个五年计划是实现过渡时期总路线的关键步骤，是总路线"一化三改"内容的具体化。由此说来，"一五"计划的任务是："集中主要力量进行以苏联帮助我国设计的156项建设单位为中心的、由限额以上的694个单位组成的工业建设，建立我国工业化的初步基础；发展部分集体所有制的农业生产合作社，并发展手工业生产合作社，建立对于农业和手工业的社会主义改造的基础；基本上把资本主义工商业分别地纳入各种形式的国家资本主义的轨道，建立对于私营工商业的社会主义改造的基础。"

在"一五"计划实施的过程中，工业化建设是其中心，而重工业又是工业建设的重点，所以说工业体系的建成，是实现国家的社会主义工业化和国家独立、民族富强的当然要求和必要条件。近代中国百年来之所以积贫积弱，原因之一就在于工业落后。新生的人民共和国要从根本上改变经济文化贫穷落后的面貌。实现国家独立和富强，就必须建立起比较完整的工业体系和国民经济体系，实现国家的社会主义工业化。

那么，逐步实现工业化，要走一条什么样的道路呢，从哪里入手呢？毛泽东和党中央经过反复权衡和深入讨论，决定优先和重点发展重工业。因为重工业是社会主义最为根本的立足点，是擎起社会主义大厦的栋梁，是社会主义能够顶天立地、百折不挠的"钢筋铁骨"。正如列宁曾经说过的，社会主义唯一的物质基础就是大机器工业，没有高度发达的大工业，就根本谈不上社会主义。然而，在当时，有些人则看不到发展重工业的必要性和重要性，在他们眼里，只看到我们缺乏资金，只看到帝国主义在封锁我们，只看到我们缺乏发展重工业的基础。他们认为，中国经多年战乱，亟须休养生息，当务之急是尽快恢复经济，改善人民的生活，因此应当多搞一些轻工业。还有人提出，工商业者可以专搞轻工业，国家则专搞重工业，这样分工合作，可以既利民又利国，其实这也是没有把重工业放到应有的位置。针对上述种种，毛泽东提出了善意的批评，还称他们的观点是"小仁政"的思想。在一次会议上，毛泽东语重心长地对大家说，所谓仁政有两种：一种是为人民的当前利益；一种是为人民的长远利益。前者是小仁政，后者是大仁政。我们的重点应当放在大仁政上。也就是我们施仁政的重点应当放在重工业上。如果照顾小仁政，妨碍大仁政，这是施仁政的偏向。毛泽东在这里意在告诫人们，发展重工业和发展轻工业、农业一样，都是为着国家和人民的利益所计。但发展重工业，为的是国家的长治久安，为的是人民的长远利益和根本利益。人无远虑，必有近忧。在当时那样的历史条件下，优先发展重工业应该说是一种必然选择；是智举也是善举。

实事求是地说，中华人民共和国成立之初我们对于怎样发展重工业，上哪些项目，部门间保持什么样的比例，如何相互配合，确实不太清楚。在那样一种情况下，把苏联帮助我们援建的156项建设工程作为工业化建设、也是重工业建设的中心和重点，是当时历史条件下的必然选择。苏联的帮助，可以说是中国工业化建设得以进行的重要条件。156项建设项目是中苏双方经过多次商谈才确定下来的，有的是中方先提出的，有的是苏方先提出的，后经过协商确定。其双方协商大致有5次：第一次是1950年商定50项；第二次是1953年商定增加91项；第三次是1954年商定增加15项；第四次是1955年商定再增加16项；第五次是口头商定再增加2项。五次商谈共确定项目174项。后经过反复核查调整，有的项目取消，有的项目合并，有的一分为几，有的推迟，有的不列入限额以上项目，最后确定为154项。因为计划公布156项在先，所以仍称为156项工程。

156项工程主要是重工业项目，从实际施工的150项看：军工企业44个，其中航空工业12个、电子工业10个、兵器工业16个、航天工业2个、船舶工业4个；冶金工业企业20个，其中钢铁工业7个、有色金属工业13个；化学工业企业7个；机械加工企业24个；能源工业企业52个，其中煤炭工业和电力工业各25个、石油工业2个；轻工业和医药工业3个。这些建设项目主要配置在我国东北地区、中部地区和西部地区。其中的106个民用工业企业，布置在东北地区的有50个，中部地区的有32个；44个军工企业布置在中部和西部地区的共有35个，其中有21个安排在四川、陕西两省。不难看出，通过苏联援建的这150个项目的建设企业，以及为其配套项目的建设，使我国经济建设的工业布局迅速展开，在很大程度上改变了我国工业倚重沿海的不平衡状态。它对于我国建立起比较完整的基础工业和国防工业体系的骨架，起到奠定社会主义工业化初步基础的重要作用。

当然，苏联在那时援助我们并不是无偿的。比如1953年5月中苏两国签订的协定中规定，在1954年至1959年间，中方向苏方提供钨砂16万吨、铜11万吨、锑3万吨、橡胶9万吨等战略物资，作为苏联援建项目的补偿。但总的来说，苏联的援助是真诚的，他们动用人力、物力帮助我们编制计划、援建项目、供应设备、传授技术、代培人才、提供低息贷款，并派出3000多名专家和顾问来华帮助建设，确实表现出高度的国际主义精神。

"一五"期间建立工业体系的成就

"一五"期间的经济建设，由于全党上下的一致努力，再加上苏联等社会主义友好国家的支持，以156个建设项目为中心的工业建设到1957年取得了前所未有的成就，其主要有以下两个方面：

第一，改变了基本建设投资分配，一大批新建项目建成投产。

随着工业布局的展开，五年内完成基本建设投资总额达477.22亿元，超过原定计划的11.6％，加上企业和地方自筹资金，全国实际完成基本建设投资总额539.30亿元。工业建设投资达250.26亿元，新增加的工业固定资产为200.6亿元，这一数字超过了旧中国近百年来所积累的工业固定资产（即128亿元）的总和。施工的工矿建设项目达1万个以上，其中大中型项目921个，比计划规定的项目数增加227个。到1957年底，全部投产的建设单位有428个，部分投产的有109个。其中值得人们引为自豪的是我国过去没有的一些工业部门，包括飞机制造业、汽车制造业、重型机械和精密机器制造业、发电设备制造业、冶金和矿山设备制造业，以及高级合金钢和有色金属冶炼业等从此建立起来，如：鞍山钢铁公司的大型轧钢厂、无缝钢管厂以及自动化炼钢炉，长春第一汽车制造厂、沈阳第一机床厂、沈阳飞机制造厂、沈阳电缆厂、哈尔滨锅炉厂、哈尔滨量具刃具厂、哈尔滨电机厂、北京电子管厂、武汉重型机床厂、洛阳拖拉机厂、西安高压开关厂、西安电力电容器厂、兰州石油机械厂等等。由于这众多的建设项目上马，使过去没有的许多新工业建立起来，这些新的工业部门的建立，填补了我国工业中的空白，使我国的工业结构大为改观。

第二，工业生产能力显著增强，工业发展速度明显增加。

由于新建企业一批批地投入生产，再加上原有企业生产潜力的发挥，使我国的工业生产有了调整发展。五年内，工业总产值以每年18%的速度增长，达到704亿元，超过了原定计划。现代工业产值在工农业总产值中的比重由1952年的26.6%上升到43.8%。重工业在工业总产值中的比重由1952年的35.5%上升到45%，由此使旧中国重工业过分落后的状况有了很大改变。不仅如此，工业发展速度在当时也远远高于主要资本主义国家。例如，1953年到1957年工业生产平均每年增长速度，工业生产指数为：中国是18%，英国是4.1%，美国是2.8%。钢的产量：美国是3.9%，英国是5.7%，中国是31.7%。美国用15年、英国用24年使钢的产量增长400万吨左右，而中国只用了5年时间。还有，在原煤产量、原油产量、发电量以及工业技术力量等等方面也有了大幅度增长。

此外，在以156项建设项目为中心的"一五"建设期间，我国的农业生产、交通运输、邮电通信、商业、卫生和科学教育文化事业也都有了很大发展，人民生活水平也得到一定程度的提高。各行各业轰轰烈烈，蓬蓬勃勃，整个国家欣欣向荣，蒸蒸日上，全社会呈现出崭新昂扬的精神风貌，这是中华人民共和国成立以来少有的好年段。

（选自《新中国往事·"第一"解读》，
中国文史出版社 2011 年 1 月版）

为了城市的春天

——亲历新中国城市规划与建设

周干峙　口述

潘　飞　整理

都市计划委员会——新中国第一个城市规划机构

1949年5月，我还在清华大学建筑系读书。当时北平刚解放不久，就成立了城市规划的机构——都市计划委员会，也叫"都委会"，比新中国成立的时间还早。"都委会"负责新中国成立后首都的建设规划，这也可以说是新中国最早的城市规划机构。实际上，那时根本还没有宣布未来中国的首都会定在哪里，但是我们都感觉到应该会是北平。为什么？一开始就搞北平都市计划，而且马上要考虑中央所在地在哪里，领导人住在哪里，就从这里感觉到北平的特殊地位。

后来，在第一届全国政协会议上，果然确定了北平作为首都，我们也很快就知道了。我们学生怎么会知道呢？是因为我们的老师梁思成他们知道。关于首都的选址、规划、建设等问题，中央领导人要征求他们的意见，他们听后很受鼓舞，一回来就告诉我们了，我们听后也很兴奋。所以我觉得，我们的城市建设工作，从一开始就得到了很高的重视。

北平解放后的城市建设，第一件事情干什么？很有意思，梁思成先生跟我们讲，是清除城墙周围的垃圾。这是因为过去没有人管房子，没有人管马路，没有人管扫垃圾，老百姓把垃圾都堆到城墙边，越堆越高，整个成了垃圾山。所以，解放军一进城，第一件事情是先把垃圾清扫干净，人才可以进出。这个问题不解决，什么修路、盖楼、通水通电，统统不要想。

以苏联为榜样——新中国最初的城市建设思路

北平还没有解放前，我们还在学校里读书，但已经知道当时世界上有两种主要的制度：一种叫社会主义制度，一种叫资本主义制度。实际上，当时我之所以选择北上读书，就是觉得那里的气氛比南方更自由、更民主。北平解放以后，全国大局已定，我们学建筑的知道会参与到建设新城市的重要任务当中去，都很兴奋，因为这个行业以前需求很少，现在被提到这么重要的位置上，在解放以前是不可想象的。

当时，我们从专业上、政治上，都向往苏联，苏联老大哥嘛，因此就是要学苏联，学习苏联的建设经验，实现社会主义、共产主义的伟大目标。那个时候，我们从书本上知道，世界上有两种城市：一种叫社会主义城市，是有计划发展的，全部都是为老百姓服务的；一种是英美式的，那个时候叫帝国主义的城市，是为少数人服务的，所以才会出现贫困等城市问题，而这些问题他们是不可能解决的，也解决不了的。

所以说，在新中国的城市建设思考中，我们一开始就碰到一个新方向的选择问题，也就是探索新的社会主义建设道路的问题，虽然对社会主义道路具体怎么走有不同看法，但有一点是很明确的，那就是向苏联学习，以苏联作为榜样，而绝不以伦敦、纽约、华盛顿为榜样。因此，用我们建筑专业的行话来说，坚持社会主义是一根"红线"，不能走资本主义的道路，要走社会主义的道路，这一点在理论上、原则上都已经十分明确了。

然而，虽然向苏联学习开展社会主义国家建设这条路已经非常明确了，但是对于在共产主义、社会主义这个大方向下，落实到具体城市建设中该怎么去办，当时大家对这一点的认识还不那么清楚和具体。那个时候，由于我们老师这一辈大都是留学英美的，最早接触和熟悉的都是关于西方国家城市建设的那一套，像伦敦规划、巴黎规划等等。我们作为建筑专业的学生，从学校和老师那里听到、看到的主要也是这些。因此，对于究竟什么样的是社会主义，什么样的是社会主义城市，谁也说不清楚。但是，这并不影响大家探索社会主义新城市建设的热情和决心。

"九六之争"——找一条我们自己的长远发展道路

要走社会主义城市建设的这条路，具体怎么做？第一个是标准问题。那时，我们虽然可以看到很多国外的规划图，但看不到细节，例如它根据多大的定位、目标等等，来规划城市。这些具体的、细致的东西，人家如果不告诉你，我们也不知道。

新中国刚成立的时候，苏联还没有大规模派城市规划方面的专家来华，因此我们最开始向苏联的学习，主要是找一些他们的理论性文章和报道来看。从这些内容里，我们知道苏联在城市规划和建设方面的一些原则是非常好的。例如，他们提出城市要为全民服务，而不是为某一部分人服务，而且从一开始就注重解决贫民窟和贫富不均的问题。受到他们的启发，我们也开始进行改造城市贫民区的实践。记得北平刚解放那会儿，天桥有一个贫民区，当时我们学生社会实践就是到这个贫民区去调查。回来以后，系里面就开始布置任务，围绕怎么改造这个区域来做规划。

还有，就是城市居民的住房建设规划。房子盖得好还是不好？要通过实践来检验。其实那时候我们对这一点也没有什么经验，就是知道社会主义要为全民服务。首先树立一个概念，就是人人要有房子住，而且每人的房子要达到一定的标准，很具体，这一点也是向苏联取的经。当时我们从苏联的经验中，知道他们的住房规划里对每个人的居住面积有一个最低标准，不能低于它，不然就不符合社会主义原则了。

这个标准是多少呢？人均居住面积9平方米，这指的是套内使用面积，是纯面积。这个标准据说是列宁批示的。为什么是9平方米？据说当时苏联在搞规划的时候，最开始围绕这个标准也发生了很多争论，后来请建筑专家跟医学专家合作，大家一起商量，看从身体健康的角度，到底一个人至少需要多少居住面积才够。最后大家分析讨论的结果，认为3米高、3米宽、3米长，也就是9平方米的平面面积、27立方米的空间体积是人最基本的需要。苏联医学家认为，按照一个人最低的呼吸要求，特别是在冬天，关上门窗后最少需要27立方米的空气才够，所以至少要这么大的居住空间，才符合居住卫生的需要。当时在苏联，这个标准非常关键，直接标志着你是社会主义还是非社会主义。

但是，当时中国是不可能达到这个标准的，因为没有那么多钱。那个时候，全国基本建设的投入也不过就是100多个亿，用到城市建设上的，大概也就是3—4个亿。以首都北京为例，我们当时的调查结果显示：人均居住面积还不到4.5平方米，和苏联整整差一倍多。这么大的差距，你怎么一步到位学苏联呢？而且，当时的实际情况是处处要钱，除了盖房子，还要解决喝水、解决交通、解决修路……哪一样不需要钱？因此，当时在我们规划行业里头，围绕这一点马上出现了争论，就是究竟要不要照搬苏联？那时候，这算得上是我们这些搞规划的碰见的第一个真正有挑战性的问题。记得当时有人提出反对意见，说苏联人冬天习惯关窗户，而中国人习惯经常开窗，而且中国南方和北方情况也不一样，所以我们不需要9平方米那么多。当然，最根本的原因，还是钱的问题，国家财政上没有那么多钱嘛。后来，大家普遍认为9平方米意味着要翻一番，一下子肯定做不到，只能一步一步来，不能一口吃成个胖子。就这样，我们从中间取了一个标准，既不照搬苏联，也比现状要高，也就是人均居住面积达到6平方米。这样一来，就可以省下很多

钱。这件事，我们管它叫"九六之争"。

据我了解，现在我们的人均居住面积恐怕已经超过9平方米了，但是在当时，应该说6平方米的人均居住面积已经是一个了不起的成就。在这之前的中国历史上，没有听说哪个政府专款搞城市建设的，没有哪一个政府说给老百姓盖房子要达到一定标准才行的，根本没这个概念，只有在新中国，我们才做到了这一点。

从"九六之争"这件事开始到现在，在我们这个行业里头，争论总是不断，形式之争、标准之争、新旧之争……不是这个问题就是那个问题，可以说已经成为我们行业的一个特点。我想这至少可以说明两点：第一，我们的城市规划，从一开始就跟新中国发展的大方向，跟新中国的大局、全局，是分不开的。第二，我们的城市规划，从一开始就在努力探索怎么适应中国社会发展，怎么走一条有中国特色的城市发展道路。实际上，这个问题一直到现在都存在，只不过在不同时期和阶段，重点不一样，主题不一样而已。

"156项"工程——新中国城市建设的第一个春天

在我的印象里，新中国城市规划和建设迎来的第一个春天，是伴随第一个五年计划的实施而诞生的。当时城市建设的主要任务，就是配合"一五"计划，而其中的核心问题之一，就是研究搞好由苏联援建的156个重点工业项目。当时，新中国刚成立不久，百废俱兴。在头三年的国民经济恢复期里，中央就开始酝酿"一五"计划，其中的主要任务就是156项工程，由政务院财政经济委员会（"中财委"）负责筹划，陈云是当时中财委的主任。

苏联援助的项目是陆续增加的，从1952年的50项，增加到1953年的141项，最后到1954年增加到这156个工业大项，包括炼钢、炼油、军工等等。项目名单经过各级到中央的层层论证，最后才下决心确定并和苏联签订了协定。当时，工业建设的重要性是放在最前面的，中央提出一定要保证工业建设。所以，城市规划就被提上议事日程了，因为要配合工业建设：项目如何布局？放在哪里？如何建？需要多少工人？于是，我们就要考虑工厂选址、计算需要盖多少房子、要修多少楼、要用多少水……要把这个事情搞上去，生产才可以搞，这就叫配合工业建设。所以，1951年，中财委会成立了城市规划处；1952年8月，中央专门成立建筑工程部（"建工部"），也就是后来的建设部，初衷就是为了配合"一五"计划，迎接重点城市的规划和建设工作。当然，那时城市建设还谈不上配合经济建设，更谈不上配合农业建设的问题。

那么这156项工程怎么布局、怎么摆呢？这就是接下来的头等大事。围绕156项工程，经过反复研究，确定了初步方案，除东北以外，主要在京广线以西布局，并确定了包头、西安、兰州、洛阳、太原、大同、武汉、成都等八个重点建设城市。在这件事上，我们新中国的确非常了不起，我们真正开始全盘、全局地考虑问题，开始大规模地按计划、按规划来办，虽然当时我们没有经验，基础也差，但做到了有条不紊。把这156项摆好，这是我们社会主义建设第一件大事情，有了这个，慢慢地才可以带动经济发展、带动人才培养。

1953年二三月间春天将至的时候，"中财委"派出工作组到西北选厂，研究摆哪些项目和怎么摆的问题。当时我刚从清华毕业不久，被调到建工部城建局规划处，马上就跟着工作组专家去西北，到包头、西安、兰州、银川等地方出差，参加工厂选址和城市规划工作。当时工作组带队的是二机部副部长万毅中将，同行的还有中财委管建设的杨放之、蓝田，建工部城建局局长孙敬文、规划处处长史克宁、翻译刘达容，以及何瑞华和我两个年轻的技术人员。同行的苏联专家是1951年来华的亚历山大·穆欣，当时他已经快60岁了，任城市规划顾问组组长，他的意见很有权威性，我们也很尊重他。

我出差去的第一个地方是包头。156项里有包头钢铁厂项目，因为在包头西边的山沟里头发现了铁矿。当时，包头荒凉到什么程度？难以想象。小小一个包头城，一出去满眼全部都是荒滩，我跟着大家骑马去昆河，也就是现在包钢附近，昆河边上除了几户牧民以外，放眼望去一片空旷。路上问一个牧民到那里有多远，他回答说"一鞭之地"，意思是骑上马抽一鞭子，跑完那么远的距离就是。你再去看看现在的包头，已经不可同日而语了。那个时候我们去兰州、银川、西安，先坐专机从北京直飞兰州，等到从兰州再往西北走，不要讲铁路了，连公路也很不完整，最后只能派军队，用军用吉普车把我们送去。我记得当时到了银川，一出城就是沙丘挨着沙丘，简直是荒芜不堪，那么你看后来那里的变化有多大。

当时国家真的是一穷二白，连一份像样的地图都难得找到。"一鞭之地"这件事还说明一点，就是没有路程、距离这个概念。所以我刚到建工部报到，准备去西部出差前的第一个任务就是找地图。记得我先去的是总参一个测绘局，接待我的人都戴着口罩，为了保密。那时还没有中国自己测绘的比较详细的全国地图，给我的还是当年日本侵华时画的军用地图，五万分之一的。但是，日本人测绘的西北地区的地图还是粗得不得了，但有总比没有强啊。地图的准确性对我们干这行的来说太重要了，地图标得不准，按照地图作出的规划位置和实际情况对不上，那就糟糕了。所以，还得我们自己到实地一个个地核对，对照地形地貌，了解村庄、平地的大小、了解河川山头的走向，研究怎么布局，并当场勾画草图记录下来。这样经过几次考察，基本确定各个地方的项目类型和数量，比如兰州主要发展石油工业，西安主要安排机械工业。就是在这种条件下，中国人一点一点把西北的基础打下去的，很不容易，换了别的国家，不见得都能做到。

布局选址问题解决以后，紧接着就要考虑具体的城市总体规划，落实项目位置。当时苏联专家提出，要搞建设，城市规划非常重要，那么多建设项目，首先要做的就是编制城市总体规划。中央也强调要集中力量，抓紧拟定城市总体规划草案。于是，由建工部负责从全国各地抽调人员，组建城市规划队伍。同时，由于人手有限等原因，上面这八个城市不可能同时组建自己的规划队伍，那么它们的城市总体规划就全部由建工部派规划组去帮助编制。事实证明，当时苏联专家的建议和中央的决策是非常正确的。

156项工程在这八个重点城市摆下去，那么这些城市的规划怎么做？首先当然是要有远景规划，但光有远景不行，当前问题也非常重要。比如说城市中的工厂和住宅的选址，不能乱盖，起码要考虑到上风和下风问题，工厂要建在上风方向，不能让工厂的烟尘排到住宅区里头去。还有涉及工厂与工厂之间的合理配置，不能乱摆，这个工厂跟那个工厂在生产上有关联的，你要尽量给它摆到一块去。再比如，需要多少施工人员，怎么安顿，怎么解决他们的居住、饮水问题，等等，所以一定要把当前建设项目安排细致、安排具体。此外，工业发展了，城市也要跟着发展。将来工人要住在城市里，包括他们的家属在内，住房和基础配套设施这一套怎么安排，按照什么标准来做，也就是说，城市要满足生产的要求，还要满足老百姓的现实生活的要求，甚至还要考虑到下一代的需求，这些都必须考虑好。整个规划就是这么一步一步地做下去，不知反复了多少次。最后，等八个重点城市的规划图都出来了，就向国务院汇报，由国务院最高专家组和专家顾问团审核，通过以后，才谈得上"马路怎么修、自来水厂怎么盖"这些更具体、更细节的问题。可以说，这个过程很不容易，很了不起。

应当讲，在开展156项工程的过程中，苏联专家起了不少作用。因为我们当时缺乏建设经验，不懂、没搞过，各行各业都要向苏联学习，不少技术问题，我们无法自己解决，需要请苏联专家来指导。一开始，包括西安十几个工厂在内，怎么摆法，大框框是通过苏联专家定的，我们不可能全摆。所以实事求是地讲，第一个五年计划的安排，不完全是中国人靠自己力量办成的，但是我们已经介入进去了。

对于我个人而言，参与156项工程规划是一个难得的机遇。当时我们请苏联专家来帮忙，苏联专家也在选择中国人，他们明确提出，要找懂行的人来。那个时候能看图、画图的人不多，我在学校业务基础比较好，不用尺子可以描地图、画建筑图，这是我们的基本功，因为有时候

跟业主谈判，当场很快就要勾出来的，不能老用尺子。所以，一张图一画，水平怎么样，懂行还是不懂行，内行人一看就明白了。苏联专家选中了我们，严格要求我们，当然我们也就有机会向他们学到很多经验。刚刚开始安排156项工程的时候，来的苏联专家都是最顶级的那一批，年龄大都在50岁以上，包括建筑在内各种专业都有，不少还是苏联科学院院士，像穆欣，在国际上也很有名的。记得当时穆欣曾反复叮嘱我们："搞规划，每公顷土地要去20次。"在后来几十年的规划工作中，我始终没有忘记这句话，搞规划不能光坐在办公室里盯着图纸看，而是要到现场去，只有深入调查，因地制宜，才能做出科学合理的规划。还有，当时在西安，我才初出茅庐，就被选中具体负责规划总图的编制，这可是156项里最重要的城市之一，十几个大项。我感觉除了当时自己被认为建筑学基本功比较扎实、理解能力比较好之外，党员身份也是很重要的一点。由于当时大部分都是军工类项目的特点，加上战争刚刚结束等政治环境，保密制度十分严格，只有党员才可以接触到机密的东西啊。西安规划后来是作为正面经验宣传的，里面的故事太多，启发、影响过我的人也太多，像吴良镛先生、莫宗江先生等，没有办法细讲，只能这么说，初学的东西，我一辈子也忘不了。

那时，苏联专家们带来的一套专业性的东西，一套完整的规划指标体系，既带动了我们的发展，也引起了一些争论。这里有一个兰州炼油厂的例子，当时这是156项重点项目中的一个。起初，在苏联专家的设计中，厂房周围有一圈警卫用地，不让人靠近，所以工厂墙外头要留出一条几百米宽的人造沙滩带。为什么要沙滩？安全保卫的需要，人走进去有脚印啊，抹也抹不平。我们开始也想学这个，但是有些人马上发现这个做法完全行不通。苏联人口稀少，荒漠很多，而中国情况不一样，尤其是在黄河边上的兰州，土地宝贵得不得了，哪能这么做。另一派观点则认为，要学就学到底，就都按苏联的办。当然最后我们还是从自己的实际情况出发，没有照搬苏联，苏联专家最后也同意了。在这些过程中，这样的争论还有不少。例如，按苏联的标准要盖5万平方米的房子，但我们盖不了这么大的，这里不仅是钱的问题，土地、空间都不够，水、交通等问题也不好解决，于是我们就盖小一点、紧凑一点。

"一五"计划和156项的成功实施，为新中国日后的城市建设打下了重要的基础，也成为我们城市规划的第一个春天。在这一过程中，城市科学的观念逐渐被引入了中国，我们逐渐认识到城市规划不是一个简单的内容，而是一个多方面复杂综合的东西。我们要向苏联学习，不学苏联不可能，但必须要结合中国的国情，要有中国的特色，这就是那时候我们在学习、摸索跟磨合中得出的经验。总之，从那个时候起，我们更加明确，下决心要探索出一条有中国特色的城市建设道路，因为学西方不行，完全跟着苏联走也不行，所以形势迫使你一定要走有自己特色的道路。我觉得，这对我们来说既是困难，也是优势。正因为如此，我们才取得了自己的经验，这些经验的取得不容易，只有做过的人才有体会。

"大庆道路"的尝试——用最经济的方法建设城市

在探索中国特色的城市建设道路上，"大庆方式"是一个尝试。当时，由于大庆油矿比较分散，所以要集中盖房子是不行的，而是在打油井的地方盖房子给采油工人住。因为打一口油井不是两三年的问题，而是至少需要五六年，甚至七年八年都有。大庆的工人都是兰州的炼油工人去的，像王进喜他们，大都带着家眷，家眷去以后住在哪儿？就在油井边上住啊，所以就出现了"大庆道路"。当时全国学大庆，一个是精神方面的，指艰苦奋斗；一个是城市建设方面的，就是"大庆道路"。"大庆道路"的特点是工农结合、城乡结合，一个个住人的工棚满地都是，当时我们都到他们的工棚里去住过、体会过。大庆方式否定了当时要在大庆搞一个中心城市的设想，也成为当时全国学大庆的一条标准。

"大庆道路"的特点，一是城市服务于工业，二是用最经济的办法来解决问题。因为工人生活、工作之间就是几步路，下井操作、回来休

221

息都方便。所以当时"大庆道路"红极一时，在全国推广。但是马上有人发现，大庆可以这样，可到了南方、到了广州，哪能这样呢，还得结合当地的实际。当然，这种推广并不是要求你跟大庆一样，也那么分散，但是工农结合、城乡结合的大方向没错，就是说不要光发展城市，还要把农村人也带过来，就这样形成了当时的一个潮流，一个政策倾向。

从当时来说，大庆道路有它的必然性，等到过一阵行不通了，又发生改变。这种改变，受政治因素影响很大，当然也脱不开经济基础和经济条件的变化和对这些变化的估计，像中华人民共和国成立之初的"九六之争"、旧城改造利用等，都是这样的例子。比方说，最初觉得经济情况不行，所以马上就把比较激进一方的意见压下去了；过了几年，经济情况好转了，觉得又有希望了，比较激进这一方的意见又起来了，这样的例子很多。有的估计乐观，就想搞大、搞快，所以慢跟快的争论、集中跟分散的争论、大城市跟小城市的争论，那个时候就开始了，反反复复，始终没有间断。这些反复发生在我们的城市建设中，反映出从新中国成立到改革开放前的30年里，对于究竟怎么走出一条自己的道路，我们一直在努力地探索，也看到了长远发展的必要性。但是，对于什么才是我们长远的发展道路，总体来说经验还是不够。

废墟上的重建——唐山、天津

1976年，唐山突发大地震。震后第二天，接上级指令，由曹洪涛（时任国家建委城市规划局局长）和我带队赶赴唐山组织震后重建规划工作。当时我是中国城市规划设计研究院院长，于是带领院里十多个人组成规划组，直奔唐山，支援震后恢复建设规划工作。

当时的唐山，余震不断，满大街都摆放着包裹好的罹难者遗体等待运走，环保人员在一遍遍地喷洒消毒水，真是满目疮痍，触目惊心。当时唐山二三十万的灾民没有地方住，我们也找不到地方住，就在唐山飞机场搭了个帐篷，在里面加紧制订唐山的救灾规划。由于震后忙乱，规划资料找不齐，所幸最后好不容易找了一张几乎要被扔掉的很皱的图纸，反复弄平整后还能用上，这才解了燃眉之急。为了疏散震区中心密集人口，最后选定唐山北面的丰润县为唐山新市区。经过半年多的工作，我们完成了唐山新市区总体规划，并报经国务院批准实施建设。又经过30多年的努力，唐山这座北方重要城市终于重获新生。

　　唐山之后，紧接着就是天津的重建。唐山重建规划基本完成后，我接到国家建委命令，负责抽调全国40余名规划人员开展天津震后重建规划。到了天津，我们才发现天津的情况也很严峻，经济损失甚至超过唐山。因此，工作组开赴天津后，要干的头等大事就是把救灾规划需要的资金算出来。我还记得当时跟天津市规划局的办公室主任在一号宾馆里整天画图、算账。经过规划，最后算出来包括天津的基础设施、房屋建设等重建项目在内，这笔钱总共大概要24.6亿元，每年投入8.2亿元左右，分三年完成。规划方案和资金方案报国家批准后，我就被留在了天津担任规划局局长，具体实施天津震后重建规划，就这样前后待了三年，算是为天津震后建设做了一点贡献。

深圳经验——第二个春天中绽放的城市之花

　　改革开放伊始，中国的城市规划和建设迎来了第二个春天。20世纪80年代，我在国家建委的主要工作就是帮深圳搞规划。1980年，中央批准在深圳设立经济特区，国家建委决定派一个"五人小组"支援深圳的规划建设，我也是"五人小组"的成员之一。那时，我刚刚结束在天津、唐山的震后重建规划，当时的国家建委主任谷牧就立即派我去深圳参与主持特区规划工作。深圳是一个典型的由政策引导而发展起来的新兴城市，虽然当时已经升级为省辖市，但是要由原来一个不到一万人的边陲落后小县城，在短短的时间内，几乎从零开始，发展成为改革开放的明星城市，其中还是有不少重要经验的。

首先，在深圳的城市建设中，始终坚持了以规划为龙头的原则。在首先进行的人口规划中，记得当时谷牧找人研究后，最初确定在深圳放70万人的规模。后来我从规划专业的角度一算，发现70万的规模太小，对于深圳这样即将快速发展的口岸城市，完全可以增加到100万人，再将流动人口和交通因素考虑进去，人口规模可以做成一个滚动式、富有弹性的"活的概念"。就这样，当我按120万人规划、160万人可延展画出规划图后，没人反对。确定了人口规模后，我们又利用深圳地形狭长、河道分隔的特点，结合自然山川，依山就势，从东到西，依次布置了沙头角—盐田、罗湖—上步、福田—华侨城、南头—蛇口等五个组团，内设18个特大加工业区。直到今天，深圳沿袭的还是这样一种城市空间的布局。这种带状组团式布局的城市结构，既便于调节，可按不同组团确定不同开发次序重点，又可在组团内部分期分片集中开发，做到规划一片，开发一片，成功一片。

同时，规划还预留了地铁、机场、火车站的位置，为深圳日后的城市交通建设和城市发展预留了空间、节约了成本。

还有更加重要的一条，就是专业人员与行政领导通力合作。我甚至认为，这是深圳经验中最重要的一条。当时，行政领导、行政人员跟专家学者、专业人员密切结合，相互尊重，事无巨细共同商量，整个规划是大家一笔一画地深入探讨、设计出来的。像梁湘、周鼎、罗昌仁……当时这些深圳的市长、书记、主管规划的副市长们，大家共同讨论、甚至争论问题：你说得对，就按照你说的办，你说得不对，我还有别的想法，你看看怎么样，相互间根本不像上下级的关系。有几件事我印象很深。比如，当年深圳大致的布局确定后，有很多单位来占地方，深南大道市中心南侧的地皮很快被分出去了。因为这块地很重要，又没有作详细规划，所以我就向市政府领导提意见，说这块地不能马上划出去。最后，还是市长亲自出面，拿回这块地重新规划。还有一次，当深圳大的区县规划确定后，首先要修的是一条老城往西的道路，可是当时许多人觉得应该先修贯穿深圳市区的深南大道。我认为这样并不合适，因为修深南大道是"牵一发而动全身"的事，在整体规划还不充分的情况下，这么做有可能与将来深圳的总体规划发生矛盾。最后，市政府采纳了我的意见。"深圳市中心"也是这样的例子，当时"市中心"的建筑设计在国内开了国际招标的先河。最终，在许多海内外的投标方案中，深圳市政府选中了一位美籍华裔设计师的方案，没有建高楼，而是将市政府放在了"市中心"的边上。可以说，当时全国唯有这个市中心，是市政府接纳了规划人员的意见，叫"市民中心"。当时，在深圳的规划建设中，专家与官员良好配合、通力协作的例子太多了，规划人员提出的意见，几乎都得到了市政府的支持。我也因此难以脱身，有工作需要我就去，结果在那里几乎参与了每一栋主要建筑、每一条主要马路的修建，这样一晃就是四五年。

到今天我还是感觉深圳规划是一个好例子。用现在的眼光看，深圳规划也并不落后，世界上还没有一个城市像深圳这样一次规划上百万人口，按规划建出来，而且建得如此完整、如此合乎功能，这可以算得上是中国人自己做的城市规划和建设的一个成功范例。后来，深圳规划还获得国家科技进步一等奖（这也是新中国成立以来第一个总体规划一等奖），以及国际建筑师协会阿勃克朗培（Abercrownbay）奖，深圳也因此成为世界少有、亚洲唯一获得这个奖项的城市。所以必须这么讲，深圳这个好例子是专业部门与行政部门密切合作的结果，凝结了大家的智慧，解决了新的问题，积累了新的经验，也幸亏这样，大家的功夫没有白费，不然没有深圳的今天。

中国的城市化——出现与出路

随着改革开放的到来，城市化概念开始在中国出现。其实，城市化并不是一个新词，如果我没有记错的话，城市化这个说法最早是19世纪晚期由一位德国地理学者提出的，他认为，随着工业化时期的到来，城市人口比例就会相应增大，因此人类社会的发展都要走向往城市集中这

样一种趋势，出现城市化的现象。

城市化这个概念进入我们规划学界，则是在20世纪70年代末、80年代初，在中国城市规划学会在南京第一次召开的专题讨论会上，由中国的地理学者介绍给我们的。从他们那里我们才知道，现在世界上有一个城市化的方向和趋势，而且这个趋势有它自己的一种普遍规律。前不久，我去清华大学开会，遇到了经济地理学家胡序威教授，还一道回忆起当时在会上讨论城市化的情形。记得在南京会议时，当我们知道国外有城市化这么一个新情况以后，就一块儿开会讨论研究这个问题，很快意识到它的重要性。于是，会议主持人也是当时建设部城市规划建设局的一位老局长，马上组织我们起草了一个报告，大家签名后直接送到国家计委，提出了城市化的必要性和必然性，因此要重视中国城市化的发展，还提出城市建设要在基本建设里面占一定的比例关系等。但是，当时城市化问题并没有引起有关领导部门和社会的重视，这个报告出去以后，长期没有下文，一直到十年以后，国家计委的文件里头才有了"城镇化"三个字。

叫城市化也好，城镇化也好，城市建设也好，在新中国前30年它都不是国家的首要建设目标，而是属于配套建设。到80年代末，随着改革开放和社会发展的深入，国内城市的发展越来越快，城市化才终于被认定为工业化的必然结果和社会经济发展的进步方向。特别是近几年，人们认识到我国的城市发展已经滞后于经济发展，城市人口比重偏低，不仅影响了工业化和信息化的进程，甚至影响了拉动消费，很不利于市场经济的进一步发展。现在，随着社会经济发展，全国城市化率已超过50%，速度很快。所以，我认为现在是一个好的现象，和以前比思想不是那么拘束了，而是越来越开放了，谈城市化的面也扩大了，更宽了。中国城市化的问题提出30多年了，但是像今天这么去深入探讨的，历史上还没有。

总的来讲，大家都在说城市化，但是这个城市化究竟怎么搞，你说你的、他说他的，不完全一样。对城市化的认识和理解，我认为首要的关键是不能离开改革开放的大局，只有用改革开放这个总思想，统领各方面的工作。换句话说，不懂得改革开放总的指导思想，不从全局上去理解，离开了改革开放这个宏观的形势和局面，那么不管城市化也好，城市规划也好，都是搞不好的。

还有很重要的一点，那就是中国的城市化要立足于中国的国情，城市化要反映中国的特色。理解了这两点，我们就不会盲目"求快、求大、求洋"，就不会只是把楼盖得高、盖得气派，把路修得宽，把城市人口增加得多叫做城市化，而是会科学、理性地关注城市化的实质性内容，会在城市建设中"求稳、求全、求文"，也就是会稳步积极，全面周全，体现城市文化特色。

比如，前不久我看到报纸上讲长沙要盖世界第一高楼，要超过迪拜，国内另一个地方马上就说要超过长沙。实际上，现在要盖高楼，要争世界第一，从技术上来讲，那并不难。关键是为什么这么搞，是为了社会、为了国家，还是为了个人要搞出名、搞出利，还有这么搞是不是合乎中国的实际，这才是问题。

再有，关于城乡统筹发展的问题，我们也应当从中国的国情出发，从全局上考虑。比如要认识到中国目前还是一个农业国家，与欧美相比，我国农业人口比重要大得多，小块农地也多，因此当前非常重要的一点，是农民和农村。我们要不断地改进城市化发展的思路，城乡要互相交融、缩小差距、互相提高，城乡之间要有一个自然而然的合理的比例关系，离开农村的城市化，怎么行呢？所以，城市的发展不仅不能透支农民的长远利益，而且还要带动农村、农民的经济、生活水平的提高。农村要有现代化的生活便利，要有自来水、要修好路、孩子要有地方就近上学、老人生病要有地方看医生、要解决好进城农民的生活问题……有了这些基本保障，农民才有机会共享城市化的成果，才叫做农村的现代化、农村本身的城市化，而这也应该是我们城市化将来的一个目标。

还有，对城市化的看法要科学、理性、全面、系统，不应该去追

227

逐、攀比表面上的城市化率的数字提高。城市化有它自身内在的规律性，而不是一个简单的指标和比例的问题，它更多地反映了一种社会发展的方向和趋势。不同指标背后可以有完全不同的城市化，同一个比例的城市化，从城市化率上讲或许是相等的，但从经济、社会发展水平上来讲，可能是完全不相等。比如在南美有不少地方，城市化比例很高，70%、80%的都有，但是经济非常落后，那么这么高的城市化率有什么意义呢。对中国来说，各个地方的自然条件、社会、经济发展本身就很不平衡，各地城乡布局结构也不一样，所以城市化的内涵、标准自然也不一样。记得有一个经济学家曾经在地图上从东北到西藏画了一个斜线，以这个斜线为界，东南部分是地狭人密地区，西北是地广人稀地区。这根斜线说明了什么问题？这是地区之间客观存在的差异性，是大自然活动的结果，不是人为消灭得了的。所以，中国的城市化，首先就要考虑到地区之间的差异，不可能简单划一地来要求。

城市化中的科学决策问题，这一点现在看起来尤为重要。从我的经验来看，要做到科学决策，不是说要完全听专家的，而是专家和行政各方要良好结合，大家在一起共同论证，用科学的观点来得出结论，谁对就听谁的，而不是唯权威、唯长官意志。有了各方的良好结合，有了科学的观点，我们看问题就不会偏激。比如，用这样的观点，我们就既不会完全否定房地产对城市化和经济的贡献，也能清醒地认识到土地经济的确是一个非常大的弊病，是不可持续的。所以，我们什么时候都不要丢掉"科学"两个字。

说到底，城市化的话题真的是特别值得讨论，对它必须要有一个综合、长远、深远的理解，而不是一个狭隘、短视、表面的看法。不能一条、两条，简单孤立地去看待城市化，而要从改革开放的全局上去理解。我们对城市化的认识还有很多地方需要改变，历史地看，城市化的内涵和重点是动态的，这一点非常重要。绝不是说城市化是一个指标，它是活的、综合的、一步步来的。"城市化"和"城市"发展并不存在什么边界，也不可能有统一标准。我们规划界有一句话——我们唯一能确定的就是未来发展的不确定性。文明不断发展，科技、社会、经济不断发展，水平不断提高，城市和乡村也永远会在前进中发展。归根结底，我们要走中国特色的城市化之路，不要"死板"，要"灵活"。

虽然困难不少，但我始终相信中国的城市将会迎来一个更加美好的春天

我总的一个感觉是，新中国成立这60多年以来，从城市规划和建设的角度看，大致可以分成两个阶段。这是在两种经济体制下的两次伟大的社会实践，深刻地影响着城市规划和城市建设工作的方方面面。前一个阶段，是以计划经济为主导的开创时期，我们主要是在摸索，站在两条道路的角度，针对具体问题来辩论、分析该怎么办。当时的经济实力最低，受政治的影响也很大。后一个阶段，非常突出的就是"改革开放"四个字。站在改革开放的角度，我们的城市规划和建设就不再是零碎的、从一个具体问题或者两个对立的具体问题来讨论研究，而是更加科学了，是根据社会、经济和城市发展的规律，全面考虑国家计划和市场经济的要求，形式也更加灵活、滚动、多样，满足多种目标的需要。

在已经过去的60多年里，我们做了许多前人没有做到的事情，我们在反反复复的争议中间前进，取得了前人所没有过的实际成果和经验。西方国家有几百年市场经济条件下的城市规划和建设经验，苏联有几十年的计划经济条件下的城市建设经验，但是，很少有一个国家像中国这样，在不长的时间里，经历了两种经济体制下进行大规模城市规划和建设的实践，其中的经验，包括教训，都是十分丰富而宝贵的。

我干的这些和城市有关的事情，在新中国整个城市建设的历史中，不过是一个小小的点，没有太多可说的。幸运的是，这60多年来，我一直在这个行业里头，没有动。目前我已经退下来，是一个顾问的位置了，但是有很多文件还是送到我这里来。现在，中国城市发展和建设可以做的具体事情太多了，这是我们的好机会。我们的社会、经济、文化

现象，跟城市化现象放在一块来谈，更有看头了。我最近收集了很多资料，也订了很多报纸，我感到现在要谈城市化，自己原来的那点知识已经不够用了。我们面对的困难也不少，但我从来都是讲城市的春天，每次开规划会，我总是在讲春天，"一五"计划是第一个春天，改革开放伊始是第二个春天，现在应当说是第三个春天。当然，春天也有它自己的特点，并不都是春暖花开、春意融融，就像早春的天气一样，还有乍暖还寒的一面。

所以，以我这几十年的经历，对于中国的城市建设和城市化，是这样一个看法，太着急不行，太慢也不行，而是要实事求是跟着经济规律，把城市和城市化看成是社会经济发展中间的一个科学内涵和过程，要有这样的观念，才能冷静地处理。既要提出经验，又要面向新的问题；既要看准一个问题，又不能看死一个问题。改革开放已经过去了30多年，现在又进入到改革开放的下一个30年，这是历史的选择。改革开放不是一个短期、暂时的命题，而是一个长远、永久性的主题，所以，我们要走的科学发展道路就是改革开放。"改革开放"四个字的包容面很大，我们只有从这个角度，只有这样才能把城市规划和建设的方方面面做好，也要用这样一种思想准备，来迎接一个新的更加美好的城市的春天。

（原载于《纵横》2014年第1期、第2期）

国庆十大建筑设计追忆

张开济

漫步在长安街上，那神秘而富有特色的建筑是最吸引人的。1959年国庆十大建筑不但在工程设计方面有所创新，而且创造了惊人的竣工速度，堪称建筑界的奇迹。本文现撷取其中的几朵花絮，以飨读者。

国庆工程的"总设计师"周恩来

周恩来总理在1959年国庆十大建筑工程中，不仅总抓全局，而且往往亲自出谋划策。例如人民大会堂观众厅的平顶，采用"水天一色"的办法来处理，就是总理出的点子。人民大会堂和革命历史博物馆面向天安门广场的两个主要立面的设计，也是经过总理的指点和批准的，人民大会堂的立面采用实廊和圆形的廊柱，而博物馆则采用空廊和方形的廊柱，两者在统一之中，有变化和对比，遥遥相对，相得益彰。由此可见，总理不仅重视单幢建筑的美观问题，而且还注意到建筑群体的美和全局的美，因此称总理为国庆工程的"总设计师"，是当之无愧的。

总理抓国庆工程首先是从整体和全局出发，但对于建筑细节也毫不放松，例如总理在认真细致地看了博物馆的立面图之后，认为立面上廊柱的比例显得太瘦长了，因此要求把廊柱径放大一些。从立面图来看，的确有此问题，总理的眼光是很尖锐的。不过方形的柱子从透视的角度看时，必同时看到两个面，两个面合在一起，就比单看一个正面显得粗

了。在这方面我是有过经验教训的，在50年代，我和刘开济同志一同设计北纬路旅馆时，曾把正门的廊柱设计为方形，当时在立面图上感觉到柱子的比例很好，可是建成之后，却发现这些廊柱很粗笨。因此得出一个结论，就是方柱不同于圆柱，其柱径不能仅仅从立面图上来决定。后来我见到总理，就把这番道理向他谈了，总理听了认为我言之有理，也就同意不加粗柱径了。这件事说明总理工作非常细心和认真，同时又虚怀若谷，能够倾听和采纳不同的意见，绝对没有那种"我说了算"的家长作风。

总理对工作要求很严，对人却是十分谦和。有一次我陪同总理等一行人在人民大会堂工地踏看，并从人民大会堂屋顶上俯视博物馆建筑，总理看到我时，不等我开口就很亲切地对我说："你忙得怎么样了？"我一时竟不知如何回答是好，因为我当时分工负责博物馆和迎宾馆两个工程，每天奔走于天安门和玉渊潭之间，往往要到很晚才能回家吃一顿热饭，实在够忙的，但是和总理的为国操劳，真正的"日理万机"相比，那就算不了什么了，可是总理竟首先向我慰劳，则不能不使我感激之余深感惭愧了。

革命历史博物馆的"点睛之笔"

革命历史博物馆开始设计时，北京市建筑设计院和清华大学建筑系都参加了方案评选，经过多轮评选，均不能作出最后选择。为了博得评选者的注意，双方都画了大幅的五彩渲染图，经过一次又一次的评比，透视图也一次比一次更大，色彩一次比一次更鲜明。双方方案虽各有千秋，而实际大同小异，难分高下，不过清华的同志在介绍方案时说得有声有色，并且还能提高到设计思想性的高度，颇使设计院的同志相形见绌，自叹不如。当时清华大学带队的是蒋南翔和刘小石同志，我则代表设计院，主持会议者是当时文化部副部长钱俊瑞同志。在双方相持不下的情况下，俊瑞同志就对我说："你是老大哥了，应该让让小弟弟们。"最后协商结果，由建筑设计院和清华大学建筑系共同设计，而由我负责主持其事。我深感责任重大，所以此后凡事都召集双方人员共同设计方案，共同讨论，协商解决。

革命历史博物馆门廊上部正中有一组由五星和红旗组成的装饰图案，这是此项工程的"点睛"之笔。在当时采用何种材料来做此图案，是经过一番斟酌的。当时的吴晗副市长分工负责国庆工程的艺术装饰问题，我向他当面请教此事，他明确地说："目前，限于时间和造价，只能暂时以一般材料制作，将来国力富裕时，再改用比较贵重的材料，甚至于用宝石镶砌亦不算浪费。"其爱国爱党之心溢于言表，结果就用了现在水刷石加涂料的简易做法。1989年我去曼谷出差，发现泰国的古建筑金碧辉煌、光彩夺目，盖都是以五彩或金色的玻璃马赛克一类材料饰面的，因此革命历史博物馆的这组旗徽将来也可以用同样的材料来制作，效果肯定要比现在好得多。

说起这点睛之笔，我又想起在"文化大革命"时期发生的一件事。一天有一批红卫兵前来找我，气势汹汹地责问我，博物馆大门上的一组红旗正好是八面，这影射什么？是何人授意？要我好好交代。我答复这些红卫兵说："这组旗徽是中央工艺美术学院罗无意教授设计的，他是完全根据我的建筑设计意图而设计的，所以有问题我完全负责。"我又说："在我的设计意图中，红旗就是用来象征革命。至于八面之数，则完全是根据图案长度的需要而定，并无其他用意。一定要说这数目代表什么，那就只能代表八路军了。"结果这些来势汹汹的红卫兵也无话可说，只能偃旗息鼓而去。

迎宾馆的几点遗憾

为了争取时间，国庆工程几乎都是边设计、边施工的，这就容易出现各种错误，有的就成了永久的遗憾。

迎宾馆的大门是我亲自设计的，连门灯的设计草图也是我自己画

的，可是这一对门灯做成之后，却发现和下面的门墩相配显得太小了。后来细细查看图纸，才知道负责绘图的同志把比例尺搞错了，可是重新制作，时间上已经不允许了。于是只好在灯座和柱顶之间加了一些线脚作为过渡，这样才把这对门灯勉强用上去了。如果今天有人注意一下迎宾馆大门口，就会发现这大门墩的形式有些像一个人戴了一顶尺寸小一号的帽子！

迎宾馆工程的甲方是外交部，当初外交部派来了几位干部来和我们一同草拟设计任务书。这些同志可能过去接触苏联早期建筑比较多，所以对于宾馆内部房间的面积和高度提出了太大和太高的要求（尤其是对高度）。我费了很多口舌与他们据理力争，总算稍稍降低了一些尺度，但是总的来说，还是偏于高大。有一次陈叔通老先生（曾任全国人大常委会副委员长和全国政协副主席）对我说："你们设计的宾馆，房间太高太大，我这个小老头子睡在那里感到空空荡荡，很不舒服，我在汉口住在一家外国旅馆里（过去的德明饭店），那里的房间大小高度比较适中，使我感到很亲切，所以你们建筑师一定要懂得房间并不是越高越大就越好住啊！"陈叔老是我的世交长辈，而且言之有理，我对他的教诲当然只有唯唯称是，可是他不知我又何尝不懂得这个道理呢？

总之，由于时间紧迫、经验不够和其他种种原因，迎宾馆工程是存在不少缺点的，不过我认为当时刘仁等领导同志所决定的一些设计指导原则，现在看来仍然是完全正确的。这个原则就是采用分散式的低层建筑，围绕以中国式的小桥流水和庭院，这样既与原有的钓鱼台古建筑协调，又有别于城内高大宏伟的古建筑，使之别有一种风格和情趣。可是现在迎宾馆的院子内，却新建了一座三层楼高、琉璃瓦大屋顶的大型宫殿建筑。我未曾被邀参与这个设计方案的讨论，否则我是会坚决反对这样搞的。因为这庞然大物的复古建筑给人的印象是把中南海的宫殿放大后搬到了钓鱼台的旁边，它不仅使钓鱼台已有的建筑群完全失去了原有的风貌和尺度，也和刘仁同志原来的意图完全背道而驰了。

建筑界的奇迹，中国人的骄傲

人民大会堂、革命历史博物馆、北京火车站等国庆十大建筑工程，从规划开始，到设计、备料、施工，最后到全部竣工交付使用才花了不到一年的时间，实际上只用10个多月的时间，这是世界建筑界的一个奇迹。当时许多国外人士都不相信，竣工之后，我曾陪同一些外国建筑代表团实地参观，他们还是将信将疑，怀疑我们是否暗中早有准备。这也难怪他们，因为过去一般较大的工程都需几年的工夫才能完成。有些伟大的建筑往往要造几十年，有的甚至于上百年，因此我国的国庆工程的确是一个空前的奇迹。这个奇迹是在党的领导下，全国人民上下一心、八方支援、群策群力、艰苦奋斗、忘我劳动所创造出来的。这个奇迹更是社会主义制度优越性的一个具体的表现，因此它的成功是我们全国人民共同的骄傲。

国庆工程除了它惊人的速度之外，在建筑艺术创作方面也有很大收获，为此我曾在1961年某期的建筑学报上发表文章专题讨论这个问题，这里就不重复了。我认为在国庆工程中还有一个特别值得我们重视的问题，那就是在设计、施工、材料各个方面都是我们中国人自己一手包办，独立完成，全无借助外力之处，这是十分值得我们引为自傲的。回顾近十多年来，一些较大工程不少是外国人设计的，有的虽是中国人自己设计的，可是内部装修往往求助港商，而且还广泛使用高贵材料和进口材料，例如价格昂贵的意大利磨光花岗石，在国内，尤其是在北京到处可见。看来当年国庆工程那种自力更生、艰苦奋斗的作风，今天更应发扬光大。这是十分重要的。

（原载于《纵横》1996年第9期）

回忆人民大会堂设计过程

赵冬日

专家云集北京城

1958年，我随以冯佩之为团长的代表团去苏联参加国际建协会议。9月初返回北京后，就听说中央为庆祝国庆十周年，决定兴建十大工程。我当时任北京市规划局总工程师，因此，立即担起十大工程的选址规划工作。人民大会堂是其中之一。

9月8日，万里同志给设计、施工单位开动员大会。我在会上介绍了规划情况。

北京市建筑设计院等11个设计单位根据中央和北京市委指示，通过中国建筑学会约请了16个省、市的设计专家30多人来京，并广泛发动了有关大学教师和青年学生参与设计。从9月15日到10月初，先后提交人民大会堂设计方案8稿，包括平面方案84份、立面方案189份。

我的初步设计构想

9月底，十大工程的规划工作基本确定。我和沈其同志开始了人民大会堂方案设计，沈其同志协助我作立面方案。

当时中央提出的设计条件很简单：人民大会堂由1万人会场、5000人宴会厅两部分组成。大约在第三稿前后，又提出增加人大常委会议厅，至于为满足这三部分的需要，还应该有些什么附属要求，则完全由设计者自己构想，不受任何约束。这个条件似乎很简单，但实际却很难，因为"万人"这个数字太大，在世界上没有先例可循。

我的设计构想比较多，需要面积大，与当时提出的7万平方米相差很远，出现了"功能需要"服从"控制面积"，还是"控制面积"服从"功能需要"的矛盾。当然究竟采取多大规模合乎要求，看法也不一致。我想，既然设计条件是原则性的规定——1万人与5000人两个数字，则只好按个人的认识进行工作，提方案，供选择。

我设计人民大会堂的指导思想有三：一是政治方面的需要；二是平面布局的构思；三是建筑造型与民族风格的体现。

彭真同志在谈到人民大会堂工程的重要意义时说："万人会堂就是一座政治工厂。"所以在设计时首先应有政治上的考虑。我想，人民大会堂虽然相当于外国的议会堂，但按我们的社会制度，应当是国家的政治活动中心。

我分析万人大会堂在代表大会开会时的活动可以分为三种：一是在大会会场内的会议，也就是"集中"的"会上"活动；二是大会休息时的分散活动，也就是代表们交流经验、议论国事等"会下"活动；三是"会后"各省、市分别集会的活动，以及国家领导人的日常活动。

新中国成立10年来，国家的政治活动并没有一个合适的地方。政协礼堂建成后，逐步成为中央活动的集中点，但是政协礼堂的规模比较小，不够用，功能也不全。因此我设想人民大会堂建成后会代替政协礼堂，成为国家的政治活动中心。那么设计上既要考虑开大会时的一切功能，同时还得考虑平时要面向国内外，做到"会议"与"交流"并重、"国内"与"国外"并重。

平面布局方面。我想人民大会堂既然是国家级的重大建筑，首先要满足功能需要，要体现出新中国的形象，并且要尽力发挥我国传统布局之长。我国传统大式建筑布局讲究"深宅大院""步移景异"等多层次的手法，一步一步地进入高潮。所以当力求在平面上运用民族所喜爱的

形式，体现社会主义国家的伟大气概。

建筑选型。天安门广场是北京的心脏，又是"五四"以来的政治运动中心，人民大会堂是天安门广场的重要组成部分，应当和天安门、天安门广场的一切建筑统一起来，既不能喧宾夺主，又不能是"从属"建筑，而且必须新旧协调。因此，在建筑艺术上，应放开思想，大胆创作，闯出一条新路，设计出有民族性、地方性、时代性的建筑。

市长刘仁的重要指示

新中国成立后，历年"五一"与"十一"都在天安门广场举行庆祝、游行和歌舞晚会，因此，市委和中央都十分关注天安门广场的改建工作。1954年，北京市规划委员会曾作过广场规划，确定建筑物的间距，即广场的东西距离为370米。之后，一直不断研究，前后整理、综合出9个方案。1956年，北京市建筑设计院又作了第10个方案。1958年中央确定兴建十大工程，并确定把广场扩建为东西宽500米。这个尺度是决定天安门广场规模和重新设计的基础。

天安门广场的具体规划，结合人民大会堂的设计，全国专家先后提出许多方案。直到人民大会堂和革命、历史博物馆方案基本定型之后，在佟铮同志领导下，我们又作了两个方案：一是两幢建筑方案，以纪念碑为中心，西面是人民大会堂，东面是革命博物馆、历史博物馆。两建筑正门中轴线对纪念碑。二是四幢建筑方案，纪念碑以北，东侧安排革命博物馆、历史博物馆，西面安排人民大会堂。纪念碑以南，东、西两侧各安排一幢建筑，这两个方案同时上报刘仁同志。刘仁同志指示说："活人不对死人。"也就是不同意两幢建筑正对纪念碑的方案，而肯定了四幢建筑的方案。

广场离不开建筑，没有建筑形不成广场。如果人民大会堂的位置安排失败了，则广场的效果也不会理想，如果人民大会堂的中轴线正对纪念碑，其对面博物馆的中轴线也必须正对纪念碑，则人民大会堂和博物馆的正门分别被纪念碑堵住，不仅纪念碑处在局促的环境之中，人民大会堂和博物馆虽置身于大广场，也必然有面壁之感，广场虽大犹小，失去开朗、壮阔的感觉。

在人民大会堂的加大规模上，若没有刘仁同志的指示，不仅功能上不能很好地满足需要，南北宽度也达不到336米，自然也就形不成雄伟的天安门广场形象。但在当时——周总理审定批准广场和人民大会堂的设计之后，便遭到好多建筑人士的反对，刘仁同志在许多反对声中给予坚定支持。实践证明了他的正确性、充分地体现出他的远见卓识。

人民大会堂的平面布局

人民大会堂正门面向广场，采用大理石廊柱。大会礼堂和宴会厅都是从门廊开始便运用中国传统布局方式，如故宫，从正阳门开始，经中华门、天安门、端门、午门、太和门进太和殿，达到高潮，人民大会堂采取同一手法，过五门、五厅进入大会会场。会场内，墙面与顶棚圆角相连，采用"浑然一体""水天一色"的处理手法。顶棚呈水波状，层层外扩。中央穿顶镶着一颗巨大的五角星红灯，环以金色葵花光束。

大会会场前的中央大厅是会前或会下进行经验交流、休息和其他活动的大厅，面积比较大，是使人轻松、愉快、精神振作的环境。

宴会厅的主入口向北面对着中山公园。门廊也采取了和东门相适应的装饰手法。为符合国宴的性质，门头采用了重檐，以增加愉快、活泼和富丽堂皇的气氛。门厅以南设迎宾大厅，也是大会堂的多功能厅，东西两侧是休息廊，是宾主回旋，或人民代表"会下"交流、探讨国家大事及略作休息的地方。采用大理石铺的地面，以显轻松安详，站在大厅中央，远远就可以看到洁白、庄严的汉白玉大楼梯，通向二层，使人产生对来宾列队欢迎，对去客相送十里长亭的联想，表现出中国人民朴实、纯洁、好客的胸怀。在楼梯尽头高悬巨幅图画。通过大厅楼梯折而向北设宴会厅，可以同时安排5000人的坐席，平面略呈十字形，中间无柱，环望无阻，气势宏阔。天花板及四壁饰以金黄彩画，灯光如繁星，隔窗北望，是无际的绿海，瀛台白塔，故宫景山，彩色交映，错落有致；东望是天安门纪念碑、博物馆及广场；西望是宽阔修直的西长安街，晴日更可远眺西山景色；入夜灯火辉煌，节日万众欢腾气象，都可尽收眼底。

人大常委会议厅在建筑的最南端，是个独立的部位，设有常务委员会议厅、国宾接待厅、宴会厅等。

代表大会的小组会议室共60余组，布置在礼堂的周围。它们也是各省、市"会后"集会和国家领导人接见宾客的厅堂。

诸多难题的解决

为了使人民大会堂满足"多""看""听"的要求，第一个要解决的是大会会场的平面选择问题。

大会会场的平面选择，在设计过程中各方面曾经做过很多方案进行分析研究，其中以圆形、方形、扇形方案为主。

在这三种形式中从要楼层和不要楼层两方面加以比较。没有楼层对增加会场的开朗雄伟气氛是有利的，但是"看"和"听"的距离太远。比如圆形方案，如果不要楼层，至少需要100米的直径圆才能容纳10000人。扇形方案，有楼层，水平距离60米就可以容10000人。作为万人会场"听"和"看"的距离应该是主要的，因而最后采取了扇形有楼层的方案。

原设计会场尺寸是60米×60米。看台面积要做到60米×15米以上才能满足需要。因此如何处理看台的结构，是扇形会场能否存在的关键，自然也是这个万人会堂方案能否成立的关键。在中直礼堂看台和政协礼堂看台设计时，朱兆雪同志都是用一根单梁托看台方式解决的，那是因为中直是20米，政协是28.5米，跨度小。单梁用在60米跨度上自然就不可能了。所以，在我动笔之先就和朱兆雪同志研讨看台的结构方式，那时他已经考虑过若干种办法，并且决定采用悬臂式。也就是在会场后端柱子上做挑梁。他要求我在会场后排柱子的柱径上按他的设计作，我为此在后边作了双排柱，实际他只用了一排。

11月，人大常委会又提出加宽首层会场坐席宽度。原先方案会场面积是60米×60米，加宽坐席就不够了。朱兆雪同志找我商量修改。幸好，由于我在政协礼堂会场设计时，由后台到前厅要通过侧厅，不方便，所以大会堂会场设计便在两侧各留下一条8米的通道，连接前后厅。当时工地已经按原方案开工，不好再加宽，因而只好把这两条通道并给会场，会场加大到60米×76米，但政协礼堂设计留下的缺点在人民大会堂又重演了。

会场的音响问题也是人民大会堂设计中的关键问题。根据过去的经验，会场的空间按所容人数平均，每人按6—7立方米对音响处理是最合适的；但是这样大规模的会场，每人限制在6—7立方米的空间，事实上有困难。可是如果不按这一条经验处理，失败在声音问题上，也就是说失败在关键性问题上，是绝对不允许的。因此，必须解放思想，为万人会场的音响设计创造出一套新的经验和理论。

最后，经过广播音响设计者们的努力，在每人9立方米的条件下，终于解决了过去所未做过的万人大会场的音响问题。

如何体现新中国的建筑风格

人民大会堂的建筑艺术造型是一个极为艰巨的任务。中国建筑的社会主义新形式解放10年来一直在摸索之中，如何具体体现在这样特殊的重大建筑上就更加困难了。

人民大会堂的使用和规模是造型艺术的具体决定因素。建筑的尺度应该宽大，体型应该雄伟，加之建筑在天安门广场上，又必须与原古建筑有一定的联系，彼此协调，但又必须超越它、胜过它，建筑风格要开朗、鲜明，成为我们新时代的象征。在建筑轮廓线方面为了强调严整、庄重，采取了对称的布局，突出重点，有高有低。四个立面的处理是在统一的风格下考虑了各个不同的特点，有同也有异。整个空间布局是和使用要求紧密结合的。在柱廊、屋檐和台基上运用了中外处理庄严建筑的手法，结合建筑使用、施工、材料各方面的时代因素。去掉古建筑压抑、沉重的封建成分和古老施工材料带给建筑形式烦琐的缺点，而代之以比较简洁明朗的手法和色彩。

建筑屋檐采用了平顶琉璃檐头，处理上保留了中国建筑的风格，并加以发展。

台基的处理在中国建筑中有着成功的经验，不过中国古典建筑的台基主要是用以表现宫廷王府的威严的，是为统治阶级服务的。人民大会堂的台基除使用上的需要以外却不仅要求庄严雄伟，还要平易近人，"要物为人用，以人为主"。因而在设计中采取了加宽台阶的办法，这样看上去不是高不可攀的重台，而是举足可登的台阶，使人没有立于丹墀之下的感觉，而是随时可以升堂入室。

关于色调的选择，屋檐用黄绿色琉璃，亮处用橙黄色，暗处用深绿色，用以加强屋檐的突出和檐下的深邃，但在绿色中仍杂跳以亮色，使之丰富、活泼、愉快。

墙面及一般廊柱选用明朗的彩色，以摆脱古老建筑暗红的压抑感，东北两面入口用大理石圆柱，在色彩用料上突出主要大门。台基以微红色的花岗石与天安门红墙取得一定的联系。

周总理反复比较三个方案

经过对84个平面图、189个立面图的认真探讨，选发给全国征求意见的有8个综合方案。到此，外地来京参加国庆工程设计的专家陆续离京。

10月14日，国务院总理办公厅通知，为了争取时间，在当天夜间周总理由外地返京后，立即审查大会堂设计方案。冯佩之和我当即将方案送中南海国务院办公厅。送上的方案共三份，是万里、齐燕铭、赵鹏飞三人选定推荐，经刘仁同志批准上报周总理的：一是清华大学作的，代表人刘小石（清华大学建筑系党总支书记）；一是北京市建筑设计院作的，主要设计人是张镈（建筑设计院建筑师）；一是北京市规划局作的，主要设计人是我（规划局总工程师）与沈其（城区规划室主任）。

周总理在当夜10时左右开始审阅，在场的主要人员有齐燕铭、万里、赵鹏飞、冯佩之、刘小石、赵冬日。

周总理首先详细看了三个方案的平面图和透视图。然后由刘小石说明了清华大学的设计方案，由我介绍了北京市建筑设计院的设计方案和北京市规划局的设计方案。

周总理反复比较了这三个方案，并多次提出询问。最后，周总理问万里同志："北京市委的意见如何？"万里同志把北京市委也就是刘仁同志推荐北京市规划局方案的意见作了汇报。周总理反复查看了北京市规划局的设计方案，从远及近，又由近及远，还和北京市建筑设计院的方案对照着看，并一再征求在场同志们的意见，决定采用规划局的方案。此时已是下半夜1点左右了。

在10月14日夜经周总理批准方案之后，我立即组织规划局技术室凌信伟、朱家湘、陶宗震三同志补图，我和沈其同志同时抢作南、北、西三个立面。送国务院审查的图纸有四张平面，一张未立面，一张总体布置图，一张透视图，二张剖面图。大约在10月20日，把15张送审图和补图先后送到北京市建筑设计院，展开技术设计和施工图设计。北京市建筑设计院党委决定把设计院承担的各个国庆工程项目统交沈勃同志负责领导，同时确定由张镈总建筑师和朱兆雪总工程师分别负责领导人民大会堂的建筑与结构的技术设计与施工图纸。

设计过程中的争论

人民大会堂的设计过程，自始至终伴随着争论，尤其建筑规模和风格是争论的焦点。

　　首先，在规模问题上，有人认为万人会堂和五千人宴会厅太大，利用率太低，每年只有"五一""十一"利用两次，这么大是没有必要的，而且是浪费的。当然，今天事实已经回答了这个问题，因为多年来的使用情况证明，根本不存在"太大"或"利用率不高"这两个问题。但是在当时，这个问题非但存在，而且是一个主要问题。

　　也有人认为人民大会堂设计的风格是"西而古"，是最坏的建筑艺术处理方式，使整个建筑"显得不够高大宏伟"，"令人感觉是小人放大"。

　　从1958年10月，直到1959年初，各方面对人民大会堂建筑的设计仍然有许多意见。

　　1月20日，周总理和彭真同志在市人大常委会交际处亲自召集在京的建筑、结构专家和美术家开会座谈。会上先由总理讲话，总理说："听说大家对人民大会堂还有很多意见，这个房子如果有缺点，大家就当有病的孩子来对待，首先考虑治病的问题。"总理反复强调保证建筑物安全的重要性，逐一询问各专家这个建筑垮得了垮不了，能保证多少年。总理说："人民大会堂这么个房子有两个关键，一个是垮得了垮不了，一个是好看不好看，垮不垮是主要的。人民大会堂的寿命起码要比故宫、中山堂长，不能少于350年。一个建筑物垮不垮总是存在着两种可能性。目前施工时间短，任务很重，钢梁跨度比长江大桥还要大，尽管有现代化施工方法，但一切矛盾都会增加，很多因素会起变化，我们要充分估计到这一点。材料要保证质量，不要将就，钢材不好不要用，乱子就出在将就凑合上。设计、材料、施工这三关，一关过不好就会垮。"总理对施工、对技术问题也做了指示。梁思成发言时说到这个建筑属于"西而古"之列时，总理说："我们中国人民之所以伟大，就因为我们能吸收一切对我们有用的东西，要使古今中外一切精华皆为我用。现在问题不在于是古非古、是西非西，而在于10000人开会，5000人会餐，8个月盖完。这样就得马上确定方案，立即施工。如果两三年完成，就可以更多地征求些意见了。无论谁盖房子，我们的方针都是适用、经济、在可能条件下的美观。如果有人认为这个建筑物不好，将来可以搞更好的，事物的发展总是后来者居上。所以大家提意见，要在现有设计方案的基础上进行，能采纳的当尽量采纳，使建筑搞得更完善。"

1959年国庆节之前，人民大会堂如期落成。许多国家领导人参观后，都给予比较好的评价。周总理在《伟大的十年》里给人民大会堂的总评价是："北京的人民大会堂这样大的建筑只用了10个多月的时间就建成了，它的精美程度，不但远远超过我国原有同类建筑的水平，在世界上也是属于第一流的。"

（原载于《纵横》1997年第8期）

首都机场的建设

北京建设史书编辑委员会编辑部

首都机场位于京郊顺义县天竺村附近，距东直门约20公里。首都机场建于1953年，1958年投入使用，以后，又经1965年至1966年和1974年至1985年两次扩建，现已成为我国规模最大、设备最完善的民航机场。

机场的兴建

早在1950年，刚成立不久的军委民航局即组建了空港建设委员会，先后设立了北京、天津、武汉、太原4个工程处，并决定在北京新建一个大型民航机场。最初，新机场的场址选定在东北郊的孙河地区，并进行了工程筹备工作，后因抗美援朝战事爆发，建场工程暂时搁置下来。

1954年，中央根据形势发展的需要，重新提出了修建北京民航机场的要求。当时，因北京市和空军对原选场址提出异议，经协商决定另行选址，后经多处踏勘，进行分析比较，初步选定顺义县（当时属河北省）天竺村以北、二十里铺村以东地区为场址。其后，民航局即着手筹备机场设计、建设工作，在局内（场站处）成立了设计科，专门负责机场的设计工作。

1954年12月，国务院正式批准了机场设计计划任务书。机场设计计划任务书规定，北京航空港"系作为保证首都与国内外各地间的航空客、货运输之用，应服务于全国性航线及国际航空交通"，"航空港应保证能在一年四季昼夜使用，包括能见度不好时在内，航空港应有发展可能性，须考虑到能在将来（1967年前）使用飞行全重达120吨的飞机，及当飞行次数及当旅客、货物运输量大量增长时能有保证"。根据机场设计计划任务书，全部工程分两期进行。一期工程投资4500万元，包括保证机场使用不可缺少的主要生产项目及必需的附属生产服务设施，要求在1956年底前完成。

在机场场址最终确定后，民航局即组织力量，在苏联专家小组的指导和帮助下，进行了勘测及初步设计工作，机场设计标准规范，除使用我国已颁发的外，均参照了当时苏联机场设计的有关标准规范，以符合民航一级机场的各项要求，建港工程的初步设计分别于1955年7月、1956年6月经国家建委和国务院批准，总概算为7944万元。

机场的施工准备工作于1954年秋季开始。1955年1月，正式成立了中央航空港建港工程处，负责机场的建设工程，建港工程随即铺开。1955年，建港工程的重点是场道工程。场道工程主要项目包括一条南北向（2500米×80米）水泥混凝土跑道（可供飞行全重为120吨的飞机起降），一条宽21米的平行主滑行道和用以连接跑道与各机坪之间的联络滑行道，以及一个面积为4.3万平方米的站坪和一个面积为10.5万平方米的停机坪。场道工程于1955年6月动工，1957年10月完成。

1956年，机场房屋工程全面开工。房屋工程的总建筑面积为8.6万平方米，包括按高峰小时旅客吞吐量230人次设计的候机楼，跨度为60米的飞机修理机库，以及其他生产、工作、生活用房等。大部分房屋工程于1957年完成，个别工程如候机楼等于1958年竣工。

到1957年底，为新机场交付使用所必需的工程项目均告完成。为保证工程结束后能及时投入使用，这一年有关方面组织技术力量对机场工程进行了多次全面性检查。另外，因新机场启用前北京民航一直使用西郊机场，故民航局和民航北京管理处分别成立了机场转场委员会，以确保转场工作的顺利进行。

1958年3月1日，新建首都机场正式启用，并暂用指挥调度楼作为候

机楼使用。机场候机楼于当年10月1日起投入使用。首都机场的建成，是解放后北京民航发展史上的一个新起点。

机场第一次扩建

进入60年代后，随着国际民航业的发展，民航运输机机型也逐步大型化，原建首都机场规模较小，不能起降大型运输机的矛盾愈加显露出来。这种状况显然不能适应国际交往发展的需要。

为尽快改变这种状况，民航局于1965年研究制订了将首都机场扩建成能起降当时国际上通用的大型运输机机场的方案，于同年8月将《关于扩建首都机场的报告》报送军委总参和国务院。报告中提出了3个扩建方案。第一方案提出将原跑道长度延长至3200米并加厚道面。实行这一方案，可不转场，不停飞，边使用，边建设，具有征地少、投资省、见效快的特点。其他两个方案均提出了另修与已有跑道平行的西跑道，其方案特点是工期长、投资多、见效慢。报告中根据机场使用的飞机机型、飞行量及财力、物力情况，建议采用第一方案，新修平行跑道可推迟到机型和业务量有更大发展时再予考虑。

方案上报后，即得到周恩来总理的批示："拟同意实行第一方案，并考虑列入明年计划，今年做准备工作。"根据周恩来总理的批示，民航局立即着手筹备工作，并成立了扩建研究小组及扩建办公室。

扩建工程的规模按照满足8—10年业务需要，供波音707类型飞机有限制地使用而确定。扩建的主要工程项目有：在原跑道两端各加长350米，使跑道全长达到3200米；增建相应的滑行道和大型飞机停机坪；改建站坪及航站设施；新建中心收信台；扩建中心发射台、中心收发室、总枢纽室、总调度室；改装导航降落设备；局部改建原航站楼，新建贵宾迎送室；添建必要的业务工作及生活用房，以及增建站坪管线加油设施，改善机场水源等。扩建工程计征地40亩，投资2000万元，实行边飞、边建，边生产、边施工。

1966年3月，周恩来总理在首都机场审查了工程总平面图和航站楼改、扩建模型，对扩建工程的总体安排表示满意，并指示：机场建筑要贯彻"适用、经济，在可能条件下注意美观"的原则，应考虑适当的防震措施；在工程中应有所发现、有所发明、有所创造、有所前进。这充分体现了周恩来总理对民航建设的关心。

扩建工程在首都机场扩建办公室（后改为首都机场扩建指挥部）的领导下顺利进行，大部分工程项目于1966年底前竣工。

机场第二次扩建

首都机场在60年代中期经过第一次扩建后，机场跑道、航站楼、通信导航设备等虽有一定程度的改善，但总的来说机场的建设水平还比较低。70年代以后，随着国际交往的增多和国内航空业的发展，首都机场国际、国内航线的客货运量有了较大的增长，运输业务日趋繁忙，机场设施已难适应发展的需要，有必要再次进行扩建。

1972年，遵照周恩来总理1971年11月在首都机场所作指示，民航总局向国务院报送了"关于修建国际候机楼的请示报告"，1973年6月，民航总局另向国务院、中央军委呈报了"关于首都机场新建和扩建跑道方案的报告"，1974年3月，民航总局又上报了"关于建飞机维修车间和器材仓库的报告"。首都机场第二次扩建中的各主要工程项目是陆续提出来的，各项工程计划任务书分别经国家建委、国家计委审查批准，因而从总体上来说，其扩建规模和要求亦有多次变更，工程投资不断加大。这种情况乃是由当时的历史条件所决定的，对后来的工程施工也产生了一定的影响。

扩建工程开始时，设立了首都机场筹建办公室。1974年2月，机场筹建办公室改为首都国际机场修建指挥部，同年10月，由军委工程兵部队负责的机场新跑道（即西跑道）工程破土动工，经各施工单位的共同努力，1979年9月29日，首都国际机场候机楼及其配套工程竣工。国际机场候机楼于1980年1月1日正式启用。首都机场第二次扩建的全部工程于1985年底收尾销号。

首都机场第二次扩建工程共包括20多个项目，主体工程项目有新建国际候机楼、西跑道（包括滑行道、停机坪、客机坪），加厚延长东跑道，新建宾馆、飞机维修校验车间及承载力为500吨的立交桥等。附属配套项目有修建航空交通管制楼、飞行指挥塔台、无线电收发讯台、导航设施、进场公路、业务油库、特种车库、停车场、大型机库、货物仓库、售票服务处、引水管线、供水站、11万伏高压输电线及变电站、燃油锅炉房、液化石油气站、制冷站、污水雨水管线、污水处理厂、机上食品加工间，以及机场绿化和职工宿舍等。其中，扩建工程的房屋建筑总面积近20万平方米。

几项主要工程的简况如下：

1.国际候机楼

国际候机楼建在原机场候机楼以北700米处，其东侧保留发展用地，候机楼长199米，宽66米，包括地下室和设备间共5层，建筑面积6.1万平方米，比原候机楼的建筑面积大5倍多。工程总投资5000万元，其中土建工程投资2800万元，设备费2200万元。

国际候机楼的设计遵循了周恩来总理提出的"经济、适用、朴素、明朗"的原则，并参考了其他国家机场不同类型候机楼的特征，其设计既具有当时70年代的先进水平，又体现出了我国的民族特色。

国际候机楼的旅客出入口设在南面，一层用于旅客进港，二层用于旅客出港，三层为餐厅，设有转港旅客餐厅、中餐厅和西餐厅，总面积2400平方米，可同时供1500人用餐，主楼北面两个直径为50米的卫星登机厅，各通过110米长的廊道与主楼相接。每个登机厅装有8个旅客登机廊桥，旅客可通过自动步道和登机廊道上下飞机。候机楼高峰小时旅客吞吐量为1500人。除各种必需的设备外，候机楼内还布置了70余幅壁画、国画、油画、磨漆画、贝雕画、书法等美术作品，创造了良好的室内环境。

2.机场跑道

新建机场跑道（即西跑道）位于原跑道西侧1960米处，南北长3200米，东西宽50米，并规划有向北延长400米的用地。跑道道面混凝土厚度，中部2000米为35厘米，两端600米处为38厘米，最大承受量为350吨，可供波音747、DC-10型等大型飞机起降。跑道与平行滑行道之间的净距为150米，滑行道宽23米，道面厚度38—40厘米。联络滑行道有4条，其中一条按快速滑行道修建。新跑道工程投资2200万元，于1978年10月1日正式启用。

这次扩建工程中还将原有东跑道向南延长了600米，总长度达到3800米，宽度改为60米，作为首都机场的主要跑道使用。延长的跑道道面，其混凝土厚度为42厘米，最大承受量达500吨，可供已有各类大型飞机全重起降。此外，在跑道与原有滑行道之间，还增建了一条滑行道，经重修，东跑道于1982年1月1日启用。

3.机场立交桥

建于机场滑行道与进场公路、辅路相交处的立交桥，是我国第一座飞机滑行道与公路相交的立交桥，也是我国集中荷载最大的桥梁，立交桥为三孔，每孔净宽15.75米，进场路净高4.5米，辅路为4米，桥长50米，宽60米，中间32米最大承重量达500吨，两侧各8.5米，按汽车荷载修建，总投资280万元。

4.航空交通管制楼及飞行指挥塔台

航空交通管制楼和飞行指挥塔台，是机场空中及地面各种活动的交通管理中枢，建在国际候机楼的东侧、机场中轴线上，总建筑面积为7800平方米。飞行指挥塔台全高65米，地面部分有13层，装有全套导航系统，仪表着陆系统等集中控制设备，工程建成后，对提高区域及本场的飞机起降率、飞行指挥管制能力和水平有重要作用。

首都机场除上述两次扩建外，1989年9月又完成了对候机楼的一次扩建，使高峰小时吞吐量从原来的1500人增至3500人。

（选自《建国以来的北京城市建设资料》第三卷《道路·交通》）

梦想从浦东机场起飞

王其龙

潘春芳 整理

1994年7月，上海市委、市政府提出了"完善虹桥，加快浦东"的上海航空港建设方针，决定在对虹桥国际机场进行改扩建的同时，抓紧建设浦东国际机场。

1995年5月，浦东国际机场建设指挥部成立。

1996年初，浦东国际机场一期工程项目建议书经国务院和中央军委讨论通过后下发。我就是在此时参与到浦东国际机场建设之中，当时担任一期建设指挥部航站区工程处处长，后来二期扩建时，又担任二期工程建设指挥部副总指挥。

我至今还珍藏着的当年一期建成后、作为建设功臣首航昆明的登机牌和总指挥亲笔签名的首日封，每次回忆起那些曾经亲历的辉煌建设场面，总是心潮澎湃……

遵循实际情况选址

浦东机场的选址经过了漫长的阶段。据我所知，从最早1986年上海规划浦东机场，是选在原川沙县合庆乡境内，后经技术论证，发现下有两条地震断裂带，于是南移4.8公里进入原南汇县祝桥乡、东海乡境内。

1994年2月，浦东机场工程进入中日合作编制机场总体规划和预可行性研究阶段，又提出要尽可能减少动迁农民住宅，东移700米。东移后，由于避开了居民密集地带，减少动迁居民5000多户、15000多人，既减少了动迁工作量，又争取了时间，也少征农田7488亩，为国家节约了宝贵的耕地。

这中间还完成了一场漂亮的鸟类动迁。因为选址东侧是长江南岸滩涂，是一片约有300米宽的潮间带，迁徙候鸟160种，还有许多国家保护的珍稀鸟类。如何既保护飞行安全，又不破坏鸟类的生态环境？

当时我们组织了鸟类、河口、生态等多学科专家多次进行实地调查和科学论证，提出了在机场选址外侧海滩上围海促淤，整治滩涂，围垫鱼塘，清除垃圾堆场，铲除芦苇草滩，使鸟类食源断绝；而另外在九段沙为鸟类重新打造一片让它们得以快乐安逸栖息的理想区域的"驱鸟引鸟"妙招。

当然也因选址东海之滨，施工单位要面临在冲积平原形成的软地基和围海造田的地基上施工，挑战不少。为此，指挥部组织了科研攻关，做了大量试验，终于解决了机场跑道地基沉降的问题。按民航标准，一条跑道通常15年要大修一次，我们现在已使用了14年，现在看来，还未出现影响飞行安全的问题。

安德鲁方案中标

机场工程批准后，首先面临的是航站楼的设计问题。当时的设计理念是要把浦东国际机场打造成一个大型的综合性国际机场，形成现代化航空港。而当时国内建设这样大规模的机场还是第一次，没有经验，也无参照。因此，机场指挥部将视野瞄向了全世界的设计者，38家最具实力的规划、设计公司（事务所）参与了这一设计方案的竞标。

经过几轮评审筛选，最后选定了美、法、德、英、荷等六个竞标团组设计的六个方案。1996年，指挥部邀请了来自美国、日本和中国香港

地区以及民航局、建筑科学院、清华大学、同济大学的国内外专家，经过10天慎重、公正的评审，确定法国巴黎机场公司设计师安德鲁设计的"鲲鹏展翅"建筑中标。

安德鲁是法国戴高乐机场的设计者，上海东方艺术中心、国家大剧院、广州体育馆等都是他的作品，是世界级的设计大师。他的设计所体现出的21世纪人与自然、环境与建筑的和谐统一、持续发展的理念获得了评审者们的一致认同和共鸣。

这个方案注重环境的规划，建筑设计风格也体现了上海城市蓝天门户的形象和人与自然的完美结合，给人以现代化航空港充满活力的气息。安德鲁的设计方案，最后由华东设计院付诸实施。

江泽民挥锹奠基

"浦东国际机场"是江泽民同志亲自题词的，包括1997年10月举行的全面开工仪式，也是江泽民挥锹奠基。这样高的规格，在中国的重大工程建设中也是不多见的。

之所以会有这样高的规格，是由浦东国际机场的定位和上海航空战略的理念决定的。《上海航空发展战略》提出了两个超越：超越航空、超越上海。所谓超越航空，就是说作为航空枢纽它不仅仅是上海的社会经济发展的需要，而是一个国家战略，要站在国家战略的层面去规划。所谓超越上海，就是说要建成中国的门户，并经过若干年的努力，构建完善的国际国内的航线网络，成为中国通往世界各地的一个重要门户枢纽，建成亚太地区核心枢纽机场，而且最终成为世界航空网络上的一个重要节点。

当时枢纽战略的推进分为三个阶段，到2007年是一个阶段，到2010年基本形成枢纽框架，到2015年、2020年要成为亚太地区的门户枢纽，参与国际竞争。

到2012年，浦东国际机场的旅客吞吐量已达4400多万人次，货邮吞吐量已达350万吨，旅客吞吐量连续三年排名全球机场第20位，货邮吞吐量连续五年位居全球机场第三位。

按照规划，到2015年，浦东机场旅客吞吐量每年将达8000万人次，货邮吞吐量每年500万吨，飞行架次是32万架次。

创新铸就辉煌

对于浦东这样一个大型国际机场的建设，航站区和飞行区是两个关键的工程。因为之前在国内、在上海都没有搞过如此大的工程，所以很多技术方面的问题，我们都是摸索着做了很多创新性试验，最终才实施的。事实证明，创新成就了浦东国际机场的辉煌。

第一是航站楼的钢结构系统。安德鲁当初设计的张悬梁结构，具体施工过程中会遇到什么问题，其实他也是没底的。

一是因为它体量大，用钢量要达3万多吨。相当于当时南浦大桥、徐浦大桥、杨浦大桥的总用钢量，而当时我们国家在钢结构方面的规范、技术标准还覆盖不了这样大型的钢结构，难度可想而知。

二是钢架的上弦矩形钢管，是40厘米×60厘米×2.2厘米，安德鲁设计要求轧制，而我们查阅发现，当时还没有一家公司可以轧制这样的矩形钢管。

后来，我们就组织华东建筑设计院、上海建工、上海建科院科技人员、施工人员一起进行科研攻关。我们在江南造船厂做了一个1∶1比例的大跨度钢屋架模型，搜集了几十万个数据来解决技术上的难点，解决了外国专家设计方案中没能解决的问题，节省了大概11%的钢材，节约了四五千万元的资金，也解决了国家规范、国家标准技术上的不足。竣工时，安德鲁仰望着没有一根立柱的楼顶惊讶不已。

第二是钢屋面板。当时根据市里的要求尽量要采用国内材料施工，而国内尚未做过这类产品。于是我们请宝钢负责研制和施工。这个板的研制很复杂，既要有一定的强度，又要有一定的柔度，这样才能适应变

形的曲面形状。为了减少板面上的接缝，减少漏雨漏水，宝钢几经试验，采用连续轧制，成功一次轧制出100多米长的面板。在屋面板的安装上，板与板之间，我们也采用暗扣式，没用一个螺钉，保证了面板不因锈蚀影响结构的牢固性。

第三是玻璃幕墙。按照外国人的设计，9万多平方米的室外玻璃幕墙，是打算采用国外材料的。但我们想着要支持国内产业，于是委托耀华玻璃厂研制生产。当时生产那种玻璃，国内与欧洲的主要差别在原料方面，因为采用的石英砂不同，对玻璃本体的颜色就有差异。老外的设计理念是要通透，即以白透为主，而我们的石英砂含氧化铁，红的成分比较高，玻璃一厚就感觉里面泛黄，老外不认可。

后来，通过不断研制，我们做了7次样板提供给他，通过在黏胶玻璃中间的那层黏膜上做一些颜色调配，使它基本接近于通透的要求。终于得到了外方设计师的认可。

第四是清水混凝土。清水混凝土技术难度要求很高，国家标准又没有，怎么办？我们跟做钢结构一样，也是先做试验，自己定标准。经过大量的研制，我们决定浦东国际机场所有的混凝土、水泥一定是要一个厂家的，同厂、同品种、同规格。

后来，中国美院要建一个美术展览馆，日本设计大师矶崎新也采用清水混凝土设计，但他担心达不到他的设计要求。潘公凯院长带他到上海浦东机场看了航站楼的清水混凝土工程，他马上就请上海建工承担了中国美院美术展览馆的建设任务，做下来很满意。

第五是跑道。国际民航组织对跑道规定的统一标准是，平整度达90%以上，摩擦系数达0.47。我们的施工水平是远远高于这个标准。平整度可达99%，摩擦系数达0.6以上。为了在沿海地基、围海造田的软地基上克服地基沉降因素达到这个平整度，需要克服很多困难，我们是下了很大功夫的。

这个工程后来被评为国家市政金奖示范奖。此外，还有混凝土跑道的伸缩缝问题，我们也进行了多次攻关。混凝土板块与板块之间由于热胀冷缩的原因，会挤出一些碎块，一旦被飞机发动机吸进去，就会影响飞机运行安全，这也是一个世界性的难题。日本人是在天热的时候浇水解决。我们研究后，请宝钢研制了一个专门的机械工具，用这个专用工具把板块与板块之间的缝稍微切一下，倒一倒角，一次就完成这个工艺，质量上也很可靠，保证了跑道混凝土板块缝不产生掉边掉角，得到了老外同行的充分肯定。

第六是机场信息系统。机场的信息系统是组织机场航班运行和管理的，这个集成信息系统控制着30多个子系统，需要经过不断的调试，才能保证运行时不出问题。当时我们的压力是很大的。香港机场1997年因集成系统出故障，在世界上造成了很大影响。

我们总指挥拿来厚厚的一叠事故调查材料让我们学习，以前车之鉴，针对性地分析我们的系统。这个信息系统看不见摸不着，而且又不是一家做的，存在接口、标准的不一样，需要一个磨合的过程。我们花了很大的精力，分析了产生问题的原因，制定了应急预案。

团结就是力量

浦东国际机场的建设是一个庞大的系统工程，对工程建设管理的要求很高。我们采取了总承包体制。设计是设计总包，施工是施工总包。设计总包找的是上海现代设计集团华东设计院，施工总包找的是上海建工集团，监理是上海建科院。我们充分发挥了集体的力量。一期的设计是法国人，华东设计院配合施工；二期的设计时，华东设计院就自己做了总包，找了6家外国设计院做分包。上海建工集团还首次尝试承担了弱电信息系统的总包管理，他们关于"航站楼机电安装集成管理研究与实践"的课题研究，还获得了民航总局的科技进步奖。上海建科院承担监理，也做了大量的工作，克服了许多困难。

在管理上，我们还注重文化建设，开展了立功竞赛活动。我们的立功竞赛，把老外承包商也包含进来，让他们也融入我们的文化当中。当时，法国人认为，我们建设一期工程至少要8年时间，结果我们只用了3年。这也得益于我们开展的劳动竞赛。我们把老外组织起来，通过考核、讲评，提高他们的积极性。最后老外也适应了我们的文化，没日没夜地干，有时甚至睡在现场。

对民工的管理，我们除了严格制度管理，还进行严格的培训，同时加强检查和奖惩，他们也很快适应了我们的文化和环境。

在管理策划方面，我们做了详细的工程策划，提出了6大类59项难点，成立了不同的科研课题和科研小组，逐个攻关。最后，我们获得了10多项国家级、省部级科技进步奖。同时，也为国家节约了大量的建设资金。算下来，一期预算130亿元，实际花了113亿元；二期预算230亿元，实际花了165亿元。另外，我们还节约了近20亿元的土地征用费用。

在完成任务庆功的当晚，在场所有的中外承包商们一起唱起了《团结就是力量》，因为大家都亲身经历了建设过程中的种种艰辛，深有感触。我记得那是在2007年的冬天，那天晚上天气很冷，我们是在海边一家小饭店里搞的庆功活动。

（选自《大潮·口述：城市的故事》，
中国文史出版社 2018 年 7 月版）

浦东新区的开发开放之路

沙　麟　黄奇帆　李佳能　赵启正

王安德　杨昌基　周汉民　徐亚丽　等　口述

邓小平说，上海是我们的一张王牌

浦东位于黄浦江和长江入海口的交汇处，面积约552平方公里，相当于上海陆地面积的十分之一。近100年前，当孙中山面对这片当年的荒土时曾感慨地说道："如果浦东发展到浦西的水平，那中国就不得了了！"

新中国成立后的相当一段时期里，上海一直是中国城市的骄傲和"钱袋子"。但是只出不进的日子终于让上海扛不住了。20世纪80年代初，《解放日报》头版头条刊登了《十个第一和五个倒数第一说明了什么？》一文，一语道破上海在改革开放初期发展滞后的窘境：工业总产值全国第一、劳动生产率第一、上缴国家税收第一……但上海人均道路面积全国倒数第一、人均居住面积倒数第一、三废污染倒数第一……

沙麟（时任上海市浦东开发领导小组成员、上海市人民政府浦东开发办公室副主任）：之所以提出要开发开放浦东，是因为在改革开放初期，上海存在着发展滞后的困境，使上海在我国国民经济和社会发展中曾独领风骚几十年的地位趋于下降，亟待新的发展空间来引领上海改造振兴。当时担任上海市委第一书记的陈国栋为了

实现上海的全新发展，组织了"上海向何处去"的大讨论，他尖锐发问："上海是要振兴还是沉沦？"改造振兴上海的迫切心情可见一斑。

20世纪80年代中期，全国改革开放的大潮正迅速高涨。那么，上海下一步的发展空间在哪里？增长点在哪里？在这种背景下，上海市委、市政府将浦东开发列入议事日程。由此，对改造振兴上海、开发开放浦东的研究一步步由浅入深地向前推开去。

最初，开发浦东是作为上海市政府的战略设想提出的。1986年前后，上海向国务院提交了《上海总体规划方案》，国务院在批复中正式明确了开发浦东。1988年4月，朱镕基当选上海市市长后，继续筹划开发开放浦东。5月，上海组织召开了有100多位国内外专家参加的开发浦东新区国际研讨会。

正当对浦东开发开放的研究在紧锣密鼓地进行时，1989年春夏之交的那场政治风波又意外地把浦东开发开放的时间表往前"推"了一把。当时，中国在国际上遭到西方制裁，在国内则面临改革开放何去何从的重大挑战。面对东欧剧变与苏联解体带给人们的巨大困惑和国内对改革开放"姓资姓社"的种种诘难，邓小平站了出来。

沙麟： 1989年春夏之交的那场政治风波后，中国要打破孤立局面，向世界宣示继续推进改革开放，打浦东开发的牌最合适。就像邓小平同志所讲的那样，上海要做点事情，向世界表明我国改革开放是放不是收，浦东开发开放就是抓住了这件事情。

1990年1月，邓小平来上海过春节。他在仔细听取了市委和老同志的意见后提出：请上海的同志思考一下，能采取什么大动作，在国际上树立中国更加改革开放的旗帜。回到北京后，他在和几位中央领导同志谈话时又语重心长地说道：上海是我们的王牌，把上海搞起来是一条捷径。上海开发晚了，要努力干！浦东开发，你们要多关心，机会要抓住，决策要及时。

4月18日，李鹏总理在上海宣布，"中共中央、国务院决定，要加快上海浦东地区的开发，在浦东实行经济技术开发区和某些经济特区的政策"。就此，浦东开发开放的帷幕正式拉开。6月2日，在中共中央、国务院《关于开发和开放浦东问题的批复》（中委〔1990〕100号）中随附了上海市的请示报告，里面提出：对于浦东开发的目标定位是"按照浦东开发的总体规划设想，经过几十年的努力把浦东新区建设成具有合理的发展布局结构，先进的综合交通网络，完善的城市基础设施，便捷的通信信息系统，良好的自然生态环境的现代化新区"。报告里还提出了"三步走"的设想："八五"期间是开发起步阶段，"九五"期间是重点开发阶段，2000年以后的二三十年或更长一段时间是全面建设阶段，使浦东成为21世纪上海现代化的象征，成为适应国际性城市及外向型经济发展需要的世界一流水平的新区。

"面向世界"的浦东胸怀和"比特区还特"的政策定位

对于浦东开发开放的定位，邓小平的设想在继续丰富。1991年2月15日，大年初一，在上海市党政领导团拜活动即将结束的时候，邓小平说："你们要抓住20世纪最后的机遇，抓住本世纪的尾巴，加快发展。"三天后，邓小平查看了浦东新区的地图和模型后再次发表讲话，他说，开发浦东，影响就大了。不只是浦东的问题，是关系上海发展的问题，是利用上海这个基地发展长江三角洲和整个长江流域的问题，抓紧浦东开发不要动摇，一直到建成。邓小平还提到，广东的开发是对香港的，福建厦门特区的开发是对台湾的，但是"上海的开发可以面向全世界"。这表明，中央已经从更高的国际国内政治经济发展战略高度认识浦东的开发开放问题，也表明浦东开发的意义已经跳出了仅仅为振兴发展上海的地域定位。1992年10月，中共中央第十四次全国代表大会正式提出"以浦东开发开放为龙头，带动长江三角洲和整个长江流域经济的新飞跃"。至此，开发浦东上升为国家战略。

对于跳出上海，面向全国乃至全世界的浦东，该采取怎样的政策定位？朱镕基对此有个绝妙的归纳：浦东不叫特区，而叫新区，不特而特，特中有特，比特区还特。

黄奇帆（时任上海市人民政府浦东开发办公室副主任、上海市浦东新区管委会副主任）：在小平同志视察南方谈话的推动下，党中央、国务院在浦东开发一启动时就给浦东五大政策，同时还把开发区的十大政策和特区的九大政策一股脑儿给了上海，这个气魄大。因此，对于浦东新区而言，开发区、特区的十条、九条我都有，特区没有的五条我还有，这就是"不特而特，特中有特，比特区还特"，浦东不叫特区而叫新区，意思也就是从这里来的。浦东新区独有的五大政策，一是允许外国企业开办百货商店、超市等第三产业，在20世纪90年代这可是一项突破性很大的政策；二是外资可以开办银行、财务公司、保险公司等金融机构；三是允许上海设立证券交易所，为浦东开发自行审批发行人民币股票和B种股票；四是在浦东新区外高桥设立了中国开放度最大的保税区，也就是自由贸易区；五是扩大上海市有关浦东新区项目审批的权限，特别是在投资项目审批上，浦东审批权是两亿美元以下。当时的情况是3000万美元以上项目要报国家计委、经贸委审批，两亿美元以上报国务院审批。

当年，外高桥保税区为上海在WTO框架下以货物贸易为主体的自贸区建设进行了积极探索，奠定了良好基础。

黄奇帆：1990年给浦东的五大特殊政策中最突出的是外高桥保

税区。当时，朱镕基同志把外高桥保税区翻译为Free Trade Zone，而没有直译为Free Duty Zone。他说，我们对内中文名字叫保税区，对外英文名字就叫自由贸易区。当时，保税区里面涵盖的政策就是按WTO框架下的自由贸易区来设定的。现在回过头来看，当时给浦东的五项独有政策，是各国在WTO里约定必须开放的服务贸易条款。浦东先于全国5—10年打了前站，可以说为中国进入WTO进行了先行探索并取得了经验。

时至今日，自由贸易区时代已经到来。中共中央提出要"加快自由贸易区建设"，形成面向全球的高标准自由贸易区网络。2013年，习近平同志在参加十二届全国人大一次会议上海代表团审议时进一步强调，要更加自觉地把工作着力点放到加大创新驱动力度上来，不断为创新发展注入新的动力和活力。2013年9月29日，上海自贸区正式运营。通过设立国内首个符合国际惯例的海关特殊监管区，上海向世界表明，中国开放的大门不会关上。2014年5月，习近平同志在上海考察时说：上海自由贸易试验区是块大试验田，要播下良种，精心耕作……并且把培育良种的经验推广开来。在上海自贸区的带动和引领下，中国的自贸区加速扩容，由1个推广到4个，接着又到11个。自贸区这项继往开来创新事物的出现，昭示着浦东、上海乃至全国的改革开放迎来了又一个充满活力的崭新局面。

新区规划：新思路、新理念、新浦东

"看一百年的中国去上海。"2015年9月23日，国家主席习近平在访问美国华盛顿州塔科马市参观林肯中学时对课堂上的学生们如是说。春去秋来间，上海已走过漫漫百年长路。潮起潮落中，日新月异的上海向世人展示了因改革开放而焕然一新的城市面貌，浦东则是其中一颗当之无愧的璀璨明珠。对浦东规划的研究，起步于改革开放之初。规划要

做到既要坚持理念，也要结合实际，长期深入研究是科学规划的基础。

李佳能（时任上海市人民政府浦东开发办公室副主任、浦东开发规划研究设计院副院长、上海市城市规划设计院副院长）：1987年，成立了浦东开发研究六人咨询小组，汪道涵同志做顾问，市规划局局长张绍樑同志任组长，我以规划院代表的身份参加，此外还有搞金融、外贸、土地、综合计划等专业的同志。所以，浦东的城市规划是方方面面集体创作的结晶，是政府、学者、城市规划师乃至公众共同参与完成的。

城市规划涉及产业结构演变、人口增长、市域扩大、土地利用和开发、交通及市政建设等多方面的因素。因此，只有抓住新区的规划，才能抓住浦东开发与建设的"牛鼻子"，实施有条不紊的社会经济发展计划，创造渐入佳境的开发氛围和投资环境。

黄奇帆：开发建设浦东，不是为了复制或改造一个旧城区，而是要把浦东新区建成具有世界一流水平的布局合理、环境宜人、交通便利、基础设施完善的外向型、多功能、现代化的新城区。为了实现这个目标，当时我们就提出发挥规划在新区城市管理中的"龙头"作用，立足"国际级"和"现代化"两个基本面，以一流的规划设计水平、一流的规划管理体系、一流的规划运行机制，描绘浦东新区城市发展的蓝图。

既然是编制新区规划，就要解放思想，跳出框框，有新做法、新气象，在"新"字上做文章，以新思路、新理念把编制新区规划的构思推向新高度、新起点。

李佳能：城市的发展都有延续性。浦东不是一张白纸，既有钢铁、石油、纺织、化工企业，也有住宅基地和基础设施。因此，如何新旧兼顾，同时又体现当代最高水平的创意，使之和开发目标充分有机地结合起来，也成为我们在浦东总体规划方案设计中遇到的一大难题。为此，我们对浦东地理地貌的现状和既有发展状态、道路网络、水系分布、建筑群现状等做了透彻的分析研究，取其长而避其短。在此基础上，我们利用浦东现状做开发设计，把共约350平方公里的地域按照四大开发区、五个综合分区布局提出方案，最后又博采众长发展成为1990年见报的综合方案。

那时候，参与浦东开发的上上下下都富有朝气，敢于梦想，善于面朝世界"在地球仪边思考浦东开发"。这股敢想敢闯、开放大气的精气神也直观地凝聚、体现在浦东的城市规划中。

黄奇帆：浦东最初三年定的城市大规划很有灵气，与浦东开发开放至今的实际效果是符合的。例如陆家嘴，当时有五个方案供我们参考，分别来自日本、意大利、英国、美国、法国的设计公司。五个方案风格各异，但楼高都只有四五十层。我们就想怎么能对五个方案来个取长补短。当时考虑，陆家嘴地区在上海外滩的对面，黄浦江在此转了一个弯，形成了易经八卦中的太极格局，与外滩金融中心一凸一凹、一高一低，可谓珠联璧合；此外仅仅搞一些四五十层的楼房还不够，还应该学芝加哥、纽约，搞几栋100层的楼。我们当时拿了三根筷子，研究了三栋高楼布局后，跟着就做模型，这就是现在的环球金融中心、金茂大厦、上海中心。中央公园（即现在的世纪公园）也是浦东的地标建筑之一，是构成浦东新区良好自然环境的重点项目。它处于上海市最繁华的内环线区域里，是上海大都市核心圈的唯一一块大面积绿地。中央公园的西北面为行政文化中心及办公、商务、住宅综合区，东面为别墅区，东南面为博览区。公园占地1.2平方公里，里面建设了大面积的草坪，花

木成片，树林成荫，湖面宽阔，自然环境理想，使上海市区的生态环境改善跃上了一个新的台阶。

李佳能：在浦东规划编制过程中，我们邀请了国内外专家学者参与，集中了国内外的智慧。在浦东开发开放之初，出于国家安全考虑，城市规划设计通常被认为是保密的，向全世界征求方案，在当时是触动了"红线"。陆家嘴就是率先打破惯例，搞国际方案招标，其规划至今为人所津津乐道。世纪大道的设计构思就更大胆了，当我们发现陆家嘴中心地区配置400万平方米以上建筑量以后，意识到交通流量必然大增。这块"盲肠形"的地块仅靠浦东大道、浦东南路是远远不够的。于是一个大胆的设想冒了出来：新辟一条"对角线式"的大道，把金融、商业、贸易、行政文化四个规划中的区域连接起来，两侧高楼耸立如美国曼哈顿，道路像法国的香舍丽榭大道。并且与浦西的东西向轴线通过隧道串通成一线，造成更为恢宏的气势。

在"老浦东"赵启正看来，"在地球仪边思考浦东开发"，是指要经常思考预定的开发目标中，浦东在上海应处于什么位置，上海在世界经济格局中应处于怎样的位置。由此，浦东的规划要达到足够高的国际水平。

赵启正（时任浦东新区工作委员会书记、管理委员会主任）：浦东的建筑群都是世界大师们竞相献艺的杰作，留下了我们与世界联系的记忆：东方明珠电视塔是上海设计师的作品，金茂大厦是美国SOM公司的设计大师参考了中国26座宝塔创作的，浦东国际机场和东方艺术中心则是由法国著名设计师安德鲁设计，曾获2008年世界最佳高层建筑荣誉的环球金融中心是由日本投资、美国建筑师设计、上海建筑集团承建，上海科技馆由华裔美国人设计，国际会展中心则是德国人按中方提出的"大珠小珠落玉盘"的理念完成的杰作……联合国前任秘书长加利来到浦东时曾由衷感叹："你们正在进行一场世界奥林匹克建筑大赛。"

2016年，位于陆家嘴的又一个浦东新地标——上海中心大厦落成，楼高632米，是当今世界第二高大楼，体量相当于一个"站着的外滩"。上海中心大厦以其"总部之楼""创新之楼"的功能定位，吸引了一大批国际知名企业入驻。而浦东陆家嘴，作为改革开放以来的上海新地标，矗立着世界最密集的摩天楼群，不断刷新着上海国际大都市建设的高度，释放着改革开放的中国之光。

浦东定位：三个先行，高起点建设重点功能区

1990年浦东开发开放起步之时，提出了"三个先行"策略，即基础设施先行、金融贸易先行、高新技术产业化先行。

黄奇帆：1991年春节，邓小平同志听取浦东开发情况时，朱镕基同志汇报说，我们浦东开发的战略是"金融先行，贸易兴市，基础铺路，工业联动"这16个字。小平同志听后说：金融是现代经济的核心。金融搞好了，全盘皆活。上海过去是金融中心，今后也要这样搞。中国的金融要在世界上有地位，首先要从上海做起。

围绕三个先行策略，浦东开发开放初期的重点是三个功能区建设，即陆家嘴金融贸易区、外高桥保税区、金桥出口加工区，后来加上张江高科技园区，就成为四个功能区。

沙麟：四个开发区的功能定位很明确：一个搞金融，一个搞出口加工，一个搞自由贸易，一个搞高科技产业。陆家嘴地区规划为

267

金融区很好理解，因为与陆家嘴一江之隔的外滩原先就是金融集中地，所以，在陆家嘴发展金融就与老市区联成一体，组成一个金融、信息中心。金融上去了，整个城市就活了，资金也有了，这是浦东新区开发建设最显著的特点之一。金桥出口加工区则是当时中国唯一以出口加工为主的开发区。当时的现实是：我们出口的产品比较粗糙，且以纺织、轻工产品和土特产为主，产品结构差，附加值低。为此朱镕基同志提出：浦东要发展现代化、资金密集、技术密集、劳动市场量广、原材料能耗少、出口创汇能力强的工业。由此，汽车产业就成了金桥出口加工区的支柱产业，并且很快升级换代，成为高端产业链的一部分，参加国际产业链的构成。到了1995年、1996年的时候，外资企业都搞起来了，且都是外向型企业，不仅产品主要出口，而且也改变了我们的产业结构。从而使上海在先进制造业方面形成了较为完整的产业链，对上海产业结构调整和产品升级换代发挥了积极的作用。

陆家嘴最强的是它的金融高端机构迅速集聚的功能。今天放眼望去，成片的银行、金融楼宇汇集在小陆家嘴（指陆家嘴首期开发的1.7平方公里金融贸易中心区）内。东方路沿线曾经的省部委楼形成了陆家嘴的商贸和休闲板块，花木板块分布着行政大楼、文化中心大厦。形成这样的功能分明的格局并非一帆风顺，是浦东的创业者们经历了无数次打拼而成的。

王安德［时任上海市人民政府浦东开发办政策研究室主任、上海市陆家嘴开发公司（集团公司）总经理、浦东新区管委会副主任］：我当时担任陆家嘴开发公司首任总经理，那些情景历历在目。一是把金融"领头羊"引进陆家嘴。1990年9月，我被任命为陆家嘴开发公司总经理后，中国人民银行上海分行是我们争取落户于此的第一家金融机构。我们经过反复比较后，将人行上海分行的选址定在浦东大道、浦东南路交叉路口上。我当时去找央行的领导，邀请他们来浦东。对方说："可以考虑，不过你们能给我们什么样的优惠和支持呢？"当时陆家嘴公司的开办费是3000万元人民币，我们就将这点仅有的本钱砸了下去。注册资金一到，我们立马买了3万平方米的动迁房用于人行上海分行的原址动迁，然后还补贴了一半地价给它，用于新址盖楼，就这样将对方"请"进了陆家嘴。开始下面员工都对我有意见。我就做工作，说："我们搞金融贸易区，银行不过来，这个金融贸易区不是空的吗？海内外都在盯着看你开发是真是假，银行看谁？看'领头羊'央行。人行上海分行过来了，金融机构才算启动了。请你们相信，补贴下去收到的效益肯定会超过你的补贴价值。"1995年6月28日，在人民银行上海分行浦东新址开业典礼上，赵启正副市长代表浦东向人行上海分行赠送了一只可爱的小白羊，小羊的脖子上挂着一块金牌，上面写着"金融领头羊"。到场的人纷纷称赞浦东人的高明和精明。

外高桥保税区成立时，全国已有十余个保税区。时至今日，上海外高桥保税区的经济成就已经相当于另外16个的总和。

黄奇帆：浦东开发开放有许多了不起的成果，外高桥保税区就是其中之一。2010年的外高桥，10平方公里土地上，一年产生了1万亿元人民币的贸易额，其中进出口贸易额是1000亿美元，形成的税收是1000亿元人民币，占整个6000多平方公里的"大上海"贸易总额的五分之一和税收总额的五分之一。而在全国17个保税区中，外高桥保税区相当于另外16个保税区的贸易量总和和税收总和。

开发浦东，立法为基

1990年4月18日，在宣布开发浦东的记者招待会上，有英国记者问

朱镕基："在海外，浦东的开发在很大程度上是同您的名字联系在一起的，今后一旦您离开上海，这个局面将会怎么样？"朱镕基回答说："我认为浦东开发不是与我的名字联系在一起的，而是党中央和国务院的战略决策，不管谁在上海当领导，这个决策都是一定要实现的。"

杨昌基（时任上海市浦东开发领导小组常务副组长兼上海市人民政府浦东开发办公室主任）：当时浦东新区的定位不是特区，特区的政策可以参照，可是操作起来毕竟不是一回事，所以开发新区要法律先行。我们对外承诺：1990年9月1日要制定出台相应的法律法规，因此这也是浦东开发开放之初打的第一场硬仗。

周汉民（时任上海对外贸易学院法律系主任）：1990年7月初，上海市市长朱镕基率中国市长代表团出访美国，我也随同出访。在纽约的一个座谈会上，有美国记者提出：浦东开发开放的十项优惠政策如果登在报纸上，不过巴掌大的篇幅，凭这个何以推进浦东开发开放？没有法制保障，外国的企业怎么敢到中国来。对此，朱镕基同志明确回答：我们一定会立法，用法律框架来保障浦东开发和开放以及外国投资者的利益。7月下旬回到上海，他就在市政府常务会议上决定：浦东开发开放必须立法。并且，为了让海外的投资者第一时间掌握法律的要义和精髓，还要求立法正式颁布时，用中文、英文和日文三种文字，这一做法称得上前无古人。

1990年4月18日浦东开发开放正式向全世界宣布后，至同年9月10日，上海市公布了中央给予的十条优惠政策细节和上海市配套出台的十项操作细则。

王安德：后来上海出台的法规、行政规章，就是以中央文件的十条政策加上四条原则为基础的。上海市相关法规开始编制的第一步，是先要形成地方政策框架的结构思路。当时浦东政策研究当中遇到的主要有四方面19个比较大的问题：第一方面有关浦东经济体制和行政管理体制等原则性和框架性问题；第二方面是浦东投资政策和各专业行政配套政策问题；第三方面涉及规划和开发战略；第四方面是政策研究和立法本身的策略、程序。1990年8月8日，我们形成了政策编制的汇总第三稿并送市委、市政府主要领导和市长专题会议审定。1990年9月10日，上海市政府召开浦东新区新闻发布会，公布了九项政策法规，另有一个支持国内企业投资浦东的政策也同时生效实施。

硬件、软件的配套完善是确保开发区充分发挥示范、带动、辐射的功能，持续、快速、健康发展的前提。事实证明，浦东新区完善的基础设施（硬件）和健全的法律政策环境（软件）愈来愈吸引前来投资的人们，并赢得了全世界的信任。

赵启正：在浦东开发开放中，强调法规和规划先行考虑到了不要换一届领导班子就随意改动已经确认的规划这一点。以陆家嘴规划为例，我们坚持要去上海市人大汇报。尽管这一做法并非必须，但经过人大的认可，就要严肃对待不能轻易改动了。日本森大楼集团总裁森稔先生在浦东开建的第一个大厦叫森茂大厦，他当时说："你们在这里规划了绿地，所以我就在这投资，因为与绿地为邻的房子价值高，你们说到做到了。"基辛格博士曾对我说："你们最宝贵的不是那些高楼大厦和高科技工厂，而是可信任的国际公共关系，如果你们说了而没有做到，最初的投资者就会破产。他们一开始就相信你们，很有胆量！"

上海市浦东新区人民法院知识产权庭是全国基层法院第一个知识产权审判庭，这项伴随着浦东开发开放应运而生的新生事物体现了中国政

府尊重法律、保护知识产权的决心。在浦东开发开放的大时代中，这个团队精心审理了一个个经典案件，见证了震动海内外法律界的知识产权立体保护模式——"浦东模式"的诞生。

徐亚丽（时任上海市浦东新区人民法院知识产权庭庭长）：自1993年起，北京、福建、广东、上海等地的高、中级人民法院相继成立了知识产权庭，但是，还没有一家基层法院成立知识产权庭。我院党组经调研后认为，浦东法院虽是基层法院，但地处我国改革开放的最前沿，随着浦东开发开放的深入，知识产权案件必将逐年增长，成立专门的知识产权审判业务庭，有利于优化浦东的投资环境，也有利于向社会展示浦东法院知识产权司法保护的水平。1994年6月，经上海市人大批准，全国基层法院首家知识产权审判庭在浦东成立。我们团队上下都在暗暗鼓劲：一定要将每个案件都办成精品，办出影响力，要让外商知道来中国浦东投资是放心的。

很快，这个团队迎来了知识产权保护第一仗——"飞鹰"刀片保卫战。

徐亚丽：1995年3月3日，正值中美知识产权谈判的关键时刻，一起在浙江省义乌小商品市场查获的假冒"飞鹰"刀片事件引起了中外媒体的关注。焦点集中在我庭受理的关于"飞鹰"刀片的三起连环案上：上海吉列有限公司系原上海刀片厂与美国吉列公司合资的中美合资企业，其生产的"飞鹰"牌刀片是原上海刀片厂的知名产品，但是"飞鹰"注册商标和外包装却屡遭假冒、仿造。原上海海兴工贸负责人徐某，非法组织生产假冒的"飞鹰"牌74型双面刀片，并由个体户陈某进行销售。案件查获后，徐某被公诉机关以假冒商标罪提起刑事诉讼，而陈某因不服浦东新区工商局的没收罚款决定向法院提起行政诉讼；此外，吉列公司对仿冒"飞鹰"牌刀片外包装的上海华兴刀片厂也提起了不正当竞争诉讼。

媒体的聚焦指向一处：知识产权在浦东能否得到保护？我们经过反复斟酌，最后决定联手刑庭、行政庭一起审理这三起连环案，最后分别做出裁决：以假冒商标罪判处徐某有期徒刑三年零六个月，维持浦东新区工商局对陈某的处罚决定；同时，由生产假冒"飞鹰"刀片的上海华兴刀片厂与吉列公司达成调解协议，华兴厂赔礼道歉并赔偿吉列公司经济损失20万元。案件结束后，上海吉列有限公司总经理、美籍华人欧阳长健说，此案受到了美国舆论界的关注，《纽约时报》在显著版面对案件进行了重点报道。

案件审结一年后，外国企业在浦东的投资额超过了160亿美元，60余家世界著名跨国公司和集团落户浦东，外资银行在浦东开业达24家。

"飞鹰"刀片案审理成功后，浦东新区人民法院以此为契机，将浦东新区的知识产权审理向前推进更上一个台阶，于是有了"浦东模式"出台。

徐亚丽： 从该案审判过程中我们想到：为降低诉讼成本，提高办案质量，能不能推出一种民事、刑事、行政"三位一体"的审理模式呢？这一探索终于有了结果。1996年，经上海市高院授权，我院正式建立了"知产案件立体审判模式"，即由知识产权庭按照我国民事、行政、刑事诉讼法规定的程序，统一审理辖区范围内的各类知识产权案件。"三合一"模式一经推出，震动了国内外，能够对知识产权提供如此全方位立体式的保护，这在全国还是第一家。此后，我们庭又接连审结了"凤凰""万宝路""阿迪达斯""耐克"等多起涉及国际国内著名品牌侵权的知识产权案件，在国内外引起了很大反响。在浦东知识产权局等单位组织的一次大型问卷调查中，当问及"遇到知识产权被侵权后，你的企业会寻求行政保护还是司法保护或是其他方式"时，浦东有82.7%

的企业首选司法保护。

浦东成果与浦东精神

1990年5月，在首次浦东开发开放新闻发布会上，英国路透社的一位记者向上海市市长朱镕基尖锐发问：我个人认为中国在退步，浦东的开发开放能行吗？十多年后，当这位路透社的记者再次站在浦东时，他被浦东的现实震撼了。他在自己的通讯中发出惊叹：上海——让世界羡慕不已的城市！仅仅十多年，浦东就走过了相当于西方发达国家100多年、新兴工业化国家30多年的历程。

赵启正：1990年，我们宣布浦东开发开放，西方有些媒体说这不是一个实际行动，只是一句口号。当时这类论调相当广泛，诺贝尔经济学奖获得者弗里德曼造访上海后也说浦东开发是"波将金村"（国际大骗局的代名词——编者）。1993年，一位美国记者问我："浦东开发需要50年吧？"我说，不需要这么长时间，很快我们就会把一个繁荣和廉洁的浦东呈现给世界。浦东开发进行到2007年末，经国务院发展研究中心测算，此时浦东的经济规模已相当于1990年整个上海市经济规模的1.7倍。到2009年，折减去通货膨胀因素，浦东的经济规模已经达到1990年整个上海市的2倍，而这只用了不到20年。

以往人们在研究中国开发区的时候往往关注的是开发区建设的"硬成果"，也就是那些能用数字描述的成就，例如GDP，而一般并不太注意总结开发过程中的"软成果"。而在"老浦东"们看来，"软成果"也是研究中国特色社会主义不可忽略的核心要素。

赵启正：如果邓小平同志建立的中国特色社会主义理论是一棵

大树，浦东这个分枝上也结了好多果实，其中的"软成果"就是浦东开发者们在经济发展、社会进步、城市基础设施建设、跨国合作、转变政府职能、人才培养等方面的那些思路和经验。浦东的社会开发是一个快速的城市化过程。浦东要乘着高速列车向前进，浦东管委会要帮助大家上车，首先要帮助他们逐步转变观念。当时我们提出了以各功能开发区主动带动周围乡镇的"列车工程"。一是做好被开发区本地人员的工作安排；二是对当地的乡镇企业给予扶持，或在技术上进行辅导，或将部分引进来的外资介绍给他们。各大开发公司要发挥"火车头"作用，带动周边乡镇一起发展。此外，浦东的开发除了浦东内部联动外，还要与浦西联动，与长江三角洲联动。浦东跟其他区县一样，属同一个中枢神经系统、同一个血液循环系统，也就是同在市委领导下，是整个上海经济体系的一部分。一些境外投资者若嫌浦东地价或劳动成本较高时，我们会告诉他们，可以考虑到附近的昆山、苏州等地去投资。这就是说，在开发中坚持打"上海牌""长江牌""中华牌"，乃至"世界牌"。

"在地球仪旁思考浦东开发"。当时任浦东新区宣传部部长的邵煜栋曾将这句话写成美术字贴在机关食堂进门的地方，浦东管委会上下人人皆知。这句话的意思，就是要在浦东开发中谋求经济全球化格局中上海的重要位置。

赵启正：国家对话可以分为政治对话和经济对话。政治对话是通过首都进行的，而经济对话主要是通过几个最大的经济城市进行的。在中国，能够进行国际经济对话的城市有两个：一个是香港，它已经能成熟地进行国际经济对话；另一个是上海，它还只是国际经济对话的首选后备城市，所以要通过浦东开发来振兴上海，使上海先成为亚洲的区域经济中心之一，再成为世界的经济中心之一。

所以，要在地球仪边思考浦东开发，我们就不能只吸收世界的资金和技术，还要吸收世界的智慧。我曾对基辛格说，上海不仅要面向长江流域、面向全国，更要转过身去面向太平洋，我们要吃太平洋的"鲨鱼"，才有足够的营养。

习近平同志指出：上海要在全面从严治党等方面有"新作为"。在这方面，浦东可以为之贡献鉴往知来的宝贵经验价值。在浦东创业者的眼里，一流的开发与一流的党建是密不可分的。浦东开发一直伴随着重大工程的建设，这就需要着力构建重大工程建设的组织和人才保障体系，而一流的党建工作则是这一保障体系的思想和政治基石。

赵启正：1997年底，浦东新区成立了重大工程项目办公室，随之组建浦东新区重大工程项目办公室党支部，赋予其建设总指挥部临时党委的职能。我们强化了重大工程项目党建工作，提出"支部建在工地"，逐步扩大党建工作覆盖面，形成"重大工程建设到哪里、党组织就延伸到哪里"的格局。我们还提出"廉政也是重要的投资环境"。1993年，香港无线电视的几个英国记者问了我一个问题："当浦东开发成功的那一天，你们的贪腐会不会也走向顶峰？"我说，"当你看到浦东开发的辉煌之日，同时会看到一个廉洁的浦东"。浦东新区设立了"三条高压线"：领导干部不准直接谈地价；不准干预项目招投标；不准因为动拆迁等私事为人打招呼。我们还率先在全国建立土地资产交易中心、土地资源储备中心，对经营性土地实行公开招标、拍卖，从制度上杜绝权力寻租和暗箱操作。在对外招商的宣传手册上，我们印上了这样的话：在浦东办事，无须请客送礼。

浦东开发开放的成就是国家支持下创新的结果。本质上，改革是创新，开放也是创新，三者同出而异名。创新的基因从一开始就注入了浦东开发开放的土壤，创新意识和创新精神也成为了浦东开发开放的主旋律。

黄奇帆： 浦东开发开放拉开我国新一轮改革开放的序幕。回忆起当年在浦东的日日夜夜，我感受最深的就是在战略、政策、资本运作、规划、体制等五个方面的改革创新，以及随之而来的一系列新观念、新思路、新体制、新机制。浦东真正的吸引力核心是改革、开放、创新；上海能够发挥领头羊作用，也正是这种深入骨髓的创新精神。回首当年浦东开发，创新动力来自两个方面：一是开放带来的，开放倒逼体制机制创新；二是问题导向引领的，在改革遇到困难的时候不回避、不退让，创新突围、创新突破，在解决困难过程中实现创新。在开发开放过程中，按照中央给我们的政策，浦东搞了很多的全国第一：第一家外资银行是创新、第一家外资保险、第一家外资百货、第一个证券交易所……打破计划经济的樊笼，走出了一条创新的路子。

2017年3月5日，习近平同志在参加十二届全国人大五次会议上海代表团审议时指出，希望上海的同志们继续当好"全国改革开放排头兵"和"创新发展先行者"，在深化自由贸易试验区改革、推进科技创新中心建设、推进社会治理创新、全面从严治党等四个方面有"新作为"。在新的历史时期，上海正以前所未有的广度和深度加速对外开放。2016年，上海金融市场交易总额超过1300万亿元人民币，已经成为全球金融市场最齐全的城市之一；上海港集装箱吞吐量连续七年位居世界第一，空港旅客吞吐量2016年首次突破1亿人次；跨国公司地区总部达到580家……对浦东而言，站在新的历史起点，改革开放创新也依然只有进行时。改革没有止境，浦东的创新精神需要在时代的大潮里不断升华和拓展。浦东的开发开放之路昭示着改革开放创新必然引领中国前行的方向，而这也将使中国大地涌现出更多创新开放的热土，永远朝气蓬勃、生机盎然。

本文根据上海市政协文史委员会大型口述历史项目"浦东开发开放"编写完成。

（原载于《纵横》2017 年第 10 期）

金马、银帆及五彩城的故事

刘 军

金马大厦的建设一波三折

20世纪80年代末，作为一名新闻记者的我刚来大连开发区时，这里还是一片大工地的模样，到处是机器的轰鸣声，云集着推土机、打桩机、大小吊车和大大小小往来穿梭的车辆，苞米地里、田间地头上，还插着一些木牌，上面写着"宾馆、邮电大楼、写字楼、银行大楼"等字样。但是金马大厦和银帆宾馆，却傲然耸立在金马路旁，它们成为开发区的标志性建筑，标志着一个新时代的开始、一座城市的开始。

20世纪90年代初，管委会各部委办局在金马大厦的九楼、十楼、十一楼办公，一楼东侧大厅是发展公司，二楼是管委会领导会见外宾外商的会议室。据说金马大厦刚建的时候，是辽宁省最高的建筑——94.8米，内装六部电梯，楼体采用玻璃幕墙装饰。这在当时都是最时尚、最先进的。

我听说，金马大厦的建设可谓一波三折。1985年5月14日正式破土动工，开工后历经波折，包括开挖地下基础时遇到了复杂的"喀斯特"地质，基础下挖12米还没有找到坚实的岩层，大大出乎人们的意料，也大大增加了施工成本，一直下挖到17米深时才挖到岩层，开始浇铸基础。

而当年，又适逢中央宏观调控，大力压缩基本建设规模，控制楼堂馆所建设，大厦建设被迫停滞。从1985年5月到1990年5月，前后陆续建设整五年才竣工，1991年秋金马大厦全部装修完毕，交付使用。

大连开发区管委会自1984年10月成立之后，办公一直是处于打游击的状态，先后辗转于大孤山乡政府平房的三合院、历险宫下的临建房、临建二层小楼、长春路邮电楼等多处办公地址，直到1991年经过了几次迁徙之后，才终于搬进了金马大厦。

当年，能在金马大厦办公或开公司，那可真是令人自豪的事儿，进出金马大厦的人都是西装革履，递名片时也是带着自豪的口吻：我在金马大厦某某层。

大连开发区管委会在金马大厦办公时间约五年，在这里曾经接待过党和国家领导人江泽民、李鹏、万里、杨尚昆、乔石、李瑞环等，还接待过日本首相竹下登、格鲁吉亚总统谢瓦尔德纳泽、新加坡资政李光耀等外国首脑。

1994年末，开发区管委会各部门陆续搬出金马大厦，至1995年初，全部搬到了现在的管委会大楼。金马大厦作为管委会驻地的历史使命至此告一段落。

提到金马大厦，就不得不提大厦前的那匹"金马"。1988年，开发区人请来著名美术家韩美林，为金马大厦设计了一尊金马雕塑。这尊金马既高度概括，又形神兼备，凸显出不畏艰险、扬蹄奋进、奋发图强、勇往直前的开发区精神。

28层的金马大厦东侧100米就是银帆宾馆，它们并肩矗立在金马路上。

造型奇特的银帆宾馆

银帆宾馆外形设计颇为大胆，两座主楼为剪力墙式结构，造型酷似大海中两只不期而遇的白帆，相逢的瞬间又要匆匆离别，擦肩而过，是典型的象征主义作品。虽经30年风雨，当年许多的建筑已显得有些落伍，银帆却至今依然魅力十足，青春常在。

关于银帆宾馆，有这样的故事：银帆宾馆设计方案最终能被采纳与时任开发区建设公司总经理范勇昌的全力坚持有关。当时甚至有这样一个说法，银帆宾馆不叫银帆，而叫"老范宾馆"，意思是范勇昌坚持要上的项目。

一开始就有人质疑银帆的设计方案，因为在当时的环境下，这个设计方案过于浪漫、过于大胆，有一些前卫、另类的感觉。

银帆宾馆方案是设计师徐勤参考了加拿大一船形建筑而设计的。它的特点一是造型新颖，二是各楼层逐层收缩，因此都有露天阳台，便于观海看景。

方案确定之后，大家一共想了十几个名字：黄海大厦、黄海宾馆、银帆宾馆等，最后确定为"银帆宾馆"。

专家评审组确定下设计方案后，范勇昌怀揣银帆宾馆的方案去向崔荣汉汇报。崔荣汉当时正在住院打点滴，他仔仔细细看了银帆宾馆的设计图纸之后，认为设计结构比较复杂，在基础处理上花钱要多一些，而且上小下大、占地面积大而实际利用面积小，楼层也过低，有一点浪费空间的感觉，提出在原设计方案的基础上加高三层的要求。范勇昌带回这个意见后，设计人员再三斟酌，感觉加高三层之后整个几何图案的效果不好，于是总高度增加了两层。

正由于银帆宾馆造型的奇特、新颖，一直是大连开发区的一个标志性建筑，并且曾获国家首批标志性饭店奖。

到1989年6月银帆宾馆建成时，外商也开始进来了——主要是日本的客商，银帆成为他们的下榻之处，他们不必再往市里的南山宾馆、大连宾馆、富丽华、国际酒店跑了。因为银帆的条件也不差，硬件、软件都很好，而且造型更奇特。开业之后，灯红酒绿、喷水飞花、流光溢彩，海内外客商纷至沓来，一直是宾客盈门，高朋满座。

"不到五彩城，就算没来过开发区"

当时有一句话广为流传："不到五彩城，就算没来过开发区。"可见五彩城在当时的影响力之大。

建金马大厦是办公之需，建银帆宾馆是为了招商引资，方便外来宾客食宿和谈判，而建五彩城，是为提高开发区的声誉，宣传开发区，同时也在以工业为主的新城区的黄金地段留下一块相对集中的商业区。

五彩城建于1988年。我来开发区时，正赶上1989年五彩城西街（一期）A、B、C、D、E、F六个区域建成投入使用。那时的五彩城不仅商户众多，聚集了全国各地的名优特产，中外游客也纷至沓来，每天的五彩城内都是人头攒动、摩肩接踵，城内的建筑更是风格迥异，壁画绚丽多彩，充满了异国情调，街头店前的建筑艺术小品遍布：有大自然中可爱的动物化身，有现代都市多姿抽象的造型，有传说神话中的美丽故事缩影。

夜幕降临，彩灯齐放，把五彩城装点得五彩缤纷，灯与光打造出一簇簇优美动人的造型。五彩城是集旅游、观光、购物、文化、娱乐为一体的最具现代化色彩的小城，到了五彩城，犹如到了国外。

2000年，五彩城开始重新改造。位于金马路一侧的五彩城商业大厦经重新装饰后再现中西合璧的风格，原有风貌与现代时尚相结合，令人耳目一新。五彩城南门入口重新建起一个全玻璃透明结构的现代时尚大门，顺大门进入地面铺设高档火烧板花岗岩步行街，各商家店铺门前镶有统一制作的艺术牌匾。占地4.3万平方米的珍珠广场宽阔气派，广场上有韩国进口的140平方米超大型电视屏幕，每天播放精彩的电视节目，广场舞台造型别致，舞台遮阳棚为扇贝造型，两侧镶有对称的玻璃珍珠球。五彩城西街（A、B、C区）内按欧式风格进行了重新装饰，快轨车站及商城成为五彩城又一标志性建筑。

大连开发区五彩城，一时名扬中外，前来参观考察的人络绎不绝，小城中，说着日语、韩语、英语的人，操着南腔北调的游人拥挤在五彩城中，那叫一个热闹，那叫一个喧哗。看到大连开发区的五彩城有如此大的魅力，有的城市甚至索性将开发区五彩城全盘照搬回去，建起了七彩城或多彩城。

金马、银帆这两座建筑和五彩城这一个新区的小城，成为开发区的三个标志。

如今的五彩城，虽不像当年那般热闹喧嚣，却仍然位于开发区的中心区，是商业区、金融区集中之地和交通枢纽，一个著名的游览景点。

（选自《大潮·口述：城市的故事》，
中国文史出版社 2018 年 7 月版）

我国第一座10万吨级矿石码头的
形成及开发

邵尧定　叶信虎

韩　军　整理

80年代初，我国第一座10万吨级矿石中转码头，在宁波港北仑港区建成投产，确定了宁波市围绕港口发展内外贸经济的走势，为进一步对外开放和今后大规模开发港口资源打下了基础。北仑港区的开发建设，是宁波港口经济发展史上一个十分重要的里程碑。

北仑港区的开发建设大致可分为两个阶段（实际上这两个阶段一直是穿插着的）。第一阶段是从1978年初到1982年的筹建和施工建设，第二阶段是1982年迄今的生产经营及二期工程的开建。

港址的选择

北仑港区10万吨级矿石中转码头（现称一期工程），是作为上海宝山钢铁总厂的配套工程，于1978年筹建，1979年1月10日正式动工兴建的。

在上海区域以外建造这座大型现代化码头是有其理由的。因为"宝钢"投产后所需的炼钢主原料铁矿砂，要通过海路从澳大利亚、巴西进口，如果用普通散货船装运矿砂，一则不能满足炼钢需要，二则运输成本偏高。解决这两个问题的唯一途径，就是采用能适应"宝钢"需要的10万吨级左右大船运输，建造相应的专用码头。但是，由于地理条件的限制，"宝钢"驻地吴淞口航道水深条件不够，10万吨级满载货船无法直接进港，必须减载60%的货物后方能进出港。因此，在上海之外寻找一处适合靠泊10万吨级左右巨轮的中转港就成为必需。

当时，经过地质勘测，有关方面初步提出了两个可供建中转港的选址方案：一处是舟山市的绿华山岛；另一处便是宁波市镇海县新矸镇（现为北仑区新矸镇）北仑山岛附近海岸。但是，究竟选择哪一处建港更有利呢？1978年1月3日，国务院有关部委、上海市、浙江省的领导、专家以及其他方面的有关人士在杭州召开会议，专门讨论了港址的定点问题。经过反复比较，一致认为，北仑是中国东南沿海不可多得的天然深水良港，北仑深水港域的优良条件在中国是为数不多的，有下列特点：

港池航道水深，锚泊条件好。港域水深在−50米以上，最窄航道宽度在700米以上，12万吨级巨轮可自由进出，15万吨巨轮不必减载可候潮进出。锚泊作业水面也较广阔，全年作业天可达290天。

可利用岸线长达15—16公里。其中有13公里可建万吨级以上深水泊位约50座。

地理位置适中，距长江口仅70海里，背靠长江三角洲经济发达地区，紧邻上海，有条件发展成为华东地区外贸大港和中国主要深水中转港，又可为东海油田开发服务。

避风条件优良。舟山群岛环列于东、西、南三面，构成天然屏障，不必筑防波堤。

陆域宽阔。既可满足码头库场之用，又可提供发展滨海工业基地和外贸加工基地之需。

水陆路疏运条件好。海路运转方便，陆上水、公、铁路运输已基本形成网络，与全国相通。

在这次定点会上，各方人士最后一致认为"宝钢"矿石中转码头应建在北仑港。

生存之争

北仑港区10万吨级矿石中转码头总造价3.6亿元人民币，是"六五"期间国家重点工程之一。到1982年底，经过万名建港会战大军两年多时间的艰苦努力，码头终于宣告建成。1982年12月24日至27日，北仑矿石中转码头经国家验收通过。

北仑港区要投入生产经营了，但在这关键时刻，一个重大难题骤然而降。这期间，国家对经济进行了重大的调整，"宝钢"一期工程也因此而延期进矿砂。这给作为专用配套设施的北仑港区带来了很大的压力，意味着此后两年之内码头将无矿可卸。其实，这种压力早在此前我们就已预感到了。当时，我是港务局主管生产方面机务工作的副局长。针对北仑港区今后的前途，乔廷民书记、周省民局长、傅志评和曹梓根副局长等，我们几个局领导曾多次进行了研究，讨论问题的焦点是在"宝钢"正式投产前的两年内，北仑究竟能干些什么。

那时，来自方方面面的意见和建议不少，归纳起来主要是两条：一是建议封港。持这种观点的认为，既然北仑码头是为"宝钢"服务的，现在"宝钢"推迟投产，北仑码头还是先封起来再说。甚至有的持悲观态度，提出干脆先把北仑已装备的进口设备全部拆掉，运到北方某新建港口去使用，所谓"废物利用"。另一种意见是开港，即在"宝钢"未投产前的较长时间里，对专用设备进行适当改造，试装卸其他货物。

应该说，若按封港一说行事，当然是最为省事省力的，也无风险可担。因为照当时的条件，封港后职工的工资、奖金一分不少，码头每年700万元的维护保养费仍可由国家支持。但是，我们不能采纳这条建议。国家花那么多钱建造起来的这座现代化码头，让它赋闲起来，谁心里都受不了。

1981年上半年，我们局领导班子连续开会，决定无论如何也要让北仑开港。当时，我们得到了一条信息，化肥灌包中转业务长期为东南亚诸港所把持，中国大陆急需进口的散化肥都要在这些港口中转，国家为此每年要多支付大量的外汇。北仑能不能先搞化肥灌包中转？处在困境中的我们，似乎看到了希望：散化肥灌包的装卸灌包费率是相当可观的，至少能养活港区众多的职工，而且更重要的是可以借此机会打破海外港口的"垄断"，为国家省下不必要的开支。但是，搞化肥灌包中转，还得先解决三个问题：一是要争取国家有关部门的支持；二是要对被视为"禁区"的洋设备进行改造；三是要保证有足够的货源。因此，这项业务虽有赚头，风险却很大。我们经过再三研究，做了大量可行性调查，决定请示上级。周省民局长表示，各方面的关系由他想办法来疏通。之后，周省民局长和我多次赶到北京向交通部汇报，时任部长的李清对我们的设想很感兴趣，并给予了支持。

事实上，北仑搞化肥灌包中转，难就难在装卸设备的防腐上。尤其是北仑的设备都是从日本国引进的，在当时国际港口界属一流机械，搞得不好，设备腐烂了，到时就难以保证"宝钢"的炼钢需要，这是个大问题。尽管如此，我们认为设想的思路是对头的。为了保险起见，1982年6月，交通部批准我和中国外轮代理公司经理李铁民前往欧洲考察，我们先后到了南斯拉夫的里耶卡港和比利时的安特卫普港。这两个港口都搞化肥灌包中转作业，但在考察中我们发现，里耶卡港的设备腐蚀得相当严重，而安特卫普港却几乎无锈蚀，看来防腐的关键除了必要的预防措施外，更重要的是管理。回国后，我们局领导班子和工程技术人员共同探讨了设备改造办法，提出了方案，并向交通部作了汇报。

正当我们准备甩手大干的时候，却发生了一个不太令人愉快的小插曲。一天，有位同志拿了一份颇有权威的某杂志让我看，其中有一篇文章专门就某港搞化肥灌包结果把设备搞垮的事例引证，旁敲侧击地指责北仑搞化肥灌包。当时，我们看了文章后很是气愤。好在交通部领导对我们支持，李清部长听了有关情况的汇报后，明确指出：北仑要搞化肥灌包，一定要走一专多用的路，有什么问题我来承担。

经过充分的准备，1982年6月，中国外轮代理总公司和美国阿索玛

公司签署了每年在北仑港区灌包40万吨散化肥的协议。同时，从意大利引进了8套（台）灌包设备安装在北仑港区堆场。

　　为了给北仑这套洋设备动手术，使之由一专变为多用，除局领导外，港区的技术人员和工人师傅花费了不少心血。当时遇到两个难题：一是如何合理变更货物装卸流程，它关系到日后还要保证码头既能运肥也能运矿；二是必须解决袋肥装舱工艺，否则就会影响装船质量。在此期间，我们的技术人员和工人同志，动脑筋，想办法，土法上马，不仅把这两个问题都解决了，并且还研制成了矿肥同时装卸作业的新工艺流程。此外，我们还采取了土洋结合的方法，建立并完善了一整套的防腐体系。这套防护体系在以后几年中确实起到了保障设备安全的作用。

　　1982年11月30日，"云海"轮从美国装载2.7万吨散化肥抵达北仑港区，港区新建造的灌包系统正式启动运转。结果表明，各项质量标准均优于国际标准。"云海"轮的到来，证明了北仑港区搞化肥灌包中转的成功，并由此开始投入试生产。这一年，港区灌包中转进口散化肥30万吨，营业收入878万元。

　　化肥灌包中转的成功，证明我们走一专多用道路是正确的，行得通的，同时更增强了我们不断开拓进取的信心。接着，我们又在北仑港区开展了进口纯碱中转运输，在一定程度上缓解了国家急需的化工原料。1985年，针对国际航运业萧条和北仑港区化肥、纯碱灌包中转业务的兴旺，我赴香港与有关客商进行洽谈，在得到上级批准后，先以租赁的形式后又用廉价购买，拍板敲定了北仑港区增添一艘2.7万吨级旧船，经改装后开展海上散货过驳灌包作业，并于10月8日正式投产。1985年10月26日，港务局和中国华海石油运销有限公司合作管理的一艘22万吨级超级油轮——"北仑"号驳油平台正式投产，为国内加速原油出口提供了必要的中转设施，并以此为契机拉开"江海联运"序幕。到1987年底，接卸国内外油轮205艘，吞吐原油577.7万吨，出口原油286.7万吨。北仑港区经过综合改造，初具了多种运输功能，终于摆脱了困境。到1987年底，港区经营中转的货物已达11种。在"宝钢"投产前的三年中，北仑港区不仅没有向国家要一分钱的维护保养费，反而向国家缴纳了大量税金。

我是1987年3月4日由交通部任命担任宁波港务管理局局长的。当年，宁波港管理体制改由宁波市和交通部双重领导后，我除了担任宁波市副市长外，继续担任宁波港务局局长迄今。

我刚出任这一新职时，宁波港已成为超过1000万吨货物吞吐量的国家级大港。特别是北仑港区，在走上一专多用的道路后，已开始显示出它的巨大能量。由于北仑港区不仅是宁波而且也是国家亟待发展的具有战略意义的深水良港，因此，如何使它在原来的基础上再迈上几个台阶，加快发展，是我面临的重要任务。

江海联运

早在1984年，国务院及有关部委为振兴长江航运业，以此带动内陆经济发展，提出了"江海联运"的设想，时任国务院副总理的万里，亲自过问了此事。

"江海联运"计划，就是集上海、宁波、长江的南通、镇江、武汉诸港和航运、大型工矿几十家企业于一体，以北仑港区为枢纽，建立沿海与长江"T"型联合航运新体系，以大进大出国内外大宗散货，推动沿海和内陆外向型经济的发展。

作为"江海联运"的序曲，国家在1987年前开始将国产原油通过管道输至江苏仪征港，再由仪征港用江船运抵北仑港区原油过驳平台，从这里中转运往其他国家。1986年经北仑港区吞吐的国家原油高达335.6万吨。

经过几年的工作，"江海联运"计划趋于成熟。1985年6月，14个沿海开放城市和湖南、武汉等地代表聚集杭州，正式提出以宁波（北仑港区）为交汇点，建设"江海联运"的"T"型航线新设想。1986年9月，国家经委、交通部、冶金部等在宁波召开了第一次"江海联运"全

国性联络会议，部署海轮西进长江的战略。

1987年4月13日，15万吨级的上海远洋公司"普安海"巨轮，满载12.9万吨铁矿砂自澳大利亚丹皮尔港驶抵北仑港区。所卸矿砂由2.5万吨级船分批转运至南通港，再由长江驳船运往武汉钢铁公司。这标志着"江海联运"计划的大步实施开始了。这一年，以北仑港区为枢纽的"江海联运"进长江的矿砂就超过80万吨。

"江海联运"实施几年来，使联运各方受惠极大，也增加了对北仑港区的依靠。因为由2.5万吨级大船运输改用10万吨级巨轮一程运输，运输成本大大降低，每吨运价至少可以减少4美元至6美元，而且时间也相应节省。几年来，从国外进口中转运输铁矿砂近2000万吨，仅此一项，就为国家节约运费8000万美元以上。

随着"江海联运"的深入开展，我们又将长江沿岸内陆钢铁厂用矿和"宝钢"用矿采用大轮拼装运输的办法，使二程运费大大降低。同时，经过一系列的科学调整，我们又采取措施使二程运输结构更趋于合理。

"江海联运"使北仑港区的地位进一步提高，作用也得到更大的发挥。但几乎同时，北仑港区又经历了一次严峻的考验。

1987年初，发生了全球性的经济衰退，其冲击波影响到了北仑港区。原先在北仑中转出口的国产石油吞吐量按年计划应达250万吨，结果实际年吞吐量仅达84.1万吨。1988年，船主单位中国华海石油运销有限公司经和我局商量后，决定变卖22万吨级驳油平台，转驳出口原油业务就此结束，应该说，这对北仑港区的打击不小。

我到任时，就直接面对着这样一种局面：一面是"江海联运"开通，为港口新增了上百万吨的吞吐量，另一面则是北仑号油轮被船主单位卖掉，使我们一下又失去一二百万吨吞吐量。

面对这样的局面，我们局党政领导班子进行了商讨，取得了共识：要争取在北仑港区增加煤炭装卸中转业务。为此我多次赶到北京，向交通部领导及有关部门汇报，争取上级的支持。

另外，1988年，中国石化总公司建在宁波的镇海石化总厂，进行了国外原油来料加工业务。我们很重视这个经济动态。我和局党委书记张凤鸣、副局长陆振邦专门商量了此事，一致认为，宁波港现有的能力，完全可以帮助内陆石化企业中转进口原油，而且机会难得。

1988年9月，经过几个月的准备和努力，北仑港区迎来了第一艘8万吨级的装载7.6万吨进口原油的货船。我局新组建的海上原油过驳队仅用了6天时间，安全顺利地驳完首载原油，揭开了进口原油中转进长江的新的一页。

1989年4月，为了进一步推进"江海联运"计划朝更广范围发展，我率宁波市交通经济赴长江考察团，在20天时间里，先后跑了湖北、湖南、安徽、江苏、江西、上海等省市，与当地政府和钢铁、石化、港航企业负责人进行了多方面的洽谈。我们提出了北仑港区在"江海联运"中能为长江沿线基础工业服务的一些新设想和新项目，得到了上述五省一市不少单位的支持。在考察中，我们真正感到，通过"江海联运"，已使长江内陆和宁波港北仑港区结成了不可或缺的伙伴关系，尤其是内陆省份更把他们的经济发展和与国外交往寄重于北仑港区这个中介。如湖南长陵炼油厂、武汉钢铁公司等几家企业，已经决定把年产量进一步提高，安徽安庆市的政府官员希望借助北仑港区的实力，发展地方江海联运船队。现在可以说："江海联运"通过我们两年多时间的努力已更趋成熟，成果更丰；同样，反过来它又促使了北仑港区及整个宁波港的更进一步发展。

（选自《文史资料选辑》第 128 辑，

中国文史出版社 2011 年 9 月版）

柴达木盆地第一个油田及特大型液体锂矿床的发现经过

朱新德

柴达木盆地从旧中国被称为"不毛之地""死亡之海"而转变为"聚宝盆",是从新中国成立后不久的五六十年代经过大量的地质矿产资源普查和勘探后得到证实的。据初步估算,盆地各类矿产资源的潜在价值就有 10 多万亿元以上的巨富,是青海省的一块得天独厚的宝地,是柴达木的骄傲和荣誉,也是全省的希望。

在众多的资源普查先驱者中,我也跻身于地质调查和科学考察队伍中。从1947年到1988年我曾先后对柴达木盆地的工矿资源、农垦区划、自然地理、自然环境、生态环境和盐湖开发等进行了五次科学考察。在50年代后期我曾组建大柴旦地质实验室并参加盆地东部察汗乌苏化验室工作。在许多种矿产资源中,柴达木盆地第一个石油矿床和特大型液体锂矿床的发现,与我有着直接关系。

柴达木盆地第一个石油矿床的发现

在旧中国,外国人评论中国是个贫油国家。在20世纪40年代,全中国只有一个年产不到10万吨的玉门油矿,当时美国一些来华专家说:"柴达木不可能有石油构造,也无找到石油的可能。"从18世纪许多到中国西部的外国考察队、探险队的资料中也没有中国西部有石油的记载。但是我国的一些地质专家和石油工作者认为，玉门油矿的出现，也有在祁连山北麓和阿尔金山形成石油构造的可能，柴达木盆地同样是有储油构造的可能的。1947年旧中国政府行政院命令经济部组织青新边区及柴达木盆地工矿资源调查队，并拨款旧法币199875000元。调查队主要由经济部所属中央工业试验所西北分所及中央地质调查所西北分所抽调专业科技人员组成，为了找石油还邀请资源委员会石油勘探处参加（组成及考察全部情况详见1983年《青海文史资料选辑》第11辑及1984年文史资料出版社出版的《文史集萃》第4辑）。

调查队于1947年5月从兰州出发到敦煌，在考察完祁连山西部柴达木盆地北侧哈尔腾河流域及敦煌附近地区以后，因时间关系于10月分三路同时进行考察。我参加以测绘专家为首，共有四个科技人员参加的柴达木盆地西部及阿尔金山考察队，沿阳关古道西行至南湖入阿尔金山考察。11月16日行至索尔库里，在红沟子苦水泉东面发现大的岩盐矿床。22日到达红柳泉进入柴达木西部尕斯地区后又西行绕过铁木里克，于12月2日至5日进入昆仑山脉祁漫塔格山的堪街利开沟，未发现石油构造。再东行入盆地阿拉尔、切克里克、大乌斯、扎哈等地考察后于12月11日折回，沿扎哈北山至苦水泉。当时天寒地冻，气温已降到摄氏零下35度以下。此时我们已绕尕斯库勒湖一周，于12月12日傍晚到扎哈北山，发现该山为层状穹形构造，并在附近风化岩石中发现油砂，在驼粪中燃之即着火。当确定为油砂之后，于次日上午周宗浚、我、吴永春、张立权、向导老曹及测工等七人即刻出发，北行约百多米找到油砂露头。由于油矿长年受风侵蚀呈巨厚层楼状。我们用地质锤敲打下一堆，以火柴引纸点燃，油砂堆即冒出熊熊蓝色火苗。当时我们高兴至极，立即在燃烧的油砂堆后合影留念，我还在油砂层上用刀刻下了"1947年12月13日朱新德到此考察"字样。确定油砂层之后，为了判定其下有无石油，只有采取找到干沥青为证的办法。于是我们便分三路进沟上山继续考察，除测绘地形地貌，详察地层构造

并步测采样等外，主要寻找有无干沥青出现。我们推测：底下若有石油，就可能从油砂断层中喷射出原油而形成干沥青。果然不出所料，在山顶北部断层附近找到了一块块干沥青，喜出望外，确证柴达木西部阿尔金山北侧有石油矿床及含油构造的存在，表层百多米的巨厚油砂也是一种石油资源。在考察中我是进入中间一条断层沟，关佐蜀进入最东边的一条沟，其他人上山实测及观察。在沟中考察时，为了观察层位，我爬上山坡顶部的花土层。没料到土层太松，全块塌下来，把我从20多米的山坡直落到沟底，大半个身子被浮土压住，定神之后，我从土堆中爬出来，清理完身上的浮土，继续进沟考察，约下午6时才回到宿营地。但关佐蜀直到黄昏时还不见回来，我们估计在这荒漠野地他不可能遇到坏人和野兽，可能是贪多做工作而走远了。直到9时左右，才见他一身疲乏十分狼狈地回来，原来他也遇到花土层塌下被埋到沟底的遭遇。他说，花土层塌下后他全身被埋在下面，休息好长时间才挣扎着爬出浮土，找到了背包及眼镜，地质锤埋到土下，再也没找着，人已精疲力竭，只得回来！在这里工作4天之后，测完了地形图及地质构造草图。16日晚周宗浚测完天文点要对该地定名时，征求我和张立权意见，我们一致认为此山油砂巨厚突出，就定名为"油砂山"，写在测绘图上。这是柴达木盆地第一个石油矿床。油田发现的消息从电台传到玉门油矿，很快在当时的各大报纸上以头版头条新闻公布于全国，"探险队在柴达木西部发现油田"为许多人共知，而我于1948年元月25日回到兰州后才知此情。

当时数九寒天，气温骤降，暴风时起，17日晚狂风刮倒了我和关佐蜀地质师同住的带底帐篷，并埋于飞沙下。当时我爬出来之后，看看面前巍峨重叠的油砂山，心中有说不出的高兴。这是我们在青新边区和柴达木盆地乘骆驼艰苦跋涉八个多月中最好的收获；但再一看当时柴达木西部黄沙遍地、寸草不生的荒漠景象，想一想旧政府腐败透顶的现状，我不禁长叹一声："像这样有希望的油田矿床，要进行勘探和开发，至少要等200年以后！"12月18日我们收拾好一切资料和仪器、标本、样品等，默默地骑上瘦驼，开始回程。

没有料到，不久新中国成立后，在中国共产党领导下，很快派出各种类型的科学考察队向柴达木进军。油砂山得到重视，开发勘探柴达木油田到70年代后期走向高潮，证明尕斯库勒含油构造（包括油砂山）是一个很有远景希望的油田，到1988年底已探明石油储量两亿多吨。当我1985年第三次到柴达木西部考察时，亲眼看到就在当年我们扎帐篷的戈壁滩上，建起了有两万居民的花土沟石油镇，15万吨的炼油厂也在兴建，油砂山竖起了不少钻塔。只有在中国共产党领导下，才能把"死亡之海"变成交通四通八达、人民会集的新城，这是何等的创举，多么振奋人心。当一个人看到自己对祖国的奉献，在发挥作用时，比得到一个最大的金质奖章还感到自慰！不仅如此，最近消息，从尕斯库勒油田到格尔木429公里的输油管道已经建成，1989年底第一列装载尕斯原油的火车从格尔木运到兰州炼油厂，同时百万吨石油化工厂也在格尔木市东侧动工兴建，这又是多么振奋人心的好消息！

柴达木盆地特大型液体锂矿床发现经过

1956年我奉地质部何长工副部长的命令，从兰州中心实验室调到西藏地质局负责筹建拉萨地质实验室，并担任该室技术负责人和主任。当实验室基本建成和开展工作后不久，传出西藏将要发生反革命叛乱，中央决定驻西藏人员按计划撤回内地。由于地质矿样较多，我和一部分同志留下完成任务最后撤出。直到1957年7月中旬我才从拉萨撤回青海，办完一切手续于9月下旬又奉地质部命令去柴达木盆地东部察汗乌苏地质化验室报到，分配到化一组工作，不久接受了海西地质队送来的一些盐湖湖水普查样品，其中有两瓶是东、西台吉乃尔湖的卤水样，要求分析钠、钾、钙、镁、硫酸根、氯根、碳酸根等一般盐水分析项目。当我用火焰光度计测定钾、钠时，发现火焰呈黄光中带较深的樱红色，我以为该水样中含有大量的碱土金属钙、锶在干扰，

于是将样品经过化学处理，分离掉所有碱土金属，并将其分离后的溶液再进行钾、钠测定，但樱红色在钠的黄光中仍然很强，我马上意识到这是碱金属锂在干扰，重新配了锂标准，换上锂的沪光片，测定之后，使我十分惊讶，原来这是一个锂离子含量很高的卤水样，在我10多年的测试生涯中，从未发现自然水样中有这样高含量的锂。是锂矿点！我反复仔细地进行分析，并采用不同方法对照，还将蒸干残渣进行光谱半定量分析，确定高含量锂毫无问题，最后将这每升含锂300多毫克相当氯化锂2000毫克以上的报告随其他成分分析结果报给海西地质队，在报告上我特别注明："请注意东、西台吉乃尔湖水中含有高含量的锂盐，可能形成锂矿床，希进一步详查！"并将另一份报告及请安排锂盐详查工作的信寄给青海西宁地质综合大队地矿处。当时我查过其他考察报告均无此信息。

到1958年海西地质队先后采了近千份台吉乃尔湖、一里坪等盐湖水样，送到西宁实验室，要求主要分析氯化锂、硼等含量，说明局和队均重视了该地区锂矿床的详查和评价。经过大量分析结果，证明该地区卤水中氯化锂的含量最高达到4克/升以上，这真是一个全国少见的锂矿床。地质队经过几年的系统勘探和详查之后，给国家交出了一个含氯化锂近千万吨的特大型液体锂矿床。这一发现，在后来盐湖普查和勘探中所有盐水样品均提出要求作锂的成分分析，察尔汗盐湖在60年代补做工作之后，除钾、镁等矿产外，并探明了几百万吨氯化锂的储量。经初步证实，柴达木所有勘查的盐湖中，氯化锂的储量达到1800万吨以上，使青海省稀有轻金属储量跃居全国首位。锂及其化合物在50年代后期，愈来愈受到人们的重视，并在许多工业和科研领域中得到广泛应用，如在军工中作为制造氢弹及热核反应堆的原料及火箭、导弹纯氧供给燃烧氧化剂；在电解铝工业中为提高电流效率、降低能耗、减少氟排放量的主要添加剂；在陶瓷、搪瓷、特种玻璃等工业中为降低烧结温度、缩短烧结时间、提高产品质量及出产率的重要原料；在有机、橡胶、抗生素等合成及长效电池制造等工业中又是重要的催化剂和原料；含2%—3%的锂铝、锂镁合金在火箭、飞船等航天工业和高科技工业中更显重要；因之世界锂的需要量每年都在增长，80年代后期，年年都在万吨以上。锂资源的作用，前景广阔，十分鼓舞人心！

以上两件事实是我亲身经历，也是对柴达木盆地建设工作的一点奉献！

（选自《文史资料选辑》第 128 辑，
中国文史出版社 2011 年 9 月版）

塔里木油田发现记

张文业

1985年，正当石油工业蒸蒸日上，年产量突破亿吨大关，并继续增长的时候，石油工业的决策者们已经有了沉重的危机感。

东部油田开采已进入中后期，每增加一吨产量都要付出很大代价。而国民经济的发展，需要原油产量保持一定增长的势头，需要寻找新的战略接替区。

中国西部的塔里木盆地，无疑是最诱人的，这里是我国最大的内陆沉积盆地，面积56万平方公里，是国土面积的1/17，而且是世界上仅有的几个未开发的油气大盆地之一。

自从50年代初期开始，石油工作者就进入了这个盆地，1958年发现了依奇克里克油田，1977年发现了柯克亚油田，但这两个油田都非常小，依奇克里克油田已于80年代废弃。

由于塔里木盆地自然条件恶劣，地下地质情况复杂，和当时勘探技术装备落后条件的限制，石油勘探仅限于盆地周缘的山前地带。塔里木勘探五上五下，始终没有突破性进展。

1983年以来，石油物探队伍乘改革开放的春风，从国外引进了先进的地震装备和沙漠运载工具，开始了对塔里木盆地的地震调查，短短几年时间，先后完成了19条横穿盆地的地震大剖面，弄清了全盆地3个隆起4个凹陷的地质构造格局，发现了一批有利的圈闭和构造。

在这个基础上，原石油部于1985年至1986年初，组织北京石油研究院、新疆局研究院（包括泽普地区研究所）和物探局，联合组成塔里木盆地综合研究队，对塔里木盆地油气资源进行评价。评价结果，塔里木盆地的油气资源相当丰富，其油气资源量分别占全国油气资源总量的七分之一和四分之一。

六上塔里木提上石油工业的日程。1986年，原石油工业部决定，成立新疆石油局南疆石油勘探公司，并派出部顾问组帮助指导工作，提出"一年准备，两年展开，三年突破"的要求。

根据这一要求，勘探准备工作抓紧进行。塔里木综合研究队对塔里木盆地较为重要的构造和圈闭进行优选排队，决定了前5个勘探目标：塔中1号构造，轮南潜山构造，南喀拉玉尔滚背斜，英买1号背斜和塔中2号构造。

由于塔中地区不易立即上手，因此选择了塔北隆起作为主攻战场，经过充分准备，第一口探井库南1井于1986年底开钻，结果是一口干井。

首钻不利，也许是天意，它经历了塔里木勘探的曲折历程，拉开了地质勘探人员执着追求，不断加深认识，不断前进的序幕。

两声惊雷：发现轮南油田

1987年，位于塔里木盆地北部。轮台县以南的轮南1井正在快速钻进。钻探目的层是奥陶系。

这是轮台断裂带上的第一口井，也是塔里木勘探从山前向盆地纵深发展的一口至关重要的井，成功了，鼓舞人心；失败了，会挫伤锐气。地质工作者意识到，不能放过每一个不利地层，虽然这口井的目的层是奥陶系，但它上面的三叠系、侏罗系也应给予足够的重视，应该及时取芯了解这两个地层的情况。

在三叠系刚刚取上第一筒岩芯时，就发现了含油砂岩。1987年9月试油，日产油28吨。产量虽不算高，但无疑是塔里木石油勘探的一个重大发现。它像一声惊雷，预报了塔里木三叠系首次发现油气藏，预告了塔里木会战诱人前景。

早在1985年，塔里木研究联队的部分地质研究工作者，通过反复研究地震资料，发现轮南地区有一个大规模的异常体，并将评价程度最高的异常体命名为一号异常体。一号异常体分为东西两个高点，西高点即轮南1井，提出了轮南1井的设计井位。1986年11月，南疆勘探公司地质人员完成了轮南1井的钻井地质设计。1987年3月开始钻探，9月喷出工业油流。

轮南1井喷油之后，加密了这一地区的地震测试，确认这一地区是一个既层构造带，轮南1井并没有处在构造带高点上，地质人员马上在距轮南1井6公里的构造高点上，部署了轮南2井。

轮南2井的钻探，引起了各界的极大关注，各级领导盯在井场，勘探生产人员认真录取全井的各项资料，钻井工程人员精心施工。人们预感到，这口井就要上演大戏了。

1982年11月，轮南2井在侏罗系、三叠系取芯见到良好油气层系。对这两个层系进行分层测试，累计日产原油1500多吨。

这是塔里木勘探的重大突破。这一突破，被称为塔里木勘探史上的最重要的里程碑。轮南2井获得高产油气流，与其后不久，英买主力地区的英买1井出油，直接引发了六上塔里木的大会战。

1989年4月10日，中国石油天然气总公司在塔里木盆地北缘的库尔勒市，宣布成立塔里木石油勘探开发指挥部。总公司直接组织这场会战。会战采用新的管理体制，采用新的工艺技术装备，在全国石油企业选拔优秀人才、优秀队伍和先进装备，展开了一场新的石油大会战。

会战首先对轮南油田进行了整体解剖勘探，找到了六上塔里木的第一个油田。

塔中1井，沙漠腹地的首次突破

比轮南勘探略晚，塔里木勘探向塔克拉玛干沙漠腹地伸出了历史性的拳头。

石油工业决策者们早已坚定信念，六上塔里木必须改变过去勘探围着盆地绕圈圈的做法，必须向盆地纵深发展，必须在塔克拉玛干大沙漠展开勘探。去"死亡之海"寻找石油的希望，这需要勇气、气魄和先进的技术，需要进行严密的科学论证，选准突破点。

通过先期的地震和地质工作研究，已经证实塔中地区有大型隆起区，并重新加密该区地震测线，于1986年初发现了8260多平方公里的塔中1号巨型构造，并在构造高点上定了塔中1井。

经过艰苦的准备，钻机设备在塔里木盆地绕行了2000多公里，再深入沙漠100多公里，进入沙漠腹地。

塔中1井实现了石油职工的愿望。在茫茫沙海，首次获取了油气层系。

1989年10月，在塔中1井奥陶系进行中途测试，日产天然气55.7万立方米，油576吨。这是33万平方公里的塔克拉玛干大沙漠首次喷出高产油气流。几代石油人在大沙漠找油的梦幻成真。

这一消息通过电波传遍祖国四面八方、世界各地，引起世界石油地质界的震动，引起国家高层领导人的极大关注，中国石油界的热情也达到了高点，人们憧憬着一个更加美好的未来。

初识桑塔木

轮南整体解剖勘探，发现了轮南油田，值得庆贺，但这并不是轮南整体解剖的最初目的。

轮南1、2井区的出油，使人振奋，通过增加地震测线和加深地质研究，地质家们发现，轮南是一个大型潜山背斜，有利勘探面积2400多平方公里。这样大的构造面积，多层系含高产油气，不要说整个构造被油气灌满，就是有一半含油量也是一个很大的油田。

这一认识使地质家们激动不已：必须尽快弄清轮南背斜构造的含油情况。

结果，虽然许多井达到了预期的目的，轮南8井在新的层系上又有新突破，但许多井落空。事实告诉人们，轮南虽有大构造，但没有好的储层，大构造多被断层切割。油主要是在断裂带富集的。

这既让人面对现实，又给找油以新的启示：沿断裂带找油。

在这一新的认识指导下，在轮南油田以东发现了桑塔木断裂带，部署了轮南14井。

1990年3月，对轮南14井三叠系3油组进行测试，喷出日产油316万吨，天然气1830立方米的高产油气流，从而发现了桑塔木油田。

经过进一步钻探和评价，初步认为桑塔木断裂带由7个三叠系高点组成，其中6个获得工业油气流，目前已探明含油面积18.6平方公里，储量1500万吨。

轮南14井的发现，经过了紧张高效的勘探过程。1989年7月，指挥部地质研究大队构造分队根据最初研究成果，设计了轮南14井。8月，地质监督完成了轮南14井钻井地质设计。11月，地质大队塔北二队对轮南14井进行了圈闭评价与预测。12月，轮南14井开始钻探。勘探工作一环紧扣一环。

在勘探过程中，工程技术人员认真贯彻在轮南油田勘探中总结的现场地质工作"四及时"原则，钻探加快时及时进行地质循环，地质循环发现油气显示时及时取芯，取芯见到良好显示时及时测井，测井后及时进行中途测试，从而保证了及时发现油气层。

桑塔木油田的发现，扩大了轮南地区的找油成果，为此后在这一区域的展开勘探提高了认识，为吉拉克和解放渠东油田的发现提供了借鉴。

最新研究成果表明，桑塔木又有新的发现，含油面积和储量增大，地质认识又有新的飞跃。

东河塘大捷

1990年7月，位于阿克苏地区库车县东河塘乡西南6公里的东河1井，迎来了它辉煌的时刻。这口井穿过600米地层，在石炭系5600—5756米井段进行中途测试，日产油836.7立方米，天然气5895立方米，油层厚度99米。

这便是东河塘油田的发现，这口井的意义非同寻常。这是塔里木盆地发现的第一个石炭系溶海沙坝油藏，在我国陆上找到海相沉积油藏、这是一个重大的发现，它大大拓宽了找油领域，给人以希望的曙光。

东河塘石炭系含油砂岩，是一个储层物性非常好的岩层，产量高且稳定，因此这个砂岩被命名为石炭系东河砂岩。此后，石炭系东河砂岩成为塔里木最主要的勘探目的层，追踪东河砂岩的勘探此起彼落，高潮迭起。

东河塘构造的发现是在1988年8月。原南疆石油勘探公司勘探部的同志，在做塔北地区地震剖面图时，发现该区有构造显示，经过进一步工作，在构造高点部位定了东河1井。井位提出后，引起了相当大的争议，又由于目的层太深，钻探暂时搁浅。

1989年，新成立的指挥部地质研究大队进一步开展工作，证实了该构造的存在。9月，塔北一队的同志在做东河1号构造圈闭评价时，预测侏罗系、石炭系有油层。经预测石炭系有较高的石油储量。这一预测，被后来的钻探所证实。

东河塘油田经过评价钻探、油藏埋深5700米，被称为小而肥的高产超深油藏。

炮轰吉拉克

轮南、桑塔木油田的发现，为在构造背斜找油提供了启示。1990年下半年，在位于轮南构造东南部的吉拉克背斜增加了测线，地质研究大队构造分队的同志及时作出了构造图。发现了吉拉克背斜。

1991年1月，王秋明总地质师主持会议，研究吉拉克构造的勘探部署。会上，地质研究大队的同志发言主张，这里构造有利，情况明确，应该快上。勘探处的同志也重申对吉拉克背斜的认识和对部署的看法，同样主张应该抓紧勘探。

1991年春节之际，在荒草苍苍，天寒地冻的吉拉克探区，五部钻机齐上阵，一场"炮轰"吉拉克的战斗打响了。

同时在一个新构造上上5部钻机，这在勘探史上是少有的事情，要冒很大风险，一旦失手，损失严重，一旦得手，就会大大加快勘探步伐，获取巨大的勘探经济效益。这同样需要不凡的气魄和见识。

在人们信心、期盼、担心交织的时候，1991年5月初，轮南57井在三叠系第2油组进行中途测试，日产油445立方米，天然气28.97万立方米。紧接着其他4口井除1口外全部得手。经评价勘探，探明了吉拉克凝析油气藏。

吉拉克油田的发现，还有一个戏剧性的情节。轮南57井取芯没有见到明显的油气显示，电测解释电阻率很小，这意味着是个水层，有的同志感到没有必要花钱费事试油了。现场的地质人员一时都感到把握不大，他们又反复观察岩芯，发现油藏不同于一般的可渗性水层，坚持进行中途测试，结果喷出了高产凝析油气流。

吉拉克成为塔里木第一个凝析油气田，也是塔里木目前三叠系唯一的一个凝析油气藏。它打开了塔里木寻找天然气的门径，为塔北建设大型化工基地展示了美好的未来。

大喜过望：轮南59井石炭系喷出高产气流

轮南59井也处在吉拉克油田上，地质人员设计这口井穿过三叠系油藏后，再预测一下石炭系的情况。

说实在的，地质人员已不敢对这里的石炭系抱太大希望，东河塘油田发现后，追踪石炭系东河砂岩的勘探大失所望、东河塘周围的几口探井均告失利，外面的几口探井全部落空，人们处在茫然之中，但地质人员一直没有放弃在石炭系东河砂岩寻找油藏的希望。

钻头穿过了石炭系东河砂岩层，也没有明显见到显示异常。中途测度时只听轰的一声巨响，强大的天然气从井口喷涌而出。经过紧张的抢险，终于制服了井喷。这口井在石炭系东河砂岩层进行系统测试，日产天然气118万立方米，凝析油97吨。这又是一个日产量相当于1200吨的高产井。这口井的重大意义是追寻东河砂岩油藏系已有了结果。更重大的意义是，地质人员经过研究，认为这里油藏主要不是局部构造控制，而是一个岩性油藏，这为在塔里木寻找非构造油藏开创了先河。

轮南59井试油时，惊天的气流声和震耳的锣鼓声震撼了整个井场，人们红光满面，对耳交谈。邱中建、王炳诚、钟树德等指挥部领导异常兴奋，他们动用了从没舍得用的移动卫星电话，在井场上直接与王涛等在京的总公司领导通话。请他们通过电话听听井场上强大的气流声，王涛总经理非常高兴：祝贺塔指的同志们，你们已经抓到大鱼的鱼须了。

轮南59井的发现，为尔后寻找石炭系油气藏增强了信心，指引了方向。

扩大战果：解放渠东油田

轮南桑塔木、吉拉克的勘探成果，增强了在解放渠东背斜上钻的信心。

1991年2月，解放渠东背斜上的第一口预探井轮南55井开钻。

事遂人愿。7月中旬，轮南55井在三叠系1油组获得两层高产油气流，第一层日产油76.75立方米，天然气2589立方米，第二层日产油213.4立方米，天然气12513立方米。

紧接着，在解放渠东100井三叠系3油组发现高产油气流。此前，地矿部在这里的三叠系2油组发现高产油气流。至此，解放渠东在三叠系三个油组的油藏全部被发现。

为了探明这个背斜，抓紧部署了一批评价井，探明了相当的油气储量。

解放渠东油田的发现，扩大了轮南地区的勘探成果。目前解放渠东油田与桑塔木油田一起，已建成年产50万吨原油的生产能力。为塔里木油田的开发生产发挥了重要作用。

迄今最大的发现：塔中4号油田

塔中1井喷油，震动中外，它标志着塔克拉玛干大沙漠有油，前景令人兴奋。然而，在塔中1井东、北、南的塔中3井、塔中5井、塔中8井均告失利，地质人员作出结论：塔中仅1口井出油，还不能称为油田。轮南59井石炭系东河砂岩喷油，使人再度兴奋，但评价井一打，这里却是个很小的面积。

六上塔里木，就是要找到大油田，小油田不解决问题，然而茫茫大地，大油田在哪里？

此时，人们对塔中1井西侧36公里的塔中4井也大大降温，奥陶系也肯定是空折腾一场。

地质人员总是抱着一线希望，向好的方面去预测、去猜想，塔中1井并没有石炭系，塔中4井有没有可能遇上石炭系呢？如果有，这里很可能找到油气藏。

地质人员开始对这里进行重新研究论证。地质大队、物探地质研究中心、物探三处背靠背作图。地质大队构造分队在研究之后制作构造图时，把塔中4井划进了东河砂岩区域以外，这一笔，给塔中4井钻探带来生机。

钻探正在进行，结果很快证实，塔中4井确有东河砂岩分布，揭开石炭系，第一层发现油气显示，第二层发现油气显示。第三层，也就是人们最抱希望的东河砂岩，发现了100多米厚的含油岩芯。现场检查测检，全部含油。这不亚于在大沙漠放了一个原子弹，震动了石油界。

王涛总经理正在北京中央党校学习，听到这个消息，一夜没能成眠。他亲自把电话打到井场，祝贺取出含油岩芯。指挥部把大红喜报通过飞机送到井场，邱中建指挥、试油处处长亲自又上井试油，并每天用电报汇报试油的情况。地质家们做出激动人心的预测：塔里木勘探就要见到一轮喷薄而出的太阳，大油田已经向我们招手了。

然而，上帝总是和痴迷的石油人开玩笑。1992年4月，塔中4井东河砂岩段，第一段20多米试油，试出油280多吨，天然气5.3万立方米。再往下是取芯中发现的50多米饱含油段，结果，试出的全是水。邱中建不敢相信这是事实，电告现场试油人员，用布粘一粘，用火点一点，结果还是水，这是多么大的一盆冷水啊，浇在石油人的头上，它意味着一个几乎到手的、至少亿吨以上的大油田，顷刻间不翼而飞了。

这一时期，石油地质人员苦恼着、思索着。塔里木探区笼罩着一片悲观的阴影。不管怎么说，人们热切盼望的大油田又一次渺茫了。

总地质师梁狄刚虽心情沉重，却有新的思索，这口井我们并不是失败了呀，只是和我们的期望值有差距罢了。没有什么可悲观失望的！尽管那么想，作为总地质师，他的心里还是不好受。

梁狄刚上京赴命。见到王涛总经理，汇报时也失去了往日的风采。可是王涛总经理却哈哈一笑："老梁，祝贺你们，大油田就在这里！"塔指前任总地质师童晓光也大度地发言："这是塔里木会战迄今最重大的发现。"

梁狄刚回到指挥部，到处进行讲演，他要打掉地质界对塔中4井的

阴影。他反复说，我们不必为这口井下边出水抬不起头来，大地质家们不是这样看、他们只看到了塔中4井这一棵大树，大地质家们是把这棵大树，放在塔中构造这个大森林中来看待的，大油田就在后面，况且，仅塔中4井构造中出油的控制面积，也是一个超亿吨级储量的大油田，也是塔里木最重大的发现。

评价结果证实，塔中4号油田储量超过亿吨，随着目前进一步勘探，这个储量正在扩大，塔中4号油田的发现，进一步指明了在塔里木寻找大油田的方向。

惊人之喜发现英买7号大气田

1993年，塔里木勘探进入一个新的阶段，原来普遍认为塔北很难打到大型油气田的说法，被一个个事实所动摇。

在长65公里，宽4公里左右的英买7号构造带上，接连在英买7、英买9、英买19、英买21、英买17等5个构造的下第三系获得高产凝析油气流，而且这些构造的油气普遍有起出圈闭连成一片的趋势，正在钻探的英买22井，如果还出这种情况，就证实了英买7号构造带，那将出一个新储量。

号称世界级的陕甘宁大气田，塔北的牙格构造带，红旗构造带，也都在下第三系获得高产油气，一个大型气田的轮廓在塔北露出端倪。

英买7号大气田的发现，说来也充满了曲折，这个带上打的第一口井英买7井，主要设计目的原是奥陶系，而不是下第三系，这口井在钻探中在奥陶系发现了油气流，而在下第三系没有发现。

在这个构造带上打另一个构造英买9井时，目的层仍是奥陶系，但钻到下第三系时，发现显示异常，测井人员及时进行了测井，经测井专家分析，确认下第三系富含凝析油气，试油单位及时进行中途测试，强大的凝析油气流从英买9井喷涌而出。

地质和测井人员及时复查英买7井下第三系，经试油，喷出高产油气流。下面的勘探连连得手。

英买7号构造带的突破，是塔里木盆地首次在下第三系发现凝析油气藏，开阔了塔北的勘探领域，揭开了在塔北寻找大型油气藏的崭新一页，在塔北建成大型化工基地已不是说梦，南疆人民想富的愿望已经为期不远了。

短短5年的勘探，连同勘探预备阶段也不过8年。塔里木已发现了7个整装油气田，和20多个高产含油气构造。取得了辉煌的战果，引起世人的瞩目，但塔里木这样大的盆地目前的勘探工作仅仅是个开始，更艰巨的勘探历程，更辉煌的勘探事业还在后头。塔里木地质工作者还会遇到新的问题、新的困惑，但一定会找到更大的希望、更大的光明，塔里木人会不懈地追求、奋进，塔里木大油田不会很远，塔里木黑色太阳一定会冉冉升起，光芒万丈。

（选自《新中国往事·科教实录》，
中国文史出版社 2011 年 1 月版）

准噶尔来了法国地震队

方　挺　　胡世厚

　　1987年初夏，法国地球物理勘探总公司与新疆石油管理局地质调查处（以下简称地调处）签订的CFA—83102合同圆满地结束了。法国3个地震队的设备全部移交给中方。当法国专家回国后，中方地震队的工作情况如何呢？带着这个问题，我们跟随新疆石油地调处的领导踏上了通往古尔班通古特大沙漠的途程……

　　初夏的大漠，骄阳似火，迎着炽热的漠风，我们的"巡洋舰"拖起长长的沙尘，朝前方驰去。眼前不断映现出连绵起伏的黄褐色沙丘、枯死的索索，矮小的丛丛红柳在风中摇曳。蓦地，远处出现了一排排绿色的营房车和勘探设备，我顿时振奋起来——这是我国第一批引进的石油勘探设施啊！党的十一届三中全会拨正了祖国向四化进军的船头，改革开放则给新疆的石油勘探事业带来了无限生机。

一

　　20世纪70年代以来，全世界新技术革命的浪潮，使国外石油地球物探技术早已发生了长足的进步——野外信息采集使用了精密的多道地震仪；资料处理用上了第四代大型电子计算机。过去的炮井水钻换成气水两用钻机或空气钻机；勘探车辆功率大，越野性能强，用这些先进设备武装起来的地震勘探队，无论在山区、沙漠、沼泽、海洋等复杂地区都能取得满意的原始资料。与此同时，还总结了一套科学的施工管理方法。这一切，大大提高了石油勘探水平和经济效益。

而我们几乎与新中国同时起步的新疆石油地调处勘探设备，仍然主要依靠60年代国产的模拟磁带仪；资料处理靠人工点点、划圈、手工绘制剖面，即使用上了国产电子计算机处理地震资料，但由于没有微测井和低速带资料，处理出来的剖面质量仍然速度慢，精度低；勘探运输车辆是苏联50年代的吉斯151、嘎斯63和我国的解放牌，越野性能差，更难进沙漠；钻机用的是苏制ABo和国产701汽车钻机。

由于装备落后，新疆的石油地震勘探长期以来只能围着三大盆地溜边转，大沙漠地带仍然是地震勘探的禁区。为了攻克砾石地带的地震方法关，地调处曾采用了人工挖炮炕，放大炮取得数据的原始办法，每个炮10元，从2米挖到18米，这样虽然取得一些地质资料，但成本过高，效益很低。因此，从1952年至1979年长达28年之久的岁月里，新疆石油地调处在56万平方公里的塔里木盆地和13万平方公里的准噶尔盆地，沿着边缘只作了2.9万剖面公里，大约10万平方公里的面积。而且覆盖次数是1—3次，70％以上的地区仅做了概查和普查。在许多方面都没有达到钻探要求的精度。地震勘探落后于钻探的需要，使新增石油地质储量和钻井效益受到极大的影响。地调处的职工在总结这段历史的时候，无不感慨地说："靠坐老牛车，上不了月球。"

二

改革开放政策打开了封闭的国门，使我们看到了自己的落后。石油工业要大发展，石油地震勘探工作必须走在前面。在石油部和新疆石油管理局的关怀下，新疆石油地调处的领导们解放思想，把目光瞄准了世界上先进的勘探设备和技术……

1978年底，一架银色的中国民航班机，降落在法国巴黎机场。从飞机舷梯走下10多名中国人，他们是新疆石油管理局和地调处的出国考察

人员。几个月的时间，他们先后走访了世界著名的几个大石油物探公司，对外国的地球物理勘探技术作了详细的考察，作出了引进外国技术、人才、设备的计划。

1980年，新疆石油地调处与法国地球物理勘探总公司（CGG）和数据控制总公司（CDF）签订的两个地震勘探服务合同开始执行，同时引进了6个地震队的整套设备，对其余8个地震队的关键设备也进行了更新。从此，新疆石油地调处在野外地震勘探中用上了48道、96道、120道、240道数字地震仪和世界先进的可控震源、气水两用钻机以及越野能力强的运输车辆。为了满足地震勘探速度的迅猛发展，还引进了搬迁灵活的发电机组、空调营房车和3套卫星定位仪，室内处理使用上了引进的预处理机，以引进赛伯170—720电子计算机装备起来的新疆石油地球物理研究所。既是新疆石油管理局地调处技术研究中心，也是西北五省设备完善而又具有世界先进水平的电子计算机中心。它的建立把新疆石油地震勘探资料的处理和解释研究提高到前所未有的水平。1980年投入运行以来，中外技术人员密切合作，结合新疆地震勘探的特点，共同创造了一些新的工作方法，提高了资料处理水平。这座电子计算机中心，年处理量现已达到15000剖面公里，超过了石油部规定处理量的标准。赛伯170—720电子计算机，1987年共处理新疆、青海、玉门、长庆等兄弟油田的地震剖面93000多公里，其中一级剖面占98％，二级剖面占2％，交机率由1981年的87.8％提高到现在的97％，使用率高达85％以上。

由于170—720电子计算机的引进，并将扩展为170—730，实现了资料处理与野外勘探同步进行。1986年中方科技人员又对赛伯170—720电子计算机在内存和运算速度方面进行了革新，把原来的两个系统改换成3个系统，使计算机的效率增加了1/3。为适应石油勘探事业更大规模的发展，地调处又引进了具有80年代世界先进水平的170—855大型电子计算机，1987年12月正式进入工作。170—855大型电子计算机比170—730机的工作效率提高5倍以上。

地调处在引进国外先进技术设备的同时，还先后从美国、英国、法国、联邦德国等13个国家的17家公司中，招聘了一批高级机械师、司钻、仪器工程师、测量师、电子计算机软硬件专家及资料处理解释专家，还有部分企业管理专家。这些年来，先后到地调处短期讲学或现场服务的专家共31批，平均每天在地调处进行技术服务的外国专家有40多人。

三

1980年新疆石油地调处组建的中法地震队，首次冲破以往地震勘探的禁区——准噶尔盆地古尔班通古特大沙漠。从而第一次对准噶尔盆地的腹部进行了普查工作，揭开了这个大盆地几亿年来地层变迁的秘密，更新了过去30多年对这个盆地演化的传统认识，对研究这块盆地的历史发展和寻找油气生成、运移、聚集的有利地带以及进行石油资源评价提供了重要的可靠信息。

从1982年开始，新疆石油地调处就实现了野外勘探仪器数字化，运输车辆越野化，职工住宿营房化，室内资料处理计算机化，资料解释研究综合化，生产指挥科学化，从此结束了"人拉肩扛搞勘探，骑着骆驼进沙漠"的野外工作方式！

改革开放，大胆引进，不仅在提高地调处的工作效率和经济效益方面体现出强大的活力，而且在促进地调处职工队伍观念的变革上，产生了神奇的效应。有相当一部分人从刚开始的怀疑、不解，通过几年来的耳闻目睹，身体力行，转为心悦诚服，虚心学习国外先进技术和管理方法。

地调处领导开始就向广大职工提出：要贯彻执行三中全会的方针政策，建设具有中国特色的石油地震勘探事业，必须要面向世界，开拓视野，努力学习国外的先进技术。要求职工利用和法国队合作的机会，虚心学习他们的先进技术和管理经验，在工作中增进友谊。在以后的几年

313

里，针对执行合同的过程中职工队伍出现的新问题，及时加以引导解决，使全体职工的思想观念，不断适应改革开放的需要。

地调处先后请了33位专家为我们的职工辅导过162次，多次请专家到中方地震队现场指导，结合实际解决问题。在充满相互友好和尊重气氛的交往中，法国专家结合我方生产中存在的问题和需要改进的地方，向我方提交了243份书面报告，有效地促进了我方的工作。

一次，我方的一名技术人员与美国专家凡莱克的交谈中，得知他来中国之前在美国任过三维地震队队长，他就请凡莱克专家写了一些关于野外队三维地震工作的经验和体会。这些经验后来应用在我方开展三维地震工作中，起到了很好的作用。还有一次，他们与法国资料专家狄洛姆交谈中，提到新疆沙漠地震资料处理静校正是一个较难解决的问题时，狄洛姆毫无保留地介绍了他所研究的解决这一难题的方法，经我方试验推广之后，收到了良好的效果，对提高沙漠资料处理质量起了重大的作用。

几年来，地调处组织有关人员向外国专家学到了先进企业管理制度和方法，他们改变了过去那种拼体力、搞大会战的做法，生产有条不紊，均衡高效。先进的设备加上先进的管理，真是如虎添翼。

1980年前，当时的地调处野外作业队，由于装备落后，打一口6米深的炮井，最少要用30分钟的时间。在无水地区打井，还需要到几百公里外的地方拉水。1980年用上了引进的空气钻后，从搬家到钻成一口同样深的炮井，只需要1—2分钟，工作效率提高了20多倍。从资料处理和解释方面看，1980年前，全靠人工整理资料，当年获得的资料，需要两三年才能看到成果。现在采用电子计算机，可以直接在屏幕上显示出各种需要的剖面资料，工作速度、精确度比过去提高了上千倍。做到了当年的资料可以当年进行处理、研究，当年就能提交成果，当年见到效益。这在过去简直是不可想象的事！在生产时间利用方面，1980年前，地调处野外作业队全年生产时间利用率平均在40％—60％之间，1980年后高达94％—98％之间，可称作是"全天候"作业了。

从1980年到1987年期间，地调处生产连续上了几个台阶，经济效益有了显著的提高。1952—1979年，全处14个地震队平均年工作量为1041剖面公里，覆盖次数平均为1—3次。而1980—1987年完成的工作量为58900剖面公里，覆盖次数一般为24次、48次、96次和120次，仅从剖面公里数上来看，相当于1952—1979年28年总和的202%；14个地震队平均年工作量为7650剖面公里，年平均工作量比1980年以前提高了7.3倍。单位成本由1980年前的每剖面公里10107元，降到1980年后的6500元。现在一个地震队的年工作量相当于1980年地调处14个队全年工作量的总和。

地调处以其惊人的地震勘探速度，显著的经济效益，成为全国陆地高效地震勘探的先进单位，多次受到石油部、新疆维吾尔自治区、新疆石油管理局的表彰。就连法国石油勘探总公司驻北京的经理在现场视察之后也连连称赞说："我走过世界很多国家，像新疆石油地质调查处在准噶尔盆地这样艰苦的地区工作，达到这样高的速度，在其他国家是做不到的。"

四

几年来，中法两国的石油勘探工作者，在荒无人烟的古尔班通古特大沙漠里共同的工作与生活中，用辛勤的汗水浇灌着中法友谊之花。

1985年，在庆祝新疆维吾尔自治区成立30周年和克拉玛依油田勘探开发30周年的时候，法国专家色比尔召开法方工作人员会议，提议为新疆石油工作者的"双庆"献厚礼，并把他们的决心书刊登在队部门前的黑板报上。他们第一次打破均衡生产不加班的规定，加班加点完成9月份生产任务的124.6%，实现了他们为中国节日献礼的美好心愿。

10月1日这一天，法国专家、队长、技师们都亲笔写了贺词，刊登在黑板报上，热情地祝愿中国兴旺发达。

1985年终，法国高级测量师马赫在准噶尔盆地艾比湖地区工作时，遇到大雾，迷失了方向，车子陷入原始森林中的沼泽地里。当时，正值大雪纷飞，寒风刺骨的隆冬时节，气温下降到零下40℃。马赫先生身处绝境。在法国队服务的我方人员主动提出营救马赫。再三要求法方队长派出车辆，由我方人员携带救护物品，乘车分头寻找。他们在茫茫黑夜中四处寻找，通宵达旦。一直到早晨8点，终于在原始森林的沼泽地里找到了马赫先生。经过紧急的抢救，马赫脱险了。这位年过半百的高级测量师激动地大声哭泣，在路上不停地用法语说："感谢贵国人民给了我第二次生命……"地处欧亚大陆腹地的新疆，在我国改革开放的历史新时期，和沿海各省相比较，难免要落后。但是在石油地震勘探事业上实行开放，引进国外先进技术，却走在了全国同行业的前列，使新疆石油地质调查工作实现了现代化，推动了整个石油工业的发展。

（选自《新中国往事·科教实录》，
中国文史出版社 2011 年 1 月版）